REDLINE WIRTSCHAFT
bei ueberreuter

Claudia E. Enkelmann

Warum Frauen wirklich besser sind

...als sie selbst glauben

REDLINE WIRTSCHAFT
bei ueberreuter

Die Deutsche Bibliothek – CIP-Einheitsaufnahme

Enkelmann, Claudia E.

Warum Frauen wirklich besser sind ... als sie selber glauben /

Claudia E. Enkelmann. –

Frankfurt/Wien: Redline Wirtschaft bei Ueberreuter, 2002

ISBN 3-8323-0903-9

Unsere Web-Adressen:

http://www.redline-wirtschaft.de

http://www.redline-wirtschaft.at

1 2 3 / 2004 2003 2002

Umschlag: INIT, Büro für Gestaltung, Bielefeld

unter Verwendung eines Bildes der Bildagentur Getty Images, München

Druck: FINIDR, s.r.o.

Printed in the Czech Republic

Inhalt

Einleitung

Wir alle leben in einer atemberaubenden Zeit. Nichts bleibt heute wie es einmal war. Genau genommen befinden wir uns mittendrin, in der dynamischen und rasanten Veränderung von Wirtschaft, Kultur und sozialem Miteinander. Dieser Wandel ist getrieben von neuen Technologien, neuen Lebensformen und von einer nie gekannten Informationsflut. Und wir Frauen sind nicht nur mittendrin, wir sind auch Teil der Kraft, durch die gesellschaftliche Veränderung erst möglich ist. Wir sind zugleich Zuschauerin und Teilnehmerin; Gestalterin und Siegerin in dieser neuen Welt.

Täglich entstehen neue Unternehmen und unglaublich viele davon werden von Frauen gegründet. Überall auf der einstmals so groß scheinenden Welt wachsen Menschen verschiedenster Nationalität zusammen. Multinationale Konzerne schließen sich zu immer größeren Gebilden zusammen, ja, ganze Staatengemeinschaften bilden wirtschaftliche Einheiten bis hin zur gemeinsamen Währung, wie wir es am Beispiel der Europäischen Union und des Euro ja gerade hautnah erleben.

Gleichzeitig entwickeln sich neue Produkte und Dienstleistungen, die immer komplexer, gleichzeitig aber auch immer „individueller" werden. Denn wir leben in einer Zeit in der die Menschen sich selbst für ihre zukünftige Biographie ganz bewusst entscheiden und ihre Bedürfnisse ganz individuell erfüllt sehen möchten.

Die Informationsgesellschaft führt dazu, dass Kunden und potenzielle Kunden zugleich immer besser Bescheid wissen über das, was sie kaufen oder kaufen sollen. Zugleich waren sie niemals zuvor so verunsichert, weshalb die menschliche Beratung und Dienstleistungen immer wichtiger werden.

Eine der spannendsten Veränderung ist die stille Revolution, die schleichende, dennoch unaufhaltsame Machtübernahme der Frauen – und zwar in allen Lebensbereichen und selbst in den Ländern der Welt, von denen wir dies niemals annehmen würden. Im Sommer 2002 meldete die FAZ, das es zur Zeit in den Vereinigten Emiraten ca. 18 000 Studierende gibt – und was glauben Sie, wie viele davon Frauen sind? Es sind fast 78 %, also fast vier Fünftel – und diese 14 000 Frauen werden auf lange Sicht einen Unterschied machen. Die Zeiten der lauten Frauenbewegung sind vorbei, wir haben einen neuen Weg eingeschlagen und eine nach der anderen erklimmt die Karriereleiter. Je mehr von uns den Mut haben mitzuspielen, umso größer wir unsere Macht. Natürlich vollzieht sich der Wandel nicht über Nacht, doch entscheidend ist, wie viele von uns sich schon auf den Weg gemacht haben. Sie auch?
Ein Mensch, der heute und morgen etwas erreichen, etwas verändern will, das Individuum, hat unzählige Hilfsmittel zur Verfügung. Doch es ist natürlich auch wichtig, sich heute nach Kriterien von Marketing und Public Relations in Beruf und Alltag geschickt zu „verkaufen", wenn wir nicht als Restposten oder gar Auslaufmodell enden wollen.
Doch es gibt noch mehr Veränderungen: Die Schnittstelle zwischen den Unternehmen und den Kunden und zwischen den Unternehmen und den Mitarbeitern, zwischen Menschen unterschiedlichster Kulturen, ist vor allem von „weichen" Faktoren geprägt. „Human Resources", „Soft Skills" – wie immer man es nennt, was sich an dieser Schnittstelle abspielt – es sind immer wieder Eigenschaften im Spiel, die als „typisch weiblich" betrachtet werden.
Was genau sind jedoch diese weiblichen Eigenschaften? Worin besteht der weibliche Wettbewerbsvorteil und warum sind wir für die Wirtschaft von morgen so unverzichtbar? Wie wichtig sind diese Eigenschaften und Fähigkeiten für unsere eigene Zukunft und wie können wir Frauen begreifen, wie viele wir dieser wertvollen Eigenschaften wir selbst in uns tragen? Diese Fragen soll Ihnen dieses Buch beantworten, denn: Frauen sind einfach viel besser, als sie selbst glauben. Und es ist an der Zeit aufzuwachen, um sich dessen klar zu werden und sich noch viel aktiver, als sie es schon tun, auf die Bühne des Lebens zu stellen.

Ich möchte mehr als Denkanstöße liefern, sondern Sie vor allem ermutigen Ihre ganz persönliche Entwicklung nicht dem Zufall zu überlassen. Ich möchte Ihnen zeigen, dass Sie nicht allein sind, sondern dass es immer starke Frauen gegeben hat. Das Frauen durch die Jahrtausende hindurch den Mut hatten gegen innere und äußere Widerstände zu kämpfen und dabei unglaublich viel erreicht haben. Nicht immer laut, aber dafür nachhaltig und heute mehr denn je. Frauen haben schon immer gehandelt, in sämtlichen Bedeutungen des Wortes, sie haben gebaut und geschaffen. Zum Wohle ihrer Familien und der Gesellschaft.

Und heute stehen Frauen an der Spitze unzähliger kleiner und mittlerer Unternehmen. Langsam aber stetig erobern die Frauen auch mehr und mehr Spitzenpositionen in den Top-Unternehmen dieser Welt. Und jede, die sich dort erfolgreich behauptet, ist ein sichtbarer Beweis für unsere Kompetenz. Die Vorbilder von heute haben dies nicht aufgrund der Verleugnung ihrer Weiblichkeit oder der bedingungslosen Anpassung an die männlich orientierte Business-Welt geschafft, sondern unter Einsatz der wirklichen „Waffen der Frauen“, nämlich dank unserer unschlagbaren weiblichen Erfolgseigenschaften.

Diese Erfolgseigenschaften werden Sie in diesem Buch selbst entdecken und ich werde Ihnen zeigen, wie Sie diese zu ihrem persönlichen Nutzen einsetzen können. Sie werden garantiert überrascht sein, welches reiche Repertoire an Fähigkeiten zur Verfügung steht, um Ihr Leben, Ihre Partnerschaft und Ihren beruflichen Alltag aktiv zu gestalten. Sie können und werden zu Recht stolz auf sich sein.

Im ersten Teil werden wir uns ansehen, wo Frauen zu allen Zeiten „tätig“ waren, wie sie sich ihren Platz in der Geschichte erobert haben und wo es sich lohnt, weiterzuforschen und Erfolgs-Spuren freizulegen.

Der zweite Teil entwirft ein Bild von einer Welt ohne Frauen, nicht zuletzt um die Sicht, den Blick auf die männlich geprägte Wirtschaft frei zu machen und die Macht der Frauen, sowie Veränderungspotenziale zu entdecken.

Im Zentrum des dritten Teiles erforschen wir die weiblichen Erfolgsmerkmale, die wir in uns tragen und die künftig in unserer Welt eine noch viel größere Bedeutung haben werden, als sie bislang hatten. Hier werden Sie Seiten an sich entdecken, die Ihnen bislang vielleicht noch nicht bewusst waren.

Zum Abschluss werden wir sehr konkret, denn hier bekommen Sie wirkungsvolle Erfolgsstrategien. Hier fasse ich die wesentlichen Erfolgsfaktoren zusammen und gebe Ihnen jede Menge Tipps mit auf den Weg, Ihre weiblichen Eigenschaften zur Freude Ihrer Selbst, Ihrer Lieben, Ihrer Mitarbeiter und Kunden einzusetzen. In zahlreichen Übungen werden wir Ihren Erfolgseigenschaften, Ihrem Wissen und Ihren Fähigkeiten nachspüren, Ihr Licht unter dem Scheffel hervorholen, unter dem Sie es vielleicht verstecken, und Ihren zahlreichen Talenten einen Namen geben!

I. Es gab sie schon immer, die starken Frauen!

Seit vielen Jahren lese und sammle ich Biographien von Frauen. Eines Tages „begegnete" mir folgende spannende Geschichte:

Das Haus ist wohl eines der schönsten Bauwerke der Stadt. Auf den vier Stockwerken sind Wohn- und Repräsentationsräume, Unterkünfte für die Dienstboten und Büros untergebracht, lagern Waren aus aller Herren Länder. Das Unternehmen handelt mit Gewürzen, Baumwolle, Seide, Silber und Wein. Die Gewinne aus den Handelsgeschäften werden in Immobilien und Landbesitz investiert.

Für die Gewinnmaximierung sorgt die Herrin des Hauses. Sie hat das Heft fest in der Hand – während ihr Ehemann sich seiner Karriere in der Politik widmet. Mit innovativen Methoden der Buchführung und mit ausgeklügelten Wechsel- und Kreditgeschäften sichert sie den Wohlstand des Unternehmens und der Familie. Sie tauscht Währungen und verdient so an den unterschiedlichen Wechselkursen, sie stellt Wechsel aus und bezahlt Waren mit Kreditbriefen, was den bargeldlosen Handel mit Venedig, Prag und Wien erlaubt.

Es existieren zwar Schulen, die auf den Händlerberuf vorbereiten und in denen „mann" unter anderem lernt, die Bücher zu führen, doch Margarete Runtinger hat keine Gelegenheit gehabt, ihr „Handwerk" zu studieren. Sie entwickelt ihr eigenes System und zeichnet ihre Geschäftsdaten in einer Art doppelter Buchführung auf – eine Methode, die erst mehr als 100 Jahre später von Italien ausgehend in Europa Verbreitung finden wird.

Die erhaltenen Rechnungsbücher, Zeugnisse eines Expertinnenlebens, tragen die Jahreszahlen 1383 bis 1407 – die Fachfrau für Geldgeschäfte wirkt an der Wende vom 14. zum 15. Jahrhundert in Regensburg. Und Margarete befindet sich in guter Gesellschaft in dieser Epoche des Umbruchs, an der Schwelle zur Neuzeit: Frauen treiben Handel, ohne viel Wind darum zu machen, rund um die Welt, sie tätigen Geldgeschäfte, besetzen führende Positionen in Zünften und Handwerkergilden, leiten Reedereien, bauen Häuser, erwirtschaften Vermögen ...

Frauen handeln. Schon immer.

Der Mensch ist das einzige Wesen, das sich selbst und seine Welt verändern und seine Zukunft gestalten kann.
Nikolaus B. Enkelmann

Frauen haben durch die Jahrhunderte geherrscht, geführt, verwaltet, gegründet, geleitet, gebaut. Sie haben es nicht nur getan, um nach dem Tod ihrer Männer sich und ihre Kinder zu ernähren, sondern auch weil es ihnen Spaß gemacht hat, ihre Talente auszuleben. Sie haben mit ihren Männern, mit Vätern und Brüdern oder im Alleingang Unternehmen aufgebaut und Dynastien begründet. Sie haben sich aus Freude an der Selbstverwirklichung ins Abenteuer gestürzt, haben als Unternehmerinnen, Politikerinnen, Wissenschaftlerinnen, Erfinderinnen, Schriftstellerinnern, Künstlerinnen, Schauspielerinnen, Sportlerinnen, Bergsteigerinnen, ... Großartiges geleistet. Sie haben sich von Widerständen und Vorurteilen nicht aufhalten lassen und jede von ihnen hat so ein klein wenig dazu beigetragen, den nachfolgenden Generationen den Weg zu bahnen. – Und heutzutage tun sie es öffentlich und mehr denn je.
Die Namen von Grete Schickedanz (Quelle), Aenne Burda, Jil Sander oder Anita Roddick (Body Shop) sind Synonyme für Unbeirrbarkeit, für Mut und Visionen. Doch lassen wir uns vom Glanz dieser Namen allein nicht blenden, denn auch die Lebenswege dieser aktiv handelnden Heldinnen waren von Höhen und Tiefen geprägt, von schwierigem Beginnen, von Rückschlägen, von neuen Anläufen unter widrigen Umständen. Und doch – oder gerade deshalb – bewundern wir sie für ihre großen Leistungen und Erfolge. Sie haben an ihre Ideale und Ideen geglaubt und nicht zuletzt an sich selbst. Sie haben Durchhaltevermögen bewiesen. Sie haben die weibliche Kraft genutzt, die in jeder Frau schlummert und nur darauf wartet, entdeckt zu werden.

Und sie haben es geschafft: Sie haben Unternehmen aufgebaut, die aus unserem Wirtschaftsleben nicht mehr wegzudenken sind, die Tausenden Arbeit geben und die nicht nur in ökonomisch, sondern auch ökologisch Signale setzen – im Sinne einer ganzheitlichen Herangehensweise an die Bedürfnisse der Menschen, die mit diesen Unternehmen verbunden sind, sei es als Kunden, sei es als Mitarbeiter, sei es als Nutznießer von Sponsorleistungen und Zuwendung(en).

Sie können uns Vorbild sein – jeder von uns, egal ob ich Top-Managerin bin oder Frau im mittleren Management, ob junge Frau, die eine Karriere anstrebt, oder eine Frau, die später im Leben „aufwacht" und ihr Glück selbst in die Hand nehmen will. Die Botschaft ist: Frauen sind unglaublich fähig, sie können etwas schaffen, sie sind die geborenen Managerinnen, Organisatorinnen, Weltverbesserer. Sie handeln mit Verantwortung, mit Engagement, mit Weitblick.

Heute führen in Deutschland mehr als 120.000 Unternehmerinnen Firmen mit mehr als zehn Mitarbeitern und einem Jahresumsatz von mehr als einer halben Million Euro. Und es werden täglich mehr. Nicht nur das: Alle Statistiken belegen, dass diese Unternehmerinnen außerordentlich erfolgreich sind. Vielleicht war und ist der einzige Fehler dieser großartigen Frauen, zu bescheiden zu sein, so dass die meisten von ihnen trotz größter Erfolge kaum bekannt sind.

Fazit:

- Es gab sie schon immer, die starken Frauen.
- Wir können von diesen starken Frauen unglaublich viel lernen.
- Frauen sind viel stärker als sie selbst es wissen.

Frauen erfinden & entdecken

Auch aus Steinen, die einem in den Weg gelegt werden, kann man was Schönes bauen.

Johann Wolfgang von Goethe

„Stell dir vor, welche Freude! Wheatstone sagt, dass manchmal Freunde Gespräche von einer Station zur anderen führen; dass man nach jedem senden kann, um sich mit ihm zu unterhalten ... Wunderbare Erfindung und Möglichkeit!“ – so Ada Lovelace, Tochter der Mathematikerin Anna Isabella Millbank und des Dichters Lord Byron 1844 in einem Brief, zitiert von Sadie Plant in ihrem Buch „nullen + einsen“. Das Objekt der Begeisterung: der elektrische Telegraph, der in der Stadt errichtet werden sollte.

Die sprichwörtliche Informationsgesellschaft hat uns Instrumente in die Hand gegeben, die uns Zugang zu verstreutem, verborgenem Wissen ermöglichen, die uns den Austausch über Grenzen hinweg erlauben, die uns mit der ganzen Welt vernetzen – „verweben“ im wahrsten Sinne des Wortes. Und die englische Adelige Ada Lovelace hat diese Chance schon vor 150 Jahren erkannt, wohl geprägt durch ihre Lebenserfahrung:

Am 10. Dezember 1815 geboren, vom Vater Lord Byron schon nach einem Monat verlassen, wurde das Mädchen von ihrer Mutter allein erzogen. – Lord Byron starb im Alter von 36 Jahren, ohne das Kind je wiedergesehen zu haben. – Die Mutter förderte die Interessen Adas und unterrichtete sie gemeinsam mit Hauslehrern in Mathematik. Universitäten waren den Frauen damals verschlossen und es sollte noch einige Jahrzehnte dauern, bis sich das änderte. In den dreißiger Jahren des 19. Jahrhunderts arbeitete Ada mit dem Mathematiker und Erfinder Charles Babbage am Vorläufer des Computers und an Vorstufen von Programmiersprachen – mit bemerkenswerten Ergebnissen, die die Entwicklung unserer heutigen Informationstechnologie wesentlich beeinflussten. 1835 heiratete sie und bekam später drei Kinder.

Die Pionierarbeit von Ada Lovelace ist ein Puzzlesteinchen auf dem Weg zu jenen Technologien, die uns heute in unserer persönlichen und beruflichen Entwicklung fördern, die uns Zugang zu Daten und Informationen verschaffen, uns den Alltag erleichtern und den Austausch mit anderen ermöglichen. Die Technik ist dabei vor allem Mittel zum Zweck. Der Zweck ist: handeln, etwas weiterbringen, vorantreiben, organisieren, Menschen zusammenbringen, vermitteln ... auch gegen die Hemmnisse durch gesellschaftliche Anforderungen, auch im Gegensatz zu herrschenden Konventionen. Ada Lovelace ist Symbol für diesen Kampf und ihr Name schmückt heute nicht zufällig Förderprogramme, die Mädchen die Naturwissenschaften näher bringen sollen.

Ada Lovelace hatte sich trotz – oder: gerade wegen! – ihres Schicksals ein enormes Selbstbewusstein bewahrt, eine Überzeugung, die sie in einem Brief an Charles Babbage auf den Punkt brachte: *„Ich glaube nicht, dass mein Vater ein solcher Poet war (oder je hätte sein können), wie ich eine Analytikerin sein werde."* Dieser bemerkenswerte Satz lässt die ganze Spannung erkennen, unter der die junge Frau Zeit ihres kurzen, unglaublich produktiven Lebens stand – aber auch das große Selbstvertrauen, das sie fühlte; er liefert Hinweise auf den Widerstreit zwischen dem künstlerischen Erbe des fernen Vaters und dem Einfluss der Mutter. Diese Worte zeigen aber auch eines ganz deutlich: Ada Lovelace wusste, dass sie etwas konnte und dass sie auf ihrem Gebiet besser war als andere! Sie hat ihr Talent schon früh entdeckt und entfaltet.

Und sie verlangte ihrer Umwelt einiges ab, namentlich Charles Babbage, den sie mit harten Worten konfrontierte, wie Sadie Plant es in „nullen + einsen" sehr plastisch darstellt: „‚Können Sie', fragte sie mit unverhohlener Ungeduld, sich verpflichten, Ihren Geist *voll und ganz* – und zwar als oberstes Ziel, das durch keine andere Verpflichtung gestört werden soll – der Betrachtung all jener Gegenstände zu widmen, in denen ich Ihren geistigen *Rat & Beistand* benötigen werde? Können Sie

versprechen, nicht über Dinge *hinwegzugehen & hinwegzuschludern*? Oder Dokumente zu verlegen & Wirrwarr & Fehler hineingelangen zu lassen & c(etera)?'"
Die Geschichte von Ada Lovelace steht beispielhaft für viele Frauen, die durch die Jahrhunderte geforscht, entwickelt und erfunden haben:

- Nicole Clicquot musste 1805 im Alter von 27 Jahren die Champagnerkellerei ihres verstorbenen Mannes übernehmen; 1810 gründete sie das Unternehmen Veuve-Clicquot – und entwickelte 1816 die „Rüttel-Methode", ein Verfahren zur Lagerung des prickelnden Rebensaftes.
- Die Wienerin Hedwig Kiesler, als Hedy Lamarr zu Hollywood-Ehren gekommen, trug 1940 mit einer Idee zur Funkfernsteuerung von Torpedos wesentlich zur Entwicklung der GSM-Technologie bei, die heute in der Mobiltelefonie eine wichtige Rolle spielt.
- Die Amerikanerin Bette Graham erfand 1951 aus der Not einer Sekretärin heraus die Korrekturflüssigkeit und gründete später das Unternehmen „Liquid Paper". Dieses verkaufte sie 1979 für 47,5 Millionen Dollar plus Gewinnbeteiligung an die Gillette Corporation.
- 1908 erfand eine Dresdner Hausfrau eine praktische Hilfe für die Herstellung eines belebenden Getränks – ihr Name: Melitta Bentz. Sie meldete sogleich ein Patent an und gründete ein Unternehmen, dessen Name heute als Synonym für „Kaffeefilter" steht und weltweit mit viertausend Mitarbeitern 1,5 Milliarden Euro umsetzt.

Die angeführten Beispiele sind lediglich ein winziger Ausschnitt aus dem Panorama ungeahnter weiblicher Erfolge durch die Jahrhunderte, der Ihnen zeigen soll, welchen Einfluss Frauen hatten und haben können, welche Kraft in den Dingen steckt, die Frauen sich ausdenken und die sie tun. Lassen Sie mich ans Ende der Liste eine Frau stellen, die in ihrer Bescheidenheit und Größe gleichermaßen beeindruckt und die ihre Botschaft über die Jahrtausendwende hinweg vermitteln konnte: Elisabeth Mann Borgese.

Die jüngste Tochter Thomas Manns kam am 24. April 1918 in München zur Welt, lebte wohlbehütet in den verschiedenen Haushalten der Familie Mann in Europa und in den USA, genoss eine Ausbildung zur Konzertpianistin – was sie allerdings nie praktizierte –, heiratete einen sehr viel älteren Mann, mit dem sie nach Italien ging. Später arbeitete sie als Politologin an mehreren wissenschaftlichen Instituten und von 1980 an als Professorin in Kanada – ohne je studiert zu haben.
Sie zog zwei Töchter groß, schrieb Essays, Aufsätze, Novellen und Theaterstücke. 1970 war sie als einzige Frau an der Gründung des Club of Rome beteiligt, sie hatte maßgeblichen Einfluss auf die UN-Seerechtskonvention von 1982 und gründete das Internationale Ozean-Institut auf Malta. Der Schutz der Weltmeere war ihr eine Lebensaufgabe und bis zu ihrem Tod im Jahre 2002 lehrte sie an der Dalhousie University, in Halifax, Kanada internationales Seerecht.
Die wunderbare Biografie von Kerstin Holzer schließt mit den Worten: „(...) sie hat dank ihrer Energie im Leben viel erreicht. Vielleicht, weil sie nie die eigene Persönlichkeit zum Fixpunkt ihres Denkens gemacht und sich nicht in peinvoller Selbstreflexion verloren hat. Dabei habe sie Berufliches und Privates, sagt sie, ‚nie voneinander trennen können. Alles hängt zusammen', der Glaube an die Weltverfassung, soziale Gerechtigkeit und kleine Gemeinschaften, die skeptischen Novellen, Liebe und die gemeinsame Aufgabe, die Meere, und wahrscheinlich auch der Umgang mit den Tieren. Sie sei auf kurze Sicht pessimistisch, auf längere Sicht aber immer optimistisch, und ihre Lebensgeschichte habe ihr recht gegeben: ‚Ich war als Zwölfjährige begeistert vom Europa-Gedanken, aus purem Idealismus. Und wie weit ist es heute! Das erzähle ich immer meinen Studenten. Die Realisten von heute sind morgen tot. Und die Utopisten von heute sind die Realisten von morgen.'"

Elisabeth Mann Borgese verkörpert vieles, was wir Frauen schon immer konnten: Dinge in einen ganzheitlichen Zusammenhang stellen, sich neuen Situationen anpassen, ständig bereit zu sein, Neues zu lernen und Gefühl und Verstand auf die ganz spezielle weibliche Art und

Weise in Einklang zu bringen. Und dabei ist meist der Weg das Ziel und die Höhen und Tiefen, die auf diesem Weg lauern, sind Herausforderungen, denen wir uns gerne stellen!

Fazit:

- Frauen können Dinge, die „mann" ihnen gar nicht zutraut.
- Frauen nutzen ihr Können oft im Stillen.
- Frauen ist die „Sache" selbst viel wichtiger als der Ruhm.

Höhen & Tiefen & Höhen

Nicht das Beginnen wird belohnt, sondern einzig und allein das Durchhalten.

Katharina von Siena

Die Wege, die diese Frauen einschlugen, waren in den seltensten Fällen vorgezeichnet. Etwas, das auch für heutige weibliche Karrieren typisch ist. Oft waren Schicksalsschläge wie der Tod des Ehemannes, politische Wirren, Krieg, Flucht, Krankheit oder sonstige Katastrophen Auslöser für eine Neuorientierung, für einen Neubeginn auf eigenen Beinen. Doch diese Frauen haben die Herausforderungen als Chancen genutzt und auf diesem Wege ihre einzigartige Persönlichkeit im vollen Glanz erstrahlen lassen.

Marion Luna Brem erkrankte im Alter von 30 Jahren an Brustkrebs: Die Prognose lautet auf maximal zwei bis fünf Jahre verbleibende Lebenszeit. Ihre Söhne waren damals sieben und zwölf Jahre alt, sie war eine glückliche Hausfrau. Auf zwei Operationen folgte die Chemotherapie. Ihre Ehe zerbrach, 1984 stand Marion Luna Brem mit ihren beiden Kindern vor dem Nichts – und einer Krankenhausrechnung über 500.000 Dollar.

Sie erinnerte sich daran, dass sie vor langer Zeit in einem Autohaus einen Teilzeitjob als Telefonistin hatte. Und sie fand heraus, dass es in der Autobranche keine Frauen im Verkauf gab. Sie ging zu 16 Managern von Autohäusern, alle lehnten ab, sie einzustellen. Der 17. tat es: Er gab ihr einen Job. Ab sofort verkaufte sie Autos und mit etwas Übung und ihren weiblichen Talenten wurde sie schon bald eine Spitzenverkäuferin – in einer von Männern absolut dominierten Branche.

Fünf Jahre später suchte sie sich Geldgeber und eröffnete ihr eigenes Geschäft in Corpus Christi, Texas. Nach zwei Jahren zahlte sie ihre

Investoren aus. Heute besitzt Marion Luna Brem sechs Autohäuser, eine Werbeagentur und eine Immobilienfirma. Sie ist für viele Frauen zu einem Vorbild geworden und gehört zurecht zu den Top-Unternehmerinnen. Sie hat es zu einer einflussreichen Persönlichkeit gebracht, und das (in den USA) „trotz" hispanischer Abstammung.

In ihrem Buch „The 7 Greatest Truths About Successful Women" spricht Marion Luna Brem über die wichtigsten Faktoren jenseits des Businessplans, die Frauen helfen, ihren Weg zu gehen und nicht nur für sich, ihre Familie und ihre Mitarbeiter, sondern auch für die Kunden die bestmöglichen Bedingungen zu schaffen:

- sich der Herausforderung stellen
- der Intuition folgen
- sich gegenseitig beistehen
- mit Leidenschaft und Passion an die Sache herangehen
- Sensibilität für die Bedürfnisse anderer entwickeln
- sich selbst vertrauen

Wie Marion reagierten Frauen immer wieder mit ungeahntem Mut auf Chancen, die in den Herausforderungen des Lebens stecken – und so manche Karriere begann mit einer großen Krise. So wurde vielen erst durch den Verlust eines Jobs oder das schmerzhafte Ende einer Beziehung bewusst, dass es an der Zeit ist, Gas zu geben. Sie gaben nicht auf, sondern nutzten die Chance, die in der Veränderung steckt, und begannen ein neues Leben. Was können wir daraus lernen? Wir Frauen von heute sollten nicht erst darauf warten, dass uns das Leben einen Streich spielt, sondern jeden Tag nutzen, um unserem Leben Wert und Sinn zu geben!
Immer mehr Frauen spüren heutzutage den Wunsch, mehr aus ihrem Leben zu machen, sich neuen Herausforderungen zu stellen und wirklich das zu tun, was sie tun wollen, was sie am besten können. Und das in jedem Alter, mit den unterschiedlichsten Ausbildungen und Berufen. Die Beamtenlaufbahn an den Nagel hängen und ein Ein-Frau-

Catering-Unternehmen gründen? Mit 30 ein Medizinstudium beginnen, weil der Buchhaltungsjob langweilig geworden ist? Einen Laden eröffnen und Dinge verkaufen, für die man schon immer ein Faible hatte? In der Frührente nicht versauern, sondern einen Bauernhof in der Toskana kaufen und Zimmer vermieten? Mehr denn je haben wir heute die Wahl, unsere Träume zu verwirklichen!

Übung: Frauen machen ihren Weg

Stöbern Sie in Ihrer Erinnerung, allein oder gemeinsam mit Ihrer Familie, mit Freundinnen und Kolleginnen, nach Geschichten von Frauen, die gegen widrige Umstände angekämpft und ihren Weg gegangen sind. Nehmen Sie eine der Geschichten und schreiben Sie eine „Mini-Studie", in der Sie folgende Fragen beantworten:

- Wann und wo „spielt" die Geschichte?
- Was sind die „besonderen" Umstände?
- Wie ist die von Ihnen ausgewählte Frau damit umgegangen?
- Was war das Ergebnis?
- Was beeindruckt Sie dabei besonders?
- Gibt es etwas, was andere Frauen aus der Geschichte lernen können?

Fazit:

Frauen können heute selbst entscheiden wie ihr Leben aussieht.
In Frauen schlummern ungeahnte Kräfte und Talente.
Die größten Krisen sind meistens die größten Chancen.

Wirtschaft(en) wird immer weiblicher

Der oberste Zweck des Kapitals ist nicht, mehr Geld zu schaffen, sondern zu bewirken,dass das Geld sich in den Dienst der Verbesserung des Lebens stellt.

Henry Ford

Bei jeder Gelegenheit werden wir heute auf die Komplexität unserer Lebenswelt gestoßen, wird die unaufhaltsame Globalisierung thematisiert, die Beschleunigung des Alltags kritisiert. Für die Frauen ist das alles nichts Neues, sie hatten schon immer mit jeder Menge Komplexität zu tun, waren offen für neue Wege und andere Kulturen und haben die Herausforderung des Alltags gemeistert. Durch die Jahrhunderte haben Frauen das Haus bestellt, die Kinder erzogen, für die Alten gesorgt, die Karrieren der Männer unterstützt und gelenkt. Sie haben immer gearbeitet und dennoch die vielfältigen Überraschungen ihres Alltags gemanagt – und das ganz ohne Time-Planning-System. Sie haben immer ausgewählt, geprüft, wichtige Entscheidungen über Investitionen getroffen, Mittel verwaltet, Ressourcen ein- und zugeteilt.

Das Managen von Menschen, Beziehungen und Gütern gehört seit jeher zum Frauenalltag, es ist so selbstverständlich, dass es von uns Frauen meist gar nicht als Leistung wahrgenommen wird. Und so werden Frauen von Personalmanagern und Marketingstrategen nach wie vor als unbedeutende Marktnische betrachtet, mit Klischees bedacht und oft in eine Randposition gestellt.

Frauen als Wirtschaftsfaktor zu missachten, könnte sich in naher Zukunft als fataler Fehler erweisen. Den Markt über *einen* – nämlich den männlichen – Kamm zu scheren und die Bedürfnisse der weiblichen Kunden zu ignorieren, wird Unternehmen künftig teuer zu stehen kommen. Die Fakten, von der Trendforscherin Faith Popcorn in ihrem Buch „EVAlution" für die USA zusammengefasst:

- Frauen haben Einfluss auf die Verwendung von 80 Prozent der Haushaltsausgaben.
- Frauen kaufen 50 Prozent aller Autos.
- Frauen kaufen 50 Prozent aller Personal Computer.
- 50 Prozent der Investoren und Aktienbesitzer sind Frauen.
- Die Hälfte aller Frauen in den USA besitzt Investmentfonds.
- In 40 Prozent der Haushalte mit einem Vermögen über 600.000 US-Dollar tragen Frauen die Verantwortung.

Darüber hinaus beeinflussen Frauen 80 Prozent der Entscheidungen für Gesundheitsfürsorge und 75 Prozent der Medikamenteinkäufe. Und Frauen sind es, die biologischen Lebensmitteln und alternativen Heilmethoden zum Durchbruch verhalfen. Ganz abgesehen davon, dass inzwischen fast ein Drittel der amerikanischen Frauen mehr verdient als ihre Männer!

Es wird für Unternehmen immer kostspieliger, Frauen als Arbeitskräfte nicht entsprechend zu fördern. Weibliche Fähigkeiten sind unverzichtbar. *Doch liegt das nicht vielleicht liegt auch an uns, weil wir uns selbst nicht ins rechte Licht setzen?*

Es sind leider noch immer nur wenige Frauen, die den Mut haben, stolz auf ihre Talente zu sein. Wenn wir die Zukunft gewinnen wollen, dann müssen wir für Orte und Arbeitsbedingungen kämpfen, die unseren Ansprüchen und Bedürfnissen gerecht werden. Dann müssen wir männliche Verbündete finden, die uns helfen, und nicht länger darauf warten, dass die Zeit schon alles regeln wird. Dass Frauen, die sich einmal dazu entschlossen haben, die Fesseln abzulegen, recht zügig zur Sache kommen, zeigen folgende Zahlen aus den USA:

- Frauen gründen Unternehmen doppelt so schnell wie Männer – alle 60 Sekunden entsteht so eine neue Firma, bei mehr als 9 Millionen Unternehmen, die Frauen gehören.

- Sie erwirtschaften 3,6 Billionen Dollar jährlich und beschäftigen mehr Mitarbeiter als alle Fortune-500-Unternehmen in den USA zusammen, nämlich 27,5 Millionen Menschen.
- Und: Im Jahr 2005 werden 40 Prozent der US-Unternehmen in Frauenhand sein.

Das bedeutet nicht, dass Frauen sich Hals über Kopf in ihre „Unternehmungen" stürzen, im Gegenteil: Sie gehen überlegt an die Sache heran und produzieren daher auch wesentlich weniger Pleiten als Männer. Und diese Zahlen sagen nicht nur etwas über Quantitäten aus. Sie sprechen auch über Qualitäten: über Eigenständigkeit, aktive Lebensgestaltung und über wachsendes Selbstbewusstsein der bislang etwas unterschätzten Hälfte der Menschheit.
Für Frauen ist das Führen des eigenen Unternehmens oft eine Möglichkeit, Familie und Arbeit unter einen Hut zu bringen und nach ihren eigenen Bedürfnissen zu leben. Und so beginnen viele in SoHo – dem Small Office/Home Office –, um sich nach einigen Jahren mit 20, 30 oder 60 Mitarbeitern an fünf Standorten wiederzufinden.

Übung: Die Unternehmerinnen sind nebenan!

Überlegen Sie, welche Unternehmerinnen, Selbstständige, Freiberuflerinnen Sie kennen! Notieren Sie die Namen und die Berufe, denken Sie nach, was Sie über diese Frauen wissen. Wie würden Sie sie charakterisieren? Was an diesen Frauen beeindruckt Sie? Welche Fragen würden Sie diesen Frauen gerne stellen?

Fazit:

Frauen sind für die Wirtschaft unverzichtbar.
Frauen werden immer wichtiger.
Unternehmerinnen gehört die Zukunft.

Erfolg ist weiblich

Es geschieht zu jeder Zeit etwas Unerwartetes; unter anderem ist auch deshalb das Leben so interessant.

Marie von Ebner-Eschenbach

Frauen nehmen die Gestaltung ihres Lebens mehr und mehr in die eigenen Hände. Es macht ihnen Spaß, Erfolg zu haben und die Früchte ihrer Arbeit zu ernten. Doch der Weg dahin ist nicht immer ganz geradlinig: Familienleben und Beruf unter einen Hut zu bringen ist auch heute noch ein Drahtseilakt, der uns täglich herausfordert und über uns selbst hinauswachsen lässt. Die Ansprüche, die der Alltag und häufig auch die Umwelt an Frauen stellt, sind nicht immer leicht zu erfüllen. Und erst all das, was wir Frauen selbst von uns erwarten!
Viele Frauen sitzen in der Perfektionismus-Falle und rauben sich so Energie und Lebensfreude. Jede noch so kleine Fehler-Mücke wird zu einem Elefanten mit Namen „Unfähigkeit" aufgeblasen – der für den Rest der Welt in der Regel völlig unsichtbar bleibt. Das, was gelingt, neutralisiert sich sofort, es ist ja „selbstverständlich" und nicht der Rede wert. Und über all dem Hadern werden wir blind für unsere Erfolge, Kenntnisse und Fähigkeiten.
Doch mehr und mehr arbeiten Frauen bewusst daran, der Perfektionsfalle zu entkommen. Sie belohnen sich für Erfolge und verbuchen Pannen unter der Rubrik „Lernpotenzial". Und sie fühlen sich wohl mit dem, was dabei herauskommt:

- mehr Energie
- mehr Gelassenheit
- mehr Selbstvertrauen.

Das Bild der erfolgreichen Frau im Business war im vergangenen Jahrzehnt das der Powerfrau. Nadelstreifen, breite Schultern, Härte. Den Blick starr „nach oben" gerichtet, wurden Themen wie Verständnis, Mitgefühl, Emotionen und Sinnlichkeit ausgeblendet, die ureigensten weiblichen Eigenschaften blieben auf der Strecke. Wer „schwach" war, fiel spätestens auf dem letzten Drittel von der Karriereleiter.
Sabine Asgodom rückt in ihrem Buch „Erfolg ist sexy" das Thema Power ins rechte Licht: „In unserer Kultur wurde Energie immer mit Bewegung gleichgesetzt – schnell, laut, kräftig. Power bedeutete: Kämpfe oder du wirst verlieren. Es hieß Höchstleistungen bringen oder du setzt deine Karriere aufs Spiel. Power bedeutete Sichanpassen, denn Querdenker wurden nur in Anzeigen geschätzt. Auf einmal wird klar: Energie ist nicht gleich Power. Sie ist auch Power. Doch Power ist der eingeschränktere Begriff."
Die Powerfrau als anzustrebendes Ideal hat ausgedient. Heute wollen wir Weiblichkeit und Erfolg: den ausgeglichenen Energiehaushalt. Das pure Dasein ist ein guter Grund, schon ausreichend Berechtigung dazu, sich wohl zu fühlen. Wir müssen uns nicht erst mit übermenschlichen Anstrengungen aus„powern", um uns mal gemütlich in einem warmen Bad entspannen zu dürfen. Lebensenergie, Lebensfreude bewusst zuzulassen, ist kein Luxus, sondern unsere Pflicht!

Fazit:

Frauen sind unglaublich vielseitig.
Frau muss nicht perfekt sein um das Spiel des Lebens zu gewinnen.
Weiblichkeit ist wieder „in".
Die richtige Mischung aus Anspannung, Vorfreude und Genuss macht's möglich.

Frauen können so viel mehr

Alles, was in Ihrer Vorstellung existiert, können Sie auch erreichen.

Nikolaus B. Enkelmann

Anthropologen, Soziologen, Psychologen – zahlreiche Vertreter dieser und anderer wissenschaftlicher Disziplinen haben sich die Erforschung der Unterschiede von Mann und Frau zur Aufgabe gemacht. Und die Ergebnisse so mancher Studien sprechen eine deutliche Sprache.

Helen Fisher, prominente US-amerikanische Anthropologin, beschäftigt sich seit Jahren mit dem Verhältnis von Frau und Mann und stellt in ihrem Buch „Das starke Geschlecht" fest: „Durch bestimmte natürliche Fähigkeiten wird das so genannte schwache Geschlecht zum führenden und formenden Faktor des 21. Jahrhunderts." Die Soziolinguistin Deborah Tannen widmet sich seit Jahrzehnten der Erforschung der Kommunikation zwischen den Geschlechtern und schrieb in zahlreichen Büchern über die kommunikativen Fähigkeiten von Frauen. Die bekannte Unternehmensberaterin Prof. Gertrud Höhler unterzog das Geschlechterverhältnis immer wieder einer genaueren Betrachtung und auch sie stellt die Fähigkeiten von Frauen in den Vordergrund.

Und was sagen die Trendforscher, die den Wandel von Märkten und Mentalitäten beobachten, Forschungsergebnisse analysieren und sie an der Wirklichkeit messen? *Die Zukunft gehört den Frauen*, so die einhellige Meinung von Experten wie Faith Popcorn und Matthias Horx.

Der Grundtenor unzähliger Forschungsergebnisse: Frauen und Männer sind verschieden – und: Frauen können einige Dinge einfach besser als Männer. Die Ursachen für die Unterschiede sind vielfältiger Natur (im buchstäblichen Sinne!), ein Großteil der Unterschiede beruht jedoch darauf, dass Männer und Frauen biologisch andere Aufgaben zu erfüllen haben und es bei beiden darum geht, das Überleben der Spezies zu sichern. Und zwar in Ergänzung zueinander. Einen ganz wesentlichen Puzzlestein für das Verständnis dieser Unterschiede liefert uns die Hormonforschung: Der Schlüssel liegt in der vorgeburtlichen Entwicklung. Bis um den 35. Tag der Schwangerschaft ist jeder Embryo weiblich. Erst dann wird der Schalter umgelegt, die männlichen Geschlechtsmerkmale bilden sich unter dem Einfluss der Hormone aus. Erst ab der 5. Schwangerschaftswoche bestimmen die so genannten Androgene die Entwicklung des Jungen. Bis dahin sind alle Menschen gleich, könnte man es provokativ formulieren.

Zu einer zweiten entscheidenden hormonellen Entwicklung kommt es im letzten Drittel der Schwangerschaft: Der Testosteronspiegel des männlichen Ungeborenen steigt heftig an – dies wurde von der Forschung schon vor Jahrzehnten nachgewiesen und mit dem Begriff „Testosterondusche" versehen. Diese Hormondusche zeigt Wirkung auf die männliche Psyche, wie die Wissenschaftler herausfanden, und es wurde im Rahmen dieser Forschungen klar, dass das Gehirn sehr von jenen Hormonströmungen abhängig ist, die den Organismus lenken. Das Wissen um diese vorgeburtlichen Entwicklungen ist wesentlich für das Verständnis von männlichen und weiblichen Verhaltensunterschieden. Gertrud Höhler folgert daraus: „Wer über kulturelle Einflüsse philosophiert und durch Erziehungsprogramme in diese Prozesse noch entscheidend glaubt eingreifen zu können, muss also erfolglos bleiben. Im Gegenteil: Wer zur Kenntnis nimmt, dass die entscheidenden Weichen vor der Geburt gestellt sind, wird endlich frei für die Frage, welchen Sinn die Verschiedenheit von Männern und Frauen haben könnte, wenn sie nicht nur ein technisches, sondern ein psychisches Programm ist." Und weiter: „Der frühe Switch zur Männlichkeit, am Ende der fünften vorgeburtlichen Lebenswoche, bedeutet auch Preisgabe von Optionen. *Männlichkeit ist eingeschränkte Bandbreite zugunsten der Konzentration."*

Frauen gebären, Männer verteidigen. Frauen hegen und bergen, Männer expandieren und gehen Risiken ein. Frauen sind die sozialen Wesen, Männer eher dominant. Wo Frauen sensibel sind, agieren Männer direkt. Die Liste der Unterschiede scheint unendlich lang, das Thema scheint erst am Anfang seiner Erforschung zu stehen. Es ist wichtig, dass wir uns mit dem Gedanken an die Unterschiedlichkeit anfreunden und herausfinden, wo unsere weiblichen Stärken liegen.

Blitzquiz

Denken Sie an sich selbst und einen Kollegen/Ihren Partner/einen anderen Mann in Ihrer Umgebung. Beantworten Sie folgende Fragen ganz spontan!

- Wer kann mehrere Dinge gleichzeitig managen?
- Wer widmet Details mehr Aufmerksamkeit?
- Wer findet leicht Kontakt zu anderen?
- Wer stellt in einem Gespräch mehr Fragen?
- Wer hört besser zu?
- Wer möchte gerne soziale Fähigkeiten erwerben?
- Wer bringt sich gerne ein?
- Wer legt großen Wert auf Übereinstimmung und Einklang?
- Wer verfügt über die bessere Intuition?
- Wessen To-Do-Liste ist länger?
- Wer genießt die Regenerationsphase nach des Tages Mühen?
- Wer hält Kontakte zu anderen besser aufrecht?

Haben Sie die meisten Fragen mit „ich“ beantwortet? Dann sind Sie auf dem besten Wege, Ihre natürlichen Fähigkeiten gezielt einzusetzen, um erfolgreich zu sein. – Sie sind von dem Ergebnis überrascht? Nun: die Frau, die da so gut abschneidet, sind *Sie*, und Sie sehen: In vielen Dingen sind Sie besser, als Sie selbst es bislang glaubten. Wenn Sie sich bewusst mit solchen Fragen auseinandersetzen, erkennen Sie sehr rasch, wie viel Sie können und wie viel Sie über sich bereits wissen! Eines sollte uns jedoch klar sein: Es geht nicht um die Frage, ob Männer oder Frauen „besser“ sind, es geht darum, die eigenen Stärken zu erkennen und zu nutzen. Und in diesem Buch geht es um Ihre Fähigkeiten und Talente, darum, diese freizulegen und zu entfalten!

Fazit:

Männer und Frauen sind verschieden, und das ist gut so!

Selbsterkenntnis ist ein Schlüssel zum Erfolg.

Wir sollten unsere eigenen Stärken kennen.

Weibliche Fähigkeiten werden immer wichtiger.

Frauen können soviel mehr, als sie selbst es wissen.

Frauen haben ihren eigenen Plan

Frauen begnügen sich nicht mehr mit der Hälfte des Himmels, sie wollen die Hälft der Welt.

Alice Schwarzer

Nicht selten bekommt „frau“ den Eindruck, die Geschäftswelt erwarte von ihr, dass sie bereitwillig alles Persönliche und natürlich alles Emotionale am Firmentor abgebe, um ‚männlich‘ erfolgreich zu sein. Möglichst sachlich und unpersönlich hat so ein Arbeitsplatz zu sein, in der Hoffnung, dass dann alles „funktioniert“, möglichst reibungslos und ausfallsicher. Wer sich mit Disziplin und unermüdlichem Fleiß über Jahre hocharbeitet, kann vielleicht sogar mit materieller Belohnung und mit Ansehen rechnen. Doch wer diesen Karriereweg einschlägt, obwohl „Brüche“ im Lebenslauf vorhanden sind, wird oft genug damit konfrontiert, dass sich ein wenig geradliniger Weg ganz schnell als Karrierehemmer entpuppt. Ein paar Jahre der Kindererziehung und dem Aufbau der Familie gewidmet – und schon bekommt „frau“ das Gefühl, aus dem Rennen zu sein.

Doch um der „Karriere“ Willen auf Kinder, auf Familie verzichten? Diesen hohen Preis wollen viele Frauen nicht bezahlen: Sie wollen ihre Ideale und ihre Weiblichkeit nicht „verkaufen“. Dazu kommt oft die Erkenntnis: Fleiß ist kein Garant für den Erfolg! Und nicht selten resignieren sie, anstatt mit ihren Waffen und natürlichen Fähigkeiten an der Hervorbringung einer neuen Gesellschaft mitzuwirken.

Doch ein erfreulicher Wandel zeichnet sich bereits ab. Unternehmen haben begriffen, wie wichtig die Zufriedenheit ihrer Mitarbeiter für den eigenen Erfolg ist. Und so gilt heute der Mensch zu Recht als wertvollste Ressource. Im heiß umkämpften „war of talents“ will natürlich kein Unternehmen seine engagierten Mitarbeiterinnen verlieren. Und so bieten vor allem immer mehr große Unternehmen flexible Arbeitszeitmodelle hin bis zu Sabbaticals (das ist ein halbes oder ganzes Jahr Auszeit) zur Weiterbildung oder persönlichen Gestaltung. Immer mehr Firmen stellen Kinderbetreuungsplätze zur Verfügung. Flexiblere Arbeitszeitmodelle erlauben Frauen das, was viele von ihnen sich sehnlich wünschen: Kinder *und* Karriere. Ohne Zweifel sind das Anzeichen dafür, dass eine neue Kultur in die Unternehmen einzieht: eine mehr und mehr von weiblichen Bedürfnissen geprägte Kultur. Ja, die ersten Schritte sind bereits getan. Und nun liegt es an uns, diese Chance zu nutzen und daran mitzuwirken, dass es weiter vorangeht.

Doch bei aller visionären Kraft, die in den eben beschriebenen Konzepten wirkt: Bislang nutzen erst wenige Unternehmen jene weiblichen Kompetenzen, die auch jenseits des Fach- und Sachwissens schlummern und nur darauf warten, entdeckt zu werden. Kompetenzen, die sich in einem Alltag, der von Chaos- und Emotionsmanagement ebenso wie von Rund-um-die-Uhr-Einsätzen geprägt ist, wunderbar trainieren lassen:

- Organisationstalent,
- vernetztes Denken,
- Paradoxien erkennen und trotzdem handlungsfähig bleiben,
- soziales Wahrnehmen in seiner ganzen Vielfalt,
- intuitives und zugleich situationsangemessenes Entscheidungsvermögen,
- Kommunikationstalent mit wechselnden Adressaten,
- Multitasking, das parallele Lösen vieler Aufgaben ...

Reinhard K. Sprenger bringt es in einer Kolumne für die Zeitschrift „Sales Business“ auf den Punkt: „Frauen steht eine Vielzahl von Problemlösungsstrategien zu Gebote, ein situationsbunter Zugang, ohne Verlierer zu produzieren, während Männer dazu neigen, Probleme mit der Strategie ‚Überbieten‘ zu lösen.“
Das Informationszeitalter erfordert persönliche Qualitäten jenseits von einseitiger, linearer Problemlösung und Einzelkämpfertum. Muskelkraft

oder intellektuelle Überlegenheit sind heutzutage (zum Glück) kein Garant mehr fürs Überleben. Die Fähigkeit zu kommunizieren entscheidet heute mehr denn je über Erfolg oder Scheitern. Und zur Kommunikation gehören Einfühlungsvermögen, Intuition und Menschenkenntnis. Dagmar Deckstein, Redakteurin der Süddeutschen Zeitung, in einem Essay für das Online-Magazin changeX.de: „Man muss zwar keine Frau sein, um weiblich zu denken – und auch kein Mann, um männlich zu denken. Da aber das Männliche in der Vergangenheit zum Ideal erhoben wurde, werden Männer es entsprechend schwer haben, den Wandel zu vollziehen. Frauen hingegen sind bestens gerüstet. Sofern sie ihre weiblichen Fähigkeiten und Fertigkeiten ebenso kultivieren wie bislang Männer die ihrigen, können sie die Leitfiguren des postindustriellen Zeitalters werden."

Fazit:

Frauen verkaufen nicht ihre Seele, sie arbeiten an Idealen.
Weibliche Karrieren sind ganzheitliche Lebensentwürfe.
Frauen werden gebraucht, immer mehr!
Frauen sind das neue Ideal.

Frauen verändern die Welt

Ich habe das vage Gefühl, dass die Frauen heute mehr Orientierung haben als vor zehn Jahren – und die Männer weniger.

Captain Picard, Raumschiff Enterprise

Freuen wir uns auf diese neue Welt und den Wandel, managen wir ihn! „Change Management" ist der moderne Begriff dafür. Im Duden ist zum Begriff „managen" zu lesen: „umgangssprachlich für leiten, unternehmen; zustande bringen". Und es gibt wahrlich eine ganze Menge zu unternehmen! Denn mit dieser stillen Revolution lösen sich zunehmend die Grenzen zwischen Arbeitsleben und Privatleben auf. Der Karrierebegriff wird neu definiert, Eigenverantwortung und so genanntes „Entrepreneurtum" gewinnen an Bedeutung. Und das Wesentliche an all den Veränderungen: Wir haben mehr als jemals zuvor die Chance, unser Leben selbst zu gestalten. Wir haben mehr denn je die Möglichkeit, selbst zu entscheiden, wie unser Leben aussehen soll. Auch Sie haben die Wahl darüber, wo Sie leben, wie Sie leben, mit wem Sie leben und womit Sie Ihren Lebensunterhalt verdienen.

Diese gesellschaftliche Neuordnung ist einerseits getrieben von wirtschaftlichen Entwicklungen und Notwendigkeiten.

Zugleich ist der Trend zur Selbstverwirklichung ungebrochen, so dass gerade in unserer westlichen Gesellschaft individuelle Bedürfnisse immer mehr an Bedeutung gewinnen. Die Ehe ist für Frauen keine „Lebensversicherung" mehr. Und leider für uns alle nicht immer ein Ort der Sicherheit und Geborgenheit. So wird es immer mehr unterschiedliche Lebensentwürfe geben. Die einen besinnen sich auf die alten Werte wie Familie, die anderen bauen sich große Patchwork-Familien und viele suchen in ihren Freunden eine Ersatzfamilie. All diesen Lebensfor-

men ist jedoch eins gleich: Wenn wir wollen, dass sie funktionieren und damit unsere Bedürfnisse erfüllen, brauchen wir mehr denn je Beziehungs-, ja Kommunikationskompetenzen.
Familie wird zunehmend mehr als Team definiert, als Gruppe von Menschen, deren Mitglieder sich gegenseitig unterstützen und gemeinsame Ziele verfolgen. In „Patchwork-Familien" leben Menschen mit unterschiedlicher „Familien"-Geschichte zusammen, eine Form des sozialen Miteinanders, das nicht zuletzt aufgrund der integrativen und kommunikativen Fähigkeiten der Frauen überhaupt möglich sind, die diese „Teams" leiten und führen.
Gleichzeitig ermöglicht die heute zur Verfügung stehende Informationstechnologie mit Internet, Mobiltelefon und Notebook neue Arbeitsformen, die vielfach von festen Arbeitsplätzen unabhängiger sind als früher. Arbeit und Privatleben waren noch nie strikt voneinander zu trennen, doch dies wird nun für den Erfolg bewusst genutzt – was dann schließlich auch die Trennung zwischen privater und beruflicher Persönlichkeit endlich aufhebt ...

Fazit:

Nichts bleibt wie es ist und wir sind ganz vorne dabei.
Frauen haben, was die Zukunft braucht.
Wir haben die Wahl!

Mut zur Persönlichkeit!

Steigst du nicht auf die Berge, so siehst du auch nicht in die Ferne.

Chinesisches Sprichwort

Mit dem Verschwinden der Grenzen zwischen dem, was wir darstellen, und dem, was wir sind, rückt die gesamte Person plötzlich ins Blickfeld. Die ganze Persönlichkeit. Frauen haben jede Menge davon, wenn sie den Mut haben, diese zu entfalten! Denn als Person kommen wir auf die Welt und zu einer Persönlichkeit werden wir, wenn wir den Mut haben, uns dem Leben und seinen Herausforderungen zu stellen. Und damit sehen wir auch schon die erste Belohnung für unser Engagement: Persönlichkeit.

In der Zeit des Börsen-Hypes der so genannten „New Economy" wurde ein viel diskutierter Begriff geprägt: die „Ich-Aktie". Die Hauptbotschaft: Mit dem richtigen Businessplan gelingt die Steigerung des Kurses der Ich-Aktie und Personalmanager und Headhunter liefern sich heiße Schlachten um die begehrtesten Aktien.

Wie so vieles in der „New Economy" lässt auch der Ansatz der „Ich-Aktie" einiges außer Acht, was für den beruflichen und privaten Erfolg entscheidend ist. Echtes Können und Kompetenz wurde nur allzu oft unterschätzt, zu oft wurde der Glaube an das Machbare, ja der Größenwahnsinn, die einzige Instanz. Ein Glaube, der jedoch nur so lange existierte, solange es genug Kapital gab, das verbrannt werden konnte. Und wie die Aktien so mancher Start-ups in den Keller fielen, so traf es auch zahlreiche „Ich-Aktien".

Was vielen dieser „Stars" fehlte, war echtes Können und die Geduld, langsam zu wachsen. Der Glaube an die eigene Idee ist wichtig, doch ohne die nötigen Fähigkeiten und die Geduld, diese durch aktives Training zu entfalten, werden wir zu Angebern und Schwätzern. Es ist so, als ob Sie unbedingt Konzertpianist werden wollen, jedoch nicht

bereit sind, viele Jahre lang zu üben und so eine wirkliche „Könnerin“ zu werden.
Ich bin sehr glücklich und dankbar für die herzliche Freundschaft mit dem bekannten Trainer Brian Tracy, der mir einmal sagte: „Es gibt keinen Lift zum Erfolg, Du musst schon die Treppe nehmen!“ Wer wirklich erfolgreich sein will, der muss damit rechnen, dass dies Jahre dauert und eine aufregende Reise ist, die niemals zu Ende geht.
– Ist Ihnen übrigens aufgefallen, dass unter den Senkrechtstartern der New Economy kaum Frauen waren? Das hat einen guten Grund: Wir Frauen verlieren nicht so schnell die Bodenhaftung und wir haben den Mut, klein anzufangen.
Die Ernüchterung auf der ökonomischen Seite führte aber auch zu einer Besinnung auf Werte, die etwas in Vergessenheit geraten waren: Integrität, Kompetenz, Verantwortung, Beständigkeit – vergleichbar mit einem Diamanten, der erst durch den richtigen Schliff, als Brillant, seinen einzigartigen Glanz und seinen Wert für die Ewigkeit entfaltet.

Fazit:

Kompetenz & Ausdauer bringen uns an die Spitze.
Erfolg ist eine lange Reise und keine Abkürzung.
Persönlichkeit wird in Zukunft immer wichtiger.

Emotional & intelligent

Wer viel fragt, lernt viel und macht sich angenehm, besonders wenn er seine Fragen dem Wissen der Gefragten anpasst; denn er gibt ihnen so Gelegenheit, sich in Reden zu ergehen, und er selbst erntet fortwährend Erkenntnisse.

Francis Bacon

Daniel Goleman, der Autor von „Emotionale Intelligenz", schreibt, dass der Mensch 80 Prozent seiner Erfolge im Beruf und im Leben seiner emotionalen Intelligenz verdanke. Nur 20 Prozent beruhen auf Vernunft und „rationaler" Intelligenz. (Diese Weisheit hat mir mein Vater schon als kleines Mädchen mit auf den Weg gegeben und ich finde sie fast täglich bestätigt!) Welches sind die fünf Fähigkeiten der emotionalen Intelligenz?

- Wie wir uns selbst sehen
- Wie wir mit unseren Gefühlen umgehen
- Wie wir Gefühle zu unserem Vorteil nutzen
- Wie wir Empathie entwickeln und Menschen für uns gewinnen
- Wie wir unsere Beziehungen positiv und erfolgreich gestalten

Empathie – zu wissen, was andere fühlen – ist die Grundlage dafür, wie wir Menschen einschätzen, wie wir auf sie zugehen. Empathie ist Einfühlsamkeit, die Wahrnehmung offener oder versteckter sozialer Signale – und war schon immer eine natürlich Eigenschaft von uns Frauen. Die Fähigkeit, zu erkennen, was andere Menschen fühlen, spielt in jedem Lebensbereich eine ausgesprochen wichtige Rolle: in der Kinderbetreuung wie im Management, in der Liebesbeziehung wie im Verkauf.

Verkaufen besteht zu einem sehr großen Teil aus Zuhören, aus Gespür für die Bedürfnisse des Gegenübers, aus dem Mut, Fragen zu stellen, aus Deutung von nonverbalen Signalen, von Mimik, Gesten, Blicken ... Deswegen können Frauen im Verkauf und hier besonders im Direktvertrieb erfolgreich agieren: indem sie emotionale Intelligenz einsetzen. Frauen leben nach diesem 80/20-Prinzip: 80 Prozent ihrer Erfolge und Ergebnisse beruhen auf dem Einsatz kommunikativer Fähigkeiten, auf Empathie und Intuition, die restlichen 20 Prozent auf so genannten vernünftigen Handlungen und Entscheidungen. Wir sind die geborenen Kontakteknüpferinnen und Vernetzerinnen, wir haben ein Gespür für die „Chemie" zwischen Menschen – und das ist durchaus förderlich fürs Geschäft. Diese „Chemie" lässt sich oft nicht in Worten ausdrücken, sie wird intuitiv wahrgenommen.
Wir kennen die wichtigste Regel des Verkaufs: Menschen und besonders Frauen machen nur Geschäfte mit Menschen, die ihnen sympathisch sind und von denen sie sich verstanden fühlen. Und oft sind wir gut damit beraten, auf unser „Bauchgefühl" zu hören, das uns sagt, was richtig ist und was wir besser lassen sollten. Voraussetzung für diese „intuitive Intelligenz" ist die gesunde Selbstwahrnehmung und auch hier wieder der Mut, den eigenen Gefühlen zu vertrauen.
Da wir für das Lösen großer Probleme immer die Hilfe von Menschen brauchen, ist es wichtig, das Gegenüber einzuschätzen. Seine Gefühle wahrzunehmen und zu managen ist ein wichtiger Schritt zu mehr Selbstbewusstsein, zu klarer Sicht und zur Fähigkeit, Entscheidungen zu treffen. Das bedeutet: empathische Kommunikation ist gefragt. Und wo findet diese wirklich essentielle Kommunikation statt? Wo sind die Orte, an denen wir die Menschen antreffen? Wo kommunizieren wir mit Intuition und emotionaler Intelligenz unschlagbar effizient? Wo erfahren wir wirklich etwas über die Menschen hinter den Positionen und Stellenbeschreibungen? Hier schlägt wieder unser archaisches Erbe durch, das Rollenbild der Hüterin des Lebens und des Herdfeuers in Personalunion. Haben Sie sich schon einmal auf einer Party bei Freunden zu fortgeschrittener Stunde zu zehnt in einer winzigen Küche wiedergefunden? Und sind das für Sie nicht die schönsten Erinnerungen an Nähe,

Lachen, Spaß und persönlichen Austausch? Das Gefühl der Sehnsucht nach der Herdstelle, des wärmsten und heimeligen Ortes des ansonsten kalten Hauses, das tragen wir noch immer in uns, und selbst in der schönsten, größten, fußbodenbeheizten Wohnung ist doch häufig die Küche der Mittelpunkt des Lebens.

Wir suchen das Gespräch also auch und ganz besonders außerhalb des Arbeitszimmers: Wir treffen Menschen im Flur und beginnen eine Konversation. In der Teeküche ergeben sich die besten 80-Prozent-Gelegenheiten, und Frauen nutzen sie. Sie sind immer präsent und sie scheuen sich nicht, Persönliches in scheinbar banalen Situationen zu besprechen. Interaktion findet statt, wo sich die Gelegenheit ergibt, auch ohne Termin und auch mal über Hierarchie-Ebenen hinweg ganz informell an der Salatbar in der Firmenkantine.

Frauen kommunizieren auch deshalb besser, weil sie sich wirklich für Menschen interessieren, weil sie höflicher sind, weil sie zuvorkommend und aufmerksam agieren und reagieren. Und andere ausreden lassen, nachfragen, nonverbale und verbale Signale des Verständnisses geben. Und weil sie sich aktiv nach Fortschritten und Veränderungen erkundigen: Das Kind schon wieder völlig gesund? Die Mutter schon von der Reise zurück? Wohin geht's im Urlaub? Und was macht der Hund? Ach, ich kenne da eine Schneiderin, einen Friseur, ich gebe Ihnen die Nummer meiner Ärztin, ich kaufe immer in diesem Laden, wenden Sie sich doch an Herrn X und berufen Sie sich auf mich ...

All diese Dinge fließen in einer Kommunikation Frauen von selbst über die Lippen. Wo wir mit einem Tipp aushelfen können, tun wir es. Vernetzen von Situationen und Menschen geschieht so von selbst – und das ist eine Qualität, die künftig immer wichtiger sein wird!

Fazit

Wir Frauen sind geborene Kommunikationsgenies!

Wir Frauen sollten den Mut haben, auf unsere Intuition zu hören, auch wenn wir ab und zu mal einen Fehler machen. Das gehört zum Spiel des Lebens einfach dazu!

Emotionale Intelligenz ist Weiblichkeit pur!

Lernen & glücklich sein

Wir sind glücklich, wenn uns unser Leben gelingt. Glück kommt von „gelingen“.

Nikolaus B. Enkelmann

Vor einigen Monaten erfuhr ich, dass mein ehemaliger Professor für Arbeitspsychologie, von dem ich sehr viel gelernt habe, in Frankfurt einen Vortrag halten würde. Voller Begeisterung notierte ich mir gleich den Termin im Kalender – und es stellte sich heraus, dass dies die richtige Entscheidung gewesen war. Der Vortrag war sehr spannend. Anschließend ging ich zu ihm, um mich dafür zu bedanken, was er mir im Laufe des Studiums alles beigebracht hatte. Wir kamen ins Gespräch und als sich herausstellte, dass er zum Hauptbahnhof musste, lag es nahe, ihn dorthin mitzunehmen. Auf dem Weg fragte ich ihn, was denn aus den Kommilitoninnen und Kommilitonen geworden sei, die bei ihm ihre Doktorarbeiten geschrieben hatten, drei Männer und drei Frauen. Er berichtete, dass die Frauen längst promoviert hatten und zwei von ihnen sogar bereits eine Professur innehatten. Einer der Männer hatte aufgegeben, zwei „doktorten“ noch immer an ihrer Promotion herum.

Ein Zufall? Ich glaube nicht. Denn wenn ich mich recht erinnere, traten meine männlichen Kommilitonen damals recht selbstbewusst auf und suchten die Nähe zum Professor. Ich, die liebend gern bei ihm meine Diplomarbeit geschrieben hätte, traute es mir allerdings nicht zu. Ich fühlte mich nicht gut genug, um diesem renommierten Professor die Zeit zu stehlen. So blieb ich still im Hintergrund, hoffte darauf, entdeckt zu werden, und überließ den „Blendern“ das Parkett.

Die drei Frauen hatten schon damals genügend Mut und Ausdauer. Deswegen haben sie es inzwischen weit gebracht. Es war schön zu hören, wie stolz er – zu Recht – auf seine ehemaligen Studentinnen war.

Ist Ihnen schon mal aufgefallen, dass Mädchen in der Schule die viel besseren Noten haben? Vielleicht wissen Sie, dass der Frauenanteil an den Universitäten jedes Jahr steigt und zwar auch in Ländern, wo wir es Frauen aufgrund der gesellschaftlichen Verhältnisse gar nicht zutrauen, wie zum Beispiel in Indien und im Iran. Nicht nur, dass diese Frauen erkannt haben, dass Bildung ihren Weg in eine selbstbestimmte Zukunft beschleunigt, es ist vielmehr der Spaß, die Freude am Wachsen und Lernen, der sie antreibt. (Nicht von ungefähr empfehlen Glücksforscher, wir sollten mehr Geld investieren, um zu wachsen und zu lernen, als es für Äußerlichkeiten auszugeben. Lernen und Wachsen setzt langfristig viel mehr Glückshormone in uns frei als ein neues Outfit vom besten Modedesigner der Welt. Und es vermittelt ein Gefühl von Stolz und Zufriedenheit.) Frauen lernen besser, sie haben mehr Durchhaltevermögen und erzielen bessere Abschlüsse.

Bei Bewerbern mit gleichen Qualifikationen liefern die Frauen in der Regel die qualitativ besseren Ergebnisse ab, denn sie können sich auch unter Druck auf ihr Wissen verlassen. In einer abendlichen Unterhaltungsshow wollte „mann" die Probe aufs Exempel machen und bat ein Team von drei Männern und ein Team von drei Frauen, innerhalb einer Stunde ein Bad zu fliesen, eine Duschkabine einzubauen sowie ein Waschbecken und eine Toilettenschüssel aufzuhängen. Was geschah? Die Männer legten in Windeseile los, während die Frauen sich erst einmal absprachen und klärten, wer nun was machen sollte. Auch während der folgenden Stunde war sehr deutlich, dass die Frauen mehr miteinander sprachen und sehr konzentriert wirkten, während auf der Männerseite Stillschweigen und hektisches Hantieren zu beobachten war. Das Ergebnis nach einer Stunde? Die Männer waren viel weiter als die Frauen. Auf den zweiten Blick wurde jedoch schnell deutlich, dass man im Bad der Männer nichts auf die Probe stellen durfte. Alles stand in Gefahr, bei der geringsten Berührung von der Wand zu fallen oder in sich zusammenzubrechen. Das war beim „Produkt" der Frauen ganz anders: Hier stimmte die Qualität! Sie waren einfach mit weiblichen Verhaltensmustern an die Sache herangegangen: Zuerst überlegen, sich absprechen und dann gemeinsam handeln. Die Dinge organisiert zu tun. Qualität statt Quantität. Und nicht darauf bauen, dass hinterher jemand für den Feinschliff sorgt ...

Ein kleines Erlebnis, das ich kürzlich hatte, machte mich in Bezug auf die Bereitschaft zu lernen etwas nachdenklich. Ich plante einen sechswöchigen Aufenthalt in den USA: eine Woche für eine Konferenz, an der die bekanntesten Experten für Familie und Beziehungsfragen teilnehmen, vier Wochen, um an einer Universität einige spannende Fachseminare zu belegen, und eine Woche für die ganz weiblichen Interessen Bummeln und Einkaufen. Voller Begeisterung und Vorfreude berichtete ich einer Bekannten am Telefon von meinen Plänen und dass ich gerne bereit sei, diese finanzielle Investition zu tragen. Sie fand es sehr gut, dass ich meine Pläne auf diese Weise umsetze. Und dann meinte sie, dass sie dies auch gerne einmal tun würde. Allerdings konnte sie sich nicht vorstellen, dass ihr Arbeitgeber sie dafür freistellen und während dieser Zeit auch noch ihr Gehalt bezahlen würde!
Diese Überlegung hat mich geradezu schockiert. Sind wir denn nur noch bereit, zu wachsen und zu lernen, wenn andere uns dafür bezahlen? Ich bin der Überzeugung, dass sich diese Haltung langfristig nicht auszahlt. Wer in seine Zukunft nicht investiert, der darf sich nicht wundern, wenn das Ergebnis nur mittelmäßig ist.
Wir haben so viel Potenzial in uns, das nur darauf wartet, dass wir es nutzen. Jede große Persönlichkeit hat einmal klein angefangen, darum sollten auch wir anfangen, unseren Marktwert gezielt zu steigern – zu guter Letzt kommt es doch vor allem uns selbst zu gute! Natürlich schadet es nicht zu versuchen, vom Chef eine Freistellung für den Aufenthalt im Ausland zu bekommen. Doch soll frau es wirklich immer darauf anlegen, dass andere ihre Talente erkennen und fördern? Ich denke, es hat wenig Sinn, darauf zu warten, entdeckt zu werden. Wenn wir uns nicht selbst entdecken, wird es voraussichtlich niemand tun! Unser Können und Wissen sind ein wertvolles Kapital und es lohnt sich, dieses eigenständig zu vergrößern.
Denken wir an Marion Luna Brem, die sich aus dem Nichts eine glän-

zende Existenz geschaffen hat und die sich auch von ihren Krankenhausrechnungen über eine halbe Million Dollar nicht abhalten ließ, etwas völlig Neues lernen. Im Gegenteil, der Schuldenberg mag erst die rechte Herausforderung gewesen sein, sich ins Abenteuer zu stürzen. Nicht ‚trotz' ihrer Kinder sondern ‚wegen' ihrer Kinder. Heute ist sie eine glückliche Frau und eine glückliche Unternehmerin, die vielen Menschen Arbeit gibt und viele zufriedene Kunden hat.

Wir müssen allerdings gar nicht über den großen Teich schauen, um solche überragenden Leistungen zu finden: Gertrud Engel musste 1985 nach dem Tod ihres Mannes eine Schraubenfabrik übernehmen, ohne die geringste Ahnung von der Materie zu haben. Das Grußwort der Geschäftsführerin der Firma Engel auf der Firmen-Website: ***„Engel verbindet"*** *ist mehr als nur ein Werbeslogan, es ist eine Philosophie. Wir verbinden Bauteile und Komponenten, aber vor allem auch Ideen und Menschen. Ich wünsche mir, dass dies so bleibt. Gertrud Engel.* Heute kann sie mehr als stolz auf sich selbst sein. Und ihre Mitarbeiter lieben die engagierte Chefin. Ganz abgesehen davon ist das Unternehmen inzwischen mit über 350 Mitarbeitern größer denn je.

Fazit:

Sie arbeiten nur für sich!
Lernen ist niemals Zeitverschwendung!
Sie können viel mehr, als Sie sich selbst zutrauen.
Alles ist in uns und jedes Talent entfaltet sich nur durch Betätigung.
„Lebenslanges Lernen" ist eine Chance zur Entwicklung, zur Entfaltung unserer Fähigkeiten!

Lust am Managen

Wer Menschen begeistern kann, kann auf Zwang verzichten.

Nikolaus B. Enkelmann

Laden Sie gern Gäste ein? Bereiten Sie gerne ein kompliziertes Menü mit mehreren Gängen und ineinander verschachtelten Zubereitungstätigkeiten? Haben Sie dafür eine To-Do-Liste oder arbeiten Sie intuitiv eines nach dem anderen – und manches gleichzeitig – ab? Nun, wir Frauen können das ja auch, haben wir es doch Jahrtausende lang trainiert.
Viele Bälle auf einmal in der Luft zu halten und trotzdem noch Zeit für ein paar nette Worte? Gar kein Problem: da wird kurz abgewogen, ein Restrisiko kalkuliert, und zackzack, weiter geht's. Umstehende werden gleich mit einbezogen, und um Punkt acht wird das Dinner serviert. Ein glänzendes Ergebnis, glänzend gemanagt.
Sie meinen, das sei doch alles nur ein Klacks? Mag ja sein, dass das für SIE ein Klacks ist, Tatsache ist jedoch: So mancher Mann-ager könnte sich eine Scheibe davon abschneiden. Das, was da in der Küche vor sich geht, ist Management, Führen, Leiten, Teams ans Ziel zu bringen, mit knappen Zeitressourcen und durchdachtem Einsatz von Mitteln ein Ergebnis zu erzielen, das alle begeistert.

Der Consultant und Autor Prof. Fredmund Malik beschreibt in seinem Buch „Führen Leisten Leben" den Management-Beruf, der für ihn aus vier Elementen besteht:

- Jeder Beruf ist durch *Aufgaben* charakterisiert, die zu erfüllen sind. Und auch der Beruf des Managers ist durch Aufgaben gekennzeichnet, die dann gut erledigt werden, wenn man die dazu nötigen Kenntnisse hat.

- Bei der Erfüllung von Aufgaben helfen *Werkzeuge*. Deren Beherrschung kann erlernt werden. Ihre Bedienung erfordert hauptsächlich Training, und zwar, wie Malik betont: unermüdliches, fortgesetztes Training.

- *Grundsätze* regeln die Qualität, mit der Aufgaben erfüllt und Werkzeuge eingesetzt werden. Um sich die Grundsätze anzueignen, bedarf es weniger einer besonderen Begabung, sondern vielmehr der Einsicht in die Bedeutung des Berufs und in die Risiken, die mit Fehlern verbunden sind. Und es bedarf eines gewissen Maßes an Disziplin, um sich an den Grundsätzen zu orientieren.

- Das vierte Element: die *Verantwortung*. Verantwortung zu übernehmen, ist das einzige der vier Elemente, das man nicht erlernen kann. Dazu muss man sich *entscheiden*.

„Für die kompetente Erfüllung der allerschwierigsten Managementaufgaben benötigt man ohne Zweifel mehr, als sich im Rahmen einer Ausbildung erlernen lässt. Dazu sind auch noch Talent, Begabung, wahrscheinlich auch etwas Glück und vor allem Erfahrung erforderlich", so Malik.

Frauen haben jeden Tag Macht und Einfluss, sie sind die geborenen Managerinnen. Immer mehr Personalverantwortliche erkennen das auch und bemühen sich verstärkt um weibliche Bewerber. Denn diese bringen etwas mit, was vielen Männern fehlt, auch wenn sie noch so glänzende Abschlüsse an berühmten Business-Schools erworben haben: Praxis und Erfahrung mit Situationen, in denen es um die Einteilung von Ressourcen und Energie geht. In denen es darum geht, Menschen mit den unterschiedlichsten Bedürfnissen und Stimmungslagen zusammenzubringen.

Frauen, Mütter, Partnerinnen können eines: diszipliniert Grundsätze vertreten und sie anderen vermitteln, Verantwortung übernehmen und anderen zeigen, was Verantwortung bedeutet. Und diese Fähigkeiten sollten wir selbst auch endlich als das sehen, was sie sind, nämlich Stärken, die in Unternehmen und Organisationen mehr denn je gebraucht werden. Die Zeiten ändern sich ... und es wird die Zeit kommen, in der Firmen statt des frischgebackenen Master of Business Administration, frisch von einer Wirtschaftshochschule, ohne Praxis im wirklichen Leben, lieber die gestandene Familienmanagerin einstellen, die seit Jahren ihr Talent in Haus, Garten und Kindererziehung ausgebildet hat. Sie ist einfach näher am Leben und damit näher an den Bedürfnissen der Menschen: der Mitarbeiter und der Kunden.

Fazit:

Frauen haben viel mehr Macht und Einfluss als sie selbst wissen.
Managen ist eine der wichtigsten weiblichen Eigenschaften.
Es macht Spaß die Welt mit zu gestalten.
Wir können alles managen.

II. Eine Welt ohne Frauen

Während der Vorarbeiten zu diesem Buch nützte ich natürlich jede Gelegenheit für Recherchen. Und so fragte ich bei Treffen mit männlichen Wesen auch immer wieder mal spontan, was ihnen zum Thema „eine Welt ohne Frauen" ad hoc einfiele.
„Es gäbe keine Sekretärinnen", kam es wie aus der Pistole geschossen von meinem ersten Interviewpartner. „Studenten hätten ein Problem, denn wer würde ihnen zu Hause die Wäsche waschen?", „Männer müssten lernen, die Kaffeemaschine zu bedienen." Ein Mann – offensichtlich gerade mitten im Geschlechterkampf – sagte: „Toll, endlich keine blöden Fragen und Endlosdiskussionen mehr – allerdings wäre das dann ziemlich langweilig."
Eine andere Kategorie von Antworten sah zum Beispiel so aus: „Die ganze christliche Religion gäbe es nicht, das fängt bei Eva an und geht über Maria ... da waren immer irgendwelche Frauen beteiligt." „Frauen als Muse – da wären ja die ganzen Kunstwerke nicht entstanden; Christo hätte zum Beispiel den Reichstag nicht verpacken können ohne seine Frau." – Ich musste an ein Zitat von Joe Tanenbaum denken: „Die Männer würden ohne die treibende Kraft der Frauen immer noch in den Höhlen hausen". Und ein wunderschönes Zitat sagte:
„Weil Gott nicht überall sein konnte, schuf er die Mütter."
Zu guter Letzt hörte ich: „Da Frauen ja die meisten Kinder kriegen, wäre es auf der Welt bald trist und leer." Und: „Wer würde mir Trost und Rat spenden, wenn es keine Frauen gäbe?" Und, etwas philosophischer: „Wenn es keine Frauen gäbe, dann gäbe es kaum noch Rätsel auf dieser Welt."
Eines ist gewiss: Die Antworten waren weniger ironisch gemeint, als sie

vielfach klangen; so manchem der Befragten stand wirklich die Verzweiflung ins Gesicht geschrieben ob der Vorstellung von einer Welt ohne Frauen.

Aus psychologischer Sicht sind wir Frauen der Hauptantrieb, die große Motivation für die Männer. Denn vor allen anderen möchte ein Mann von der Frau, die er liebt, bewundert werden – und dafür ist er bereit, fast alles zu tun. Napoleon Hill sagt dazu:

Der größte Ansporn jedes Mannes ist der Wunsch, einer Frau zu gefallen! Schon in grauer Vorzeit versuchte der Jäger die anderen Männer zu übertreffen, um in den Augen einer Frau Gefallen zu finden. In dieser Hinsicht hat sich die menschliche Natur nicht im Geringsten geändert. Zwar bringt der heutige „Jäger" als Beweis seiner Tüchtigkeit nicht mehr das Fell wilder Tiere nach Hause, sondern schöne Kleider, Autos und Geld. Der Wunsch zu gefallen aber ist derselbe geblieben. Selbst nach großem Vermögen, nach Machtpositionen und Ruhm strebt der Mann hauptsächlich, um den Frauen zu gefallen. Ohne Frauen würden die meisten Männer sehr schnell vergessen, was sie mit ihrem Reichtum anfangen sollen. Der im Mann veranlagte Wunsch, den Frauen zu gefallen, ist es, der dem weiblichen Geschlecht die Macht verleiht, einen Mann zum Erfolg zu führen oder ihn zu vernichten.

Die Frau, die das Wesen des Mannes versteht und mit sicherem Gefühl ihr Verständnis beweist, braucht niemals die Konkurrenz irgendeiner Rivalin zu fürchten. Im Verkehr mit seinen Geschlechtsgenossen kann ein Mann zum unbezähmbaren „Riesen" werden. Von der Frau seiner Wahl jedoch lässt er sich mit sanfter Hand leiten.

Bücher über Venus und Mars, über Verständnisschwierigkeiten in der alltäglichen Kommunikation und die Probleme, die Frauen beim Einparken und Männer beim Zuhören haben, klettern regelmäßig die Bestsellerlisten hoch. Das Thema polarisiert, greift es doch tief unser Alltagsleben hinein, denn die Ursachen für Missverständnisse und Konflikte im Zusammenleben, in der Beziehung, am Arbeitsplatz, liegen nicht zuletzt in uns. Wir haben bis heute nicht gelernt, souverän und tolerant mit diesen Unterschieden umzugehen, und diese Erkenntnis, dass es grundlegende Unterschiede zuzulassen gilt, fällt vielen schwer. Dabei ist dies doch auch ein Quelle für unzählige gute Witze und Erfahrungen.

Doch wird auch endlich offen über die biologischen Unterschiede von Frau und Mann gesprochen und geschrieben. Ein Tabu der sechziger Jahre ist gebrochen und auch die Forschung will nun wissen, wie diese Unterschiede unser Zusammenleben und unsere Beziehungen beeinflussen.

Wir schleppen die Last der Missverständnisse schon eine Weile mit uns herum, genauer gesagt, seit urgeschichtlichen Zeiten. Da ging es nun mal darum, dass Frau und Mann in erster Linie dafür zu sorgen hatten, dass die Spezies überleben konnte, und wir beschäftigten uns noch nicht so intensiv damit, wie es uns ganz persönlich in all dem Überlebenskampf denn so ging. Das änderte sich auch erst recht spät, genauer gesagt in einem Zeitalter, das nicht ohne Grund „die Aufklärung" heißt, nämlich im 18. Jahrhundert. Keine Angst, es folgt nun nicht eine trockene Philosophiestunde, ich wollte Sie nur daran erinnern, wie kurz wir im Verhältnis zur Menschheitsgeschichte in Begriffen wie Vernunft, Wille und Individuum denken. Und ich beschließe diesen kurzen Sidestep auch sogleich mit einem Zitat von Peter Möller, dem Betreiber der Website Philolex.de:

„Die hohe Bewertung der Vernunft – die ich im Prinzip begrüße! – hat häufig dazu geführt zu übersehen, dass der Mensch in einem beträchtlichen Maße ein irrationales Wesen ist. Politische, gesellschaftliche und individuelle Strategien zur Verbesserung des Menschen, des Lebens, der Welt, die den irrationalen Teil des Menschen übersehen oder unterbewerten, sind zum Scheitern verurteilt. Man muss den Menschen in seiner Ambivalenz als vernünftiges und als instinkthaftes, emotionales, gefühlsmäßiges Wesen sehen, um ihm gerecht zu werden."

Dort Beute!

Doch zurück in die Steinzeit: Damals sah der Alltag der Männer so aus, dass sie auf die Jagd gingen, während die Frauen sich mit der Aufzucht des Nachwuchses und dem Sammeln von essbaren Gaben der Natur beschäftigten – und natürlich die Beziehungen pflegten. Diese klare Arbeitsteilung wirkte sich im Laufe der Jahrtausende natürlich auf die Entwicklung des Gehirns aus und damit auch auf die Entwicklung der Wahrnehmung und der Verarbeitung von Reizen aus der Außenwelt. Während Männer sich auf eine Sache konzentrieren mussten, nämlich das Erlegen eines bestimmten Jagdwildes, streiften Frauen durch die Wälder, auf der Suche nach essbaren Früchten – und sie vergaßen bei all dem Schauen und Sammeln auch nicht drauf, die Kleinen zu ernähren und sich auch sonst um die Interessen der Gemeinschaft zu kümmern, die aus Frauen, Kindern, Mädchen, Jungen, Männern, Alten, Jungen bestand.
Die Männer hatten vorwiegend mit Ihresgleichen zu kommunizieren und so ein Jagdausflug war eher weniger von gegenseitigem verbalem Austausch, sondern vielmehr von der Wahrnehmung bestimmter Signale geprägt: Dort Beute, schnell hinterher, einkreisen, umzingeln, erlegen. Für den Mann hing also alles davon ab, wie erfolgreich sein „stilles" Handeln mit den anderen Männern funktionierte, der intellektuelle, tiefsinnige Austausch mit Frauen stand nicht im Mittelpunkt seines Interesses, war auch gar nicht nötig, wenn man so will. Die Art war gesichert, und darum ging es nun mal in der Hauptsache.

Männer und Frauen kamen mit dieser Strategie sehr lange über die Runden. Doch als sich die Zeiten änderten und die Errungenschaften der Zivilisation die Beschäftigung des Menschen mit sich selbst ermöglichten und die Weisheit der Frauen in den Dingen des Lebens mehr und mehr aus den finsteren Behausungen ans Tageslicht kam, verunsicherte die weibliche Macht die Männer dann doch recht rasch: An der Wende vom Mittelalter bis weit in die Neuzeit hinein (und damit sind wir wieder bei der Aufklärung angelangt) wurde „weibliches Wissen" systematisch ignoriert und zurückgedrängt. Am Sichtbarsten ist dies an der Geschichte der Medizin zu sehen, die seit der Ablösung von heilkundigen Frauen durch die „Schulmedizin“ viele Jahrhunderte hinweg von rein männlichem Denken geprägt war. Erst in den letzten Jahren und Jahrzehnten fassen immer mehr Männer Vertrauen in das Können der Frauen und neben der klassischen Schulmedizin setzen sich auch alternative Heilmethoden (wieder!) durch, wird bei einer Operation schon mal Rücksicht auf den Wunsch des Patienten gelegt, in einer bestimmten Mondphase unters Messer zu kommen, und wird Frauen zugestanden, selbst zu bestimmen, in welcher Umgebung sie ihr Baby auf die Welt bringen möchten.

Eine Welt ohne Frauen?

Die letztgenannten Stichworte illustrieren sehr gut, welchen Einfluss weibliches Denken und Handeln in unserer heutigen Welt hat. Doch der Weg zu allen Errungenschaften ist meist ein steiniger, da müssen Mauern der Konvention eingerissen werden, politische und wirtschaftliche Interessen ausgeglichen und „Lobbyarbeit“ ohne Ende getrieben werden.
Ohne Zweifel ist noch viel zu tun und das ist auch gut so, denn dies gibt uns die Chance zu beweisen, was in uns steckt. Ein Blick in die Chefetagen sagt uns: Hier regiert vielfach der urgeschichtliche Jägertrupp und nur selten „verirren“ sich einige mutige Frauen ganz nach oben. Jedoch können wir hier bestens studieren, wie sie aussähe, die Welt ohne Frauen. Denn vielfach IST das eine Welt ohne Frauen!

Das Manager Magazin hat sich vor einiger Zeit in den Führungsetagen deutscher börsennotierter Unternehmen umgesehen und festgestellt: Bei keinem der 30 deutschen Vorzeigeunternehmen besaß eine Frau Sitz und Stimme im Vorstand. Der Anteil der weiblichen Führungskräfte schwankt, wie wir alle wissen, je nach Unternehmen zwischen einem und 39 Prozent. Die Lufthansa hielt in der Untersuchung den Spitzen-

platz: Dort waren 39 Prozent der Führungspositionen mit Frauen besetzt. Schlusslichter waren Thyssen-Krupp und Metro mit 96,2 bzw. 98,2 männlich besetzten Führungspositionen.
Natürlich können wir Frauen darauf hoffen, dass sich die Wirtschaft schneller ändert und uns die Beachtung schenkt, die wir schon lange zu Recht verdienen. Doch wenn wir wirklich etwas ändern wollen, dann sollten wir bei uns anfangen und endlich damit aufhören Schuldige zu suchen!

„Nicht ändert sich, außer wir ändern uns."

Nikolaus B. Enkelmann

Interessant dabei ist, dass Frauen in Führungspositionen von Arbeitnehmern prinzipiell sehr hoch geschätzt werden – auch das eine der Erkenntnisse des Manager Magazins. Dennoch sind Chefinnen in Deutschland noch immer die Ausnahme, Frauen sitzen auf grade mal 13 Prozent der Führungsposten (währende unzählige in den Startlöchern sitzen und darauf hoffen endlich entdeckt zu werden).
Es gibt viele gute und schlechte Gründe dafür, warum Frauen nach wie vor selten in den Top-Positionen anzutreffen sind. Ein berechtigter Grund besteht auch darin, dass in den oberen Etagen oft ein sehr „rauer Wind" weht, dass dort Turbulenzen herrschen, denen sich viele von uns gar nicht aussetzen wollen. Unter anderem auch deswegen, weil sie meinen, den Anforderungen „dort oben" nicht zu genügen!
Mir geht es aber weniger darum, diese Tatsache zu analysieren, denn sie ist hinlänglich bekannt. Mir ist wichtig, dass wir Frauen uns selbst und uns gegenseitig darin bestärken, dass wir uns viel mehr trauen und zutrauen. Dass wir endlich zu uns und unseren Leistungen stehen. Ich möchte Frauen wachrütteln: Leugnen wir unsere weiblichen Eigenschaften nicht länger, sondern setzen wir sie gezielt ein!
Und ich möchte auch die Männer ermutigen, die Macht weiblicher Eigenschaften bewusst(er) zu nutzen und sich mit den damit verbundenen Qualitäten zu verbünden.

Zur Einstimmung auf diese Aufgabe eine Übung, um Ihren Blick für die Eigenschaften zu schärfen.

Typisch männlich? Typisch weiblich?

Sind folgende Eigenschaften und Persönlichkeitsmerkmale für Sie typisch weiblich, männlich oder treffen sie auf Frauen und Männer gleichermaßen zu? Machen Sie in der entsprechenden Spalte ein Häkchen! Ganz unten haben Sie die Möglichkeit noch weitere Eigenschaften selbst hinzuzufügen. Erweitern Sie die Übung auch auf Ihren Partner und schauen Sie selbst, wo es Übereinstimmungen und Unterschiede gibt.

Eigenschaften	w	m	w/m
abenteuerfreudig	☐	☐	☐
aggressiv	☐	☐	☐
aktiv	☐	☐	☐
analytisch	☐	☐	☐
aufmerksam	☐	☐	☐
ausdauernd	☐	☐	☐
ausdrucksstark	☐	☐	☐
begeisterungsfähig	☐	☐	☐
beharrlich	☐	☐	☐
beherrscht	☐	☐	☐
belastbar	☐	☐	☐
bescheiden	☐	☐	☐
besonnen	☐	☐	☐
bodenständig	☐	☐	☐
charmant	☐	☐	☐
dankbar	☐	☐	☐
diplomatisch	☐	☐	☐
diszipliniert	☐	☐	☐
ehrgeizig	☐	☐	☐

Eigenschaften	w	m	w/m
ehrlich	☐	☐	☐
einfühlsam	☐	☐	☐
emotional	☐	☐	☐
empathisch	☐	☐	☐
engagiert	☐	☐	☐
entschlossen	☐	☐	☐
extrovertiert	☐	☐	☐
entschlussfreudig	☐	☐	☐
fair – gerecht	☐	☐	☐
fleißig	☐	☐	☐
flexibel	☐	☐	☐
freundlich	☐	☐	☐
friedlich	☐	☐	☐
fürsorglich	☐	☐	☐
geduldig	☐	☐	☐
gelassen	☐	☐	☐
geschickt	☐	☐	☐
großzügig	☐	☐	☐
hilfsbereit	☐	☐	☐
höflich	☐	☐	☐
humorvoll	☐	☐	☐
idealistisch	☐	☐	☐
ideenreich	☐	☐	☐
impulsiv	☐	☐	☐
innovativ	☐	☐	☐
intelligent	☐	☐	☐
interessiert	☐	☐	☐
intuitiv	☐	☐	☐
kameradschaftlich	☐	☐	☐
klug	☐	☐	☐
kommunikativ	☐	☐	☐
kompetent	☐	☐	☐
kompromissbereit	☐	☐	☐

Eigenschaften	w	m	w/m
konfliktfähig	☐	☐	☐
kontaktfreudig	☐	☐	☐
konzentriert	☐	☐	☐
kooperativ	☐	☐	☐
kreativ	☐	☐	☐
kritisch	☐	☐	☐
lebenslustig	☐	☐	☐
leidenschaftlich	☐	☐	☐
liebevoll	☐	☐	☐
loyal	☐	☐	☐
mutig	☐	☐	☐
nachdenklich	☐	☐	☐
neugierig	☐	☐	☐
nützlich	☐	☐	☐
offen	☐	☐	☐
optimistisch	☐	☐	☐
ordentlich	☐	☐	☐
organisiert	☐	☐	☐
partnerschaftlich	☐	☐	☐
patent	☐	☐	☐
pflichtbewusst	☐	☐	☐
phantasievoll	☐	☐	☐
positiv	☐	☐	☐
praktisch	☐	☐	☐
raffiniert	☐	☐	☐
rücksichtsvoll	☐	☐	☐
ruhig	☐	☐	☐
schlau	☐	☐	☐
schnell	☐	☐	☐
schön	☐	☐	☐
selbstbewusst	☐	☐	☐
sensibel	☐	☐	☐
sexy	☐	☐	☐

Eigenschaften	w	m	w/m
Sinn für das Schöne	☐	☐	☐
sozial	☐	☐	☐
spontan	☐	☐	☐
stark	☐	☐	☐
stolz	☐	☐	☐
sympathisch	☐	☐	☐
systematisch	☐	☐	☐
tapfer	☐	☐	☐
taktvoll	☐	☐	☐
tolerant	☐	☐	☐
unberechenbar	☐	☐	☐
unbestechlich	☐	☐	☐
unkompliziert	☐	☐	☐
unwiderstehlich	☐	☐	☐
vertrauenswürdig	☐	☐	☐
verträumt	☐	☐	☐
vielseitig	☐	☐	☐
voller Überraschungen	☐	☐	☐
vorausschauend	☐	☐	☐
vorsichtig	☐	☐	☐
zielsicher	☐	☐	☐
zurückhaltend	☐	☐	☐
zuverlässig	☐	☐	☐
zuversichtlich	☐	☐	☐

Wie bei allen Übungen in diesem Buch gibt es auch bei dieser kein „richtig“ oder „falsch“. Es gibt Zuordnungen, die Sie aus Ihrer Erfahrung heraus getroffen haben. Sei es aus Ihrem ganz persönlichen Erleben oder aus der Beobachtung Ihrer Umgebung.

Markieren Sie die Eigenschaften, die Sie als typisch weiblich erkannt haben, mit einem bunten Stift, wenn Sie diese teilweise oder sogar ganz selbst für sich in Anspruch nehmen. Schreiben Sie diese dann auf einen großen Bogen und legen oder hängen Sie diesen an eine Stelle, auf die Sie jeden Tag mindestens fünf mal schauen. Warum? Dies sind ihre persönlichen (weiblichen) Erfolgs-Eigenschaften. Das ist Ihr Kapital!

Es fällte Ihnen schwer, irgend etwas Gutes an sich selbst zu finden? Bitten Sie Freunde, Ihnen zu sagen, welche zehn Eigenschaften auf Sie zutreffen. Und spätestens jetzt werden Sie feststellen, dass Sie viel mehr Erfolgseigenschaften haben, als Sie selbst jemals geahnt haben. Und jetzt wissen Sie auch, warum der Titel dieses Buches lautet: „Warum Frauen wirklich besser sind ... als sie selber glauben"!

Vielleicht haben Sie auch gespürt, wie wichtig all diese Eigenschaften für unsere Gesellschaft, für unsere Welt sind. Wenn ich „Welt ohne Frauen" sage, dann meine ich vor allem: eine Welt ohne weibliche Eigenschaften. Eine solche Welt wäre ärmer an Emotionen, wäre ärmer an Zuwendung, ärmer an Einfühlungsvermögen, ärmer an Vertrauen und Offenheit als eine Welt, in der männliche und weibliche Eigenschaften gleichermaßen geschätzt werden. Und in einer solchen Welt wäre das Überleben der Menschheit garantiert nicht gesichert.

Lassen Sie mich dazu die Geschichte des Forschers Ernest Shackleton erzählen, der im August 1914 mit 27 Mann auf dem Schiff Endurance von England aus in Richtung Antarktis aufbrach.
Das Ziel der Expedition war die erste Durchquerung der Antarktis von Meer zu Meer. Das Vorhaben scheiterte am Packeis – Ende Januar 1915 saß die Endurance fest. Monatelang wurde das Schiff eingeschlossen zwischen riesigen Eisschollen weitergetrieben, es gab kein Entrinnen. Im Oktober 1915 verließen die Männer das Schiff, das bald darauf vom Packeis endgültig zermalmt wurde. Sie lebten weitere Monate auf dem Eis, das langsam weitertrieb, bis sie am 9. April 1916 endlich das offene Meer erreichten und ihre drei Rettungsboote zu Wasser lassen konnten. Am 16. April 1916 erreichten die 28 Männer eine unbewohnte Insel. Shackleton ließ zwei der Boote samt Besatzung dort zurück und trat mit

ein paar ausgewählten Männern in einem sieben Meter langen Boot die Seereise nach Südgeorgien an, wo es eine Walfangstation gab – vor ihnen lagen 1200 Kilometer eisige See. Am 10. Mai 1916 traf das Boot mit den sechs Männern dort ein – nach einer der spektakulärsten Leistungen in der Geschichte der Polarforschung. Die völlig erschöpften Männer landeten jedoch auf der unbewohnten Seite der Insel und mussten noch 36 Stunden lang ununterbrochen unter schwierigsten Bedingungen klettern, um zur Walfangstation zu kommen. Von dort aus konnte dann endlich Hilfe für die mit den beiden anderen Booten Zurückgelassenen organisiert werden. Shackleton brachte alle 27 Männer, mit denen er im August 1914 aufgebrochen war, wieder heil nach Hause zurück.

Warum ich diese Begebenheit so ausführlich schildere? Weil die Geschichte von Shackleton und der Endurance ein ausgesprochen ergiebiges Thema für die Theorie der Führung ist. Und weil die Autorinnen des Buches „Shackletons Führungskunst. Was Manager von dem großen Polarforscher lernen können", Stephanie Capparell und Margot Morrell, davon überzeugt sind, dass diese Leistung nicht zuletzt einer ganz wesentlichen Tatsache zu verdanken war: Shackleton, ein eher zurückhaltender Mensch mit Träumen, wuchs in Gesellschaft von Frauen auf – darunter acht Schwestern, diverse Tanten und Großmütter. Und er ging, ganz entgegen dem damaligen „Führungsstil" – wir erinnern uns: Anfang des 20. Jahrhundert, der Rest der Welt lag im Krieg, die europäischen Monarchien waren am Zusammenbrechen – kameradschaftlich und herzlich mit seiner Crew um, zeigte Einfühlungsvermögen und Optimismus, auch wenn die Lage zeitweise recht hoffnungslos schien. Dass er seine eigenen Gefühle nicht verbarg, tat seiner Popularität keinen Abbruch – er war durchaus auch mal schlecht gelaunt und aufbrausend, wenn es aber darum ging, den Haufen zusammenzuhalten, war er als Integrationsfigur zur Stelle. Seine Männer dankten ihm das mit Vertrauen und mit großer Loyalität. Shackleton suchte sich seine Leute aber auch mehr mit Gespür als nach „objektiven" Kriterien aus. Die Einstellungsgespräche waren eher kurz und oft ging es mehr um „social skills" als um seemännische Fähigkeiten. So fragte er ein zukünftiges Mitglied der Schiffsbesatzung die auch für heutige Begriffe unkonventionelle Frage: „Können Sie singen?" Er wusste, wie wichtig diese Fähigkeit für den Zusammenhalt der Truppe sein würde. Und wieder entgegen jegliche Gepflogenheit führte er sein Schiff demokratisch: Jeder musste überall mit anpacken, gleich welchen Standes er war.

Eine eindrucksvolle, wahre Geschichte, die uns ganz deutlich eines zeigt: Männer, männliche Führungskräfte profitieren vom Einsatz der so genannten weiblichen Eigenschaften – und mit ihnen ihre Mitarbeiter. Und das auch und gerade in Extremsituationen. Wir haben diese Fähigkeiten und sollten den Mut haben sie auch zu nutzen.

Macht? Oder Einfluss?

Sicher kennen Sie das Sprichwort „Hinter jedem erfolgreichen Mann steht eine Frau ...". Die Wirtschaft, der Alltag der Männer, unsere Gesellschaft funktioniert deswegen, weil Frauen so engagiert und selbstverständlich im Hintergrund wirken. Das zeigt uns aber auch: Wirtschaft, Politik und Wissenschaft sind nur an der glänzenden Vorderseite männlich geprägt, die Frau und Familie bieten oft emotionalen und sozialen Rückhalt und sorgen dafür, dass die wichtigen Dinge der Alltagsorganisation vom gestressten Ehemann und Vater fern gehalten werden.

Männer konnten also schon immer viel zielstrebiger an ihrem Machtzuwachs arbeiten als Frauen. Zudem lassen sie ganz intuitiv andere arbeiten, während frau lieber selbst mit anpackt. Und sie gehen nach ganz anderen Kriterien vor: Sie wollen Sieger sein und rasch nach oben kommen. Folgendes Statement hörte ich vor einer ganzen Weile von einem Mann: „Uns Männern fehlt die Fähigkeit zur Selbstkritik, darum stürmen wir die Bastion der Macht – ohne viel nachzudenken." Die Karrierespielregeln sind von Männern gemacht und spiegeln das Einverständnis der Männer mit hierarchischen Strukturen und mit dem Einsatz von Statussymbolen wider. Die Insignien der Macht – dicker Firmenwa-

gen, Büro mit prächtigem Ausblick und „standesgemäßer" Möblierung, Spesenkonto – sind für Männer eine selbstverständliche Angelegenheit. Frauen legen darauf keinen Wert, für sie zählen andere Dinge.
Frauen gehen weniger geplant vor, sie lassen die Dinge auf sich zukommen und versäumen es, sich rechtzeitig ins Rampenlicht zu begeben. Die Frauen sind also sehr wohl vorhanden. Sie agieren aber oft zu unsichtbar. Sie trauen sich oft nicht so recht hervor. Was allerdings nicht bedeutet, dass Frauen nicht dennoch Macht ausüben – eine Tatsache, die viele Frauen nicht mal vor sich selbst eingestehen. Der Begriff „Macht" ist für Frauen mit zu vielen negativen Assoziationen verbunden, als dass sie sich bewusst und offen dazu bekennen würden.
Das bedeutet allerdings nicht, dass Frauen auf Einfluss verzichten wollen, sie gehen es nur anders an. Während Männer um Einfluss kämpfen, um als Sieger vom Platz zu gehen, ist Einfluss für Frauen ein Mittel, um etwas zu verbessern, eine Win-Win-Situation herzustellen. Wir wollen, dass beide Seiten gewinnen und teilen uns gerne das Sieger-Podest. Die eigenen Ziele werden dafür bereitwillig hintangestellt.
Übrigens: Wirklich erfolgreiche Männer haben den Mut, offen zu bekennen, dass sie ihren Erfolg der großartigen Unterstützung ihrer Partnerin verdanken. Wir alle können nicht erfolgreich werden ohne die Hilfe von Menschen, die uns motivieren, unterstützen und fördern. Es ist spannend, dass gerade sehr erfolgreiche Frauen sagen: „Du musst dir deinen Partner sehr sorgfältig aussuchen!" Zum Glück gibt es immer mehr Männer, die starke Frauen lieben und die ihre Partnerin unterstützen. Bei vielen Gesprächen und Recherchen in den vergangenen Jahren ist mir aufgefallen, dass viele sehr erfolgreiche Frauen mit Naturwissenschaftlern zusammen sind oder mit Männern, die selbst nicht sehr, sehr ehrgeizig sind, sondern es sogar toll finden, dass ihre Frau so erfolgreich ist. Es gibt sie wirklich: Männer, die starke Frauen lieben und stolz auf sie sind. Und: Eine Karriere als Mann-Managerin ist auch ein großer Erfolg. Das sind jene Frauen, die es erst möglich machen, dass ihr Partner sehr erfolgreich ist, und ihn immer wieder motivieren, auch – oder vor allem – nach einer „Niederlage". Unterschätzen wir die Macht dieser „Heldinnen" nicht, sie prägen unsere Welt auf ganz besonderes Weise.

Eine dieser Heldinnen ist Anneliese Pohl. Sie war es, die ihren Mann vor über 25 Jahren motivierte, eine „neuartige" Vermögensberatung aufzubauen. Heute hat die Deutsche Vermögensberatung AG, dieses erfolgreiche, mit viel Herz geführte Unternehmen, über 25.000 engagierte Mitarbeiter, die für ihren Chef „durchs Feuer" gehen würden. Das Unternehmen ist überdies inzwischen der angesehene Vertriebspartner der Deutschen Bank. Anneliese Pohl ist eine unglaublich herzliche und engagierte Persönlichkeit, die auf ihre einzigartige Weise die deutsche Wirtschaft mit geprägt hat. Und wir brauchen noch viel mehr solch engagierte Frauen, die ihre Zukunft nicht dem Zufall überlassen. Wir brauchen Partnerschaften, die als Team agieren und sich immer wieder die Frage stellen: „Was wollen wir *gemeinsam* mit dem Rest unseres Lebens anfangen?"

Macht kommt von Können!

Wenn wir von Macht sprechen, dann schwingen Begriffe mit wie: Einfluss, Stärke, Kraft, Herrschaft und Gewalt. Doch woher kommt der Begriff „Macht" überhaupt? Die Wurzeln des Wortes liegen im Verb „mögen", im Sinne von „vermögen", also „können"! Macht kommt also nicht von „machen", sondern setzt früher an, bei der Möglichkeit zu handeln. Und Frauen wie Männer tun gut daran, sich dem Machtbegriff auf diese Weise zu nähern. Macht ist nichts von vornherein Schlechtes, sondern sie ist vor allen Dingen einmal die Fähigkeit, das Können. Einfluss, nicht um andere zu dominieren, sondern um „Nutzen" zu bringen und die Welt, die wir vorfinden, ein klein wenig besser zu machen, bis wir sie wieder verlassen.
Frauen, die für sich den Machtbegriff auf diese Weise neu definieren, bekommen ein starkes, ein mächtiges Instrument in die Hand:

- Klarheit,
- Zielstrebigkeit und
- das Bewusstsein der eigenen Stärke.

Wirklich zu wissen was man will, gibt einem ein unglaubliches Gefühl der Freiheit!
Etwas zu können befähigt dazu, zur Macherin zu werden – erinnern Sie sich an Margarete Runtinger, die Kauffrau aus Regensburg? Sie war mächtig, sie konnte etwas, sie handelte im wahrsten Sinne des Wortes. Marion Luna Brem? Auch sie eine Macherin, eine Händlerin mit Macht.
Ein entspannteres Verhältnis zu „Macht“ ist also für Frauen unerlässlich, die weiterkommen wollen. Es gilt, den falschen Respekt vor den vermeintlich „Mächtigen“ abzulegen und hinter die Kulissen der Macht, der Top-Etagen, der steilen Karrieren zu blicken. Vergessen Sie nicht: Auch dies sind „nur“ Menschen mit Ecken und Kanten. Auch diese Menschen kochen nur mit Wasser und sind alles andere als perfekt. Bemühen Sie sich, die Rituale zu durchschauen und die Konventionen und Kommunikationsmuster zu durchbrechen.
Gertrud Höhler lenkt in ihrem Buch „Wölfin unter Wölfen“ den Blick auf dieses Machtgefüge, das auch und gerade Männern einiges abverlangt:
„Ein entsprechendes Unterwerfungsspiel in der Konkurrenz mit Frauen mag variantenreich verdeckt laufen; Frauen, die nach oben wollen, steigen da nirgends ein. Auch dies ein Grund, warum sie es schaffen. Frauen geben damit ein Beispiel, dass es geht: Aufstieg ohne die kardinalen Verluste an Individualität, wie sie Männer sich selbst und einander zumuten.“
Die verstärkte Anwesenheit von Frauen in den Führungsetagen könnte diese Selbstverleugnung der Männer mildern. Frauen haben ihre natürliche Macht (ihr Können!), sie wissen mehr als die Männer über den wahren Charakter der Macht. Gertrud Höhler weiter: „Deshalb muss es gelingen, die Selbstverletzung der Männer, die ganz nach oben wollen, zu mäßigen. Es wird noch ein wenig dauern, bis der Satz wirken kann: Männer sollten und dürften sich an Frauen, die auf die Plätze der Macht kommen, ein Beispiel nehmen, weil diese Frauen ihnen zeigen, dass man die Verlustseite solcher Gipfelstürme schmal halten kann.“
Wir haben allen Grund optimistisch zu sein, denn unsere Kinder, unsere heranwachsenden Männer werden primär von Frauen erzogen (das war

früher übrigens anders). In Grundschulen sind keine männlichen Lehrer mehr zu finden und so wachsen junge Männer heran, denen weibliche Eigenschaften zunehmend vertraut und selbstverständlich sind.

Alte Besen raus!

Von Männern geprägte Organisationen sind bis heute durch strenge Hierarchien und Rituale gekennzeichnet. Denken Sie dabei nur an das Militär, das sich ja grundsätzlich schwer tut mit der Anwesenheit von Frauen in den Reihen der kämpfenden Truppe. Und auch wenn diese Jahr um Jahr immer weniger werden, sind doch sehr viele Unternehmen nach ähnlichen Prinzipien organisiert. Je stärker diese Strukturen sind, umso schwerer haben es Frauen, nach oben zu kommen. Esther Wachs Book, Autorin des Buches „Der beste Mann für diesen Job ist eine Frau“, bezeichnet diese Art der Führung als „altes Paradigma“. Dieses alte Paradigma

- ist männlich
- ist hierarchisch
- beruht auf Befehl und Kontrolle
- kämpft gegen Veränderungen und hat Angst vor Neuem
- definiert sich über die Anstrengung Einzelner
- lässt Kommunikation nur in der eigenen Hierarchie-Stufe zu .

Die Hierarchie spielt in Unternehmen des alten Paradigmas eine ganz wesentliche Rolle. Sie bestimmt, welche Informationen wohin fließen und wie schnell oder langsam das vor sich geht. Der direkte Draht zwischen Führung und Mitarbeitern existiert nicht oder nur sehr eingeschränkt.

Das Prinzip von Befehl und Kontrolle verstärkt diesen Effekt: Die Anweisungen kommen von oben, wo man ohnehin alles am besten weiß, die Empfänger haben die Befehle auszuführen und das möglichst effizient. Angestellte werden weder in die Planung mit einbezogen, noch sind sie jeweils mit dem großen Ganzen konfrontiert. Hauptsache,

sie funktionieren als Rädchen im Getriebe. So wird Leistung auch besser messbar und es kann durch Prämien untereinander (ungesunde) Konkurrenz erzeugt werden.
Unternehmen des alten Paradigmas sträuben sich gegen Veränderungen. „Das haben wir schon immer so gemacht“ ist eine häufig geäußerte Phrase in solchen Organisationen.
In Unternehmen des alten Paradigmas ist die Anstrengung des Einzelnen das Einzige, was zählt. Diese ist besser kontrollierbar. Flexiblen Arbeitsformen, dem Teamgedanken steht man ablehnend gegenüber. Die strenge hierarchische Gliederung und das Konkurrenzdenken stehen ihm gegenüber.
Die geschilderten Bedingungen bedeuten nun nicht, dass in solchen Unternehmen nicht doch hin und wieder eine Frau an die Spitze vordringt. Es bedeutet jedoch eines: Die weiblichen Eigenschaften spielen in der ersten Reihe oft noch keine Rolle.
Dies lässt sich eindrücklich an der Geschichte von Jill Barad nachweisen, die als Vorstand des Spielzeugherstellers Mattel aufgrund der Zugehörigkeit zum alten Paradigma scheiterte.
Jill Barad führte die Geschäfte von Mattel nach dem alten Paradigma. Sie kam in einer extrem männlich geprägten Firmenkultur ganz nach oben, indem sie sich der Konkurrenz stellte und alle Widersacher ausstach. Und offenbar war dieser Weg auch erfolgreich, denn unter ihrer Leitung wuchs der Umsatz der Barbie-Produktreihe von 200 Millionen Dollar im Jahr 1982 auf 1,9 Milliarden Dollar im Jahr 1997.
Dann allerdings kam die Wende. Das alte Paradigma wirkte nicht mehr. Das Unternehmen, das einen Wert von ca. 5 Milliarden Dollar darstellte, musste sinkende Umsätze hinnehmen. Bis zum Jahr 2000 verloren die Aktien drei Viertel ihres Wertes.
Jill Barad übernahm die Verantwortung nicht selbst, sondern suchte die Schuld bei anderen. Das Köpferollen setzte ein, einige talentierte Mitarbeiter wurden entlassen, und als das alles nichts nützte und die Umsätze weiter zurückgingen, entfernte sie den zweiten Geschäftsführer aus der Unternehmensleitung.
Tausende Mitarbeiter wurden auf die Straße gesetzt, Niederlassungen

wurden geschlossen. Die Probleme wurden damit aber nicht kleiner. Fehlentscheidungen bei Firmenzukäufen drehten die Spirale weiter. Die Verluste stiegen extrem, die Investoren forderten die Entlassung Jill Barads – die im Februar 2000 dann auch zurücktrat.

Wie hatte es so weit kommen können? Nun, Barad verlor im Kampf um die Erhaltung ihres Einflusses den Blick für das Wesentliche: die Bedürfnisse der Kunden und der Mitarbeiter. Ihre Expertise in Finanzdingen war nicht sehr ausgeprägt und so traf sie auch falsche Entscheidungen, die sie anderen in die Schuhe schob. Sie delegierte nicht und wollte die Kontrolle über alles selbst behalten. Daraufhin verließen viele engagierte Mitarbeiter das Unternehmen.

Barad hatte nicht erkannt, dass die Paradigmen gewechselt hatten. Was in den siebziger und achtziger Jahren des 20. Jahrhunderts funktionierte und zum wirtschaftlichen Erfolg führte, das funktionierte an der Wende zum dritten Jahrtausend nicht mehr.

Bleibt noch zu erwähnen, dass es sich gerade um eine Marke wie Barbie handelte, die stark unter Druck kam. Während Hasbro, das Konkurrenzunternehmen, sich über rasant steigende Gewinne freuen konnte, und das mit Furbies, Teletubbies und Pokémons. Diese kamen ganz offensichtlich den Bedürfnissen der Konsumenten mehr entgegen und aufgrund ihrer Produkteigenschaften – sie „sprechen", sehen putzig aus und ermöglichen Interaktion – sind sie in unserer „digitalen" Welt offenbar besser zu vermarkten als die „Idealformen" von Barbie und Co. Umso erstaunlicher, dass gerade eine Frau an der Spitze von Mattel diese Merkmale nicht richtig einschätzte und sich im männlichen Paradigma verrannte.

Frauen treten auf die Bühne

Regeln? Sind dazu da, um gebrochen zu werden. Wie wir an der Geschichte von Jill Barad sehen konnten, sind Regeln irgendwann überholt, müssen durch neue ersetzt werden. Und Frauen leben oft ganz besonders „geregelt". Von Kindheit an bekommen wir die eigenartigsten

Verhaltensanweisungen: Sitz still, sprich leise, spiel dich nicht in den Vordergrund, warte, bis du drankommst ... diese Regeln sind allerdings nichts anderes als Gründe, unser Fortkommen zu behindern. Sie haben ausgedient.

Weibliche Eigenschaften sind in Unternehmen, die nach dem alten Paradigma funktionieren, nicht von Interesse, sie machen Männern oft sogar Angst. Die (übertriebenen) männlichen Eigenschaften wie Härte, Aggressivität, Rücksichtslosigkeit und ein unbedingter Siegeswille fördern ohne Zweifel das Geschäft, sonst wären diese Unternehmen nicht das geworden, was sie sind. Doch sind sie damit auch in der Zukunft noch konkurrenzfähig? Betrachten wir die Kehrseite der Medaille: Selbstherrlichkeit, Gier, Größenwahnsinn und Dominanzstreben – hier schwächen sich diese Unternehmen mehr und mehr selbst. Mittlerweile gibt es immer mehr Unternehmer, die erkannt haben, dass Motivation nicht „über Leichen" geht. Denn der Markt bewegt sich an solchen „alten" Unternehmen mit rasender Geschwindigkeit vorbei und bevor man sich versieht, haben die besten Köpfe die Firma verlassen – in Richtung Dynamik, Flexibilität und Selbständigkeit. Ein modernes Unternehmen kann aber nur dann überleben, wenn es motivierte, mitdenkende Mitarbeiter hat, die den Unternehmenserfolg sichern.

Was heute zählt, ist das „neue Paradigma", das aus ganz anderen Merkmalen als das alte zusammengesetzt ist. Vertreterinnen des neue Paradigmas verkörpern weibliche und männliche Erfolgseigenschaften. Sie

- haben und verkaufen eine Vision, ein Ideal
- nutzen Probleme als Chancen
- zeigen Mut
- kennen und erfüllen Kundenwünsche
- pflegen auf allen Ebenen zwischenmenschliche Beziehungen
- hinterfragen alte Regeln und gehen neue Wege
- verlieren das Ziel niemals aus den Augen.

Wir Frauen haben diese Merkmale im Grunde schon immer in uns getragen – und nur langsam werden wir uns dieser Eigenschaften mehr und mehr bewusst. Und wie immer wir sie einsetzen, als Unternehme-

rinnen, als Führungskräfte, als Familien-Managerinnen oder als Mann-Motivatorinnen: Es sind die Eigenschaften, die unsere Welt lebenswert machen, die die Gesellschaft voranbringen, die der Wirtschaft neue Wege weisen.
Erinnern Sie sich an Marion Luna Brem, die dem Tod schon ins Auge geblickt hatte und nun Besitzerin mehrerer Unternehmen ist? Sie ist das Paradebeispiel für das „neue Paradigma".
Welche Vision verkauft Marion? Welche Vision brachte diese Frau an die Spitze der Autoverkäufer Amerikas? Nun, ihre Autohäuser tragen den Namen „Love Chrysler". So einfach, so gut, so unwiderstehlich. Und können Sie auch sein, denn wie wir gesehen haben:

- **Frauen erobern die Herzen der Menschen.**
- **Frauen sind unglaublich schlau.**
- **Frauen sehen einfach alles.**
- **Frauen haben immer und für alles eine gute Idee.**
- **Frauen sind geborene Managerinnen – sie haben alles im Griff.**
- **Frauen sind unwiderstehlich und unverzichtbar.**
- **Weibliche Eigenschaften sind die Erfolgsfaktoren der Zukunft.**

III. Frauen sind viel besser, als sie selbst wissen

Frauen sind in den oberen Etagen von Unternehmen, in der Spitzenpolitik und in der Wissenschaft auch im dritten Jahrtausend selten anzutreffen. Sie verstecken sich irgendwo in der Mitte der Karriereleiter, im besten Falle im oberen Drittel. Zahlreiche Gründe werden in Studien und Umfragen dafür verantwortlich gemacht: Probleme mit der Vereinbarkeit von Familie und Beruf, Mangel an flexibleren Arbeitszeitmodellen, fehlende Ausbildung und Motivation.

Doch das ist nur die halbe Wahrheit.

Ein wesentlicher Grund dafür, dass Frauen die letzten Meter an die Spitze oft nicht schaffen: Sie haben zu wenig Selbstbewusstein und zu wenig Vertrauen in ihre Fähigkeiten. Das wirkt sich auf die Lebensgestaltung ganz enorm aus: Es beeinflusst die persönliche und die berufliche Entwicklung. Es wirkt sich auf die Wahl von Ausbildungswegen aus, es beeinflusst den eigenen Wert auf dem Arbeitsmarkt und den Preis, den Frauen für ihre Leistung bezahlt bekommen. Und last but not least wirkt sich dieser Mangel auf Beziehungen, auf die Wahl des Lebenspartners und auf die persönliche Lebensgestaltung aus.

Frauen verwechseln soziale Kompetenz oft mit Unterwerfung unter die Bedürfnisse anderer. Eigene Ziele zu verfolgen, dies vielleicht sogar unter Anwendung einer Strategie, wird mit Egoismus gleichgesetzt. Egoismus wiederum ist eine „schlechte" Eigenschaft, die frau lieber nicht haben möchte. So bleiben wir bescheiden im Hintergrund und agieren als graue Mäuschen im Verborgenen.

Was aber bringt Frauen an die Spitze?
An die Spitze führen vor allem *Zielklarheit und Konzentration* und *Selbstvertrauen.* Erleichternde Eigenschaften sind auch *Entschlusskraft, Durchsetzungsvermögen,* die Fähigkeit *scharfsinnig* und *strategisch zu denken, Konfliktfähigkeit* und ein *geschicktes Beziehungsmanagement.* Im Rahmen einer Studie der Unternehmensberatung Accenture mit dem Thema „Frauen und Macht – Anspruch und Wirklichkeit" wurden diese Attribute einer Führungskraft als „wichtig/sehr wichtig" eingestuft. Als ganz besonders wichtig sehen die befragten 83 Top-Frauen aus Deutschland, der Schweiz und Österreich Kommunikationskompetenz sowie strategische und analytische Fähigkeiten. Mut, Teamgeist, Selbstdisziplin und Einfühlungsvermögen wurden zwar auch noch häufig genannt, liegen aber im Vergleich zu den anderen abgefragten Eigenschaften doch einigermaßen abgeschlagen auf den hinteren Rängen.

Das Rollenbild der Frau in der Öffentlichkeit stellt uns leider nach wie vor vielfach in die Hausfrauen- oder die Blondinen-Ecke und sobald die Themen Familie, Frauen und Berufstätigkeit in der politischen Diskussion auftauchen, wird meist mit vereinfachenden, idealisierenden und der Lebenswelt der Frauen nur selten entsprechenden Bildern gearbeitet. Das ist eine Tatsache, mit der wir leben müssen. Sie zeigt aber auch, dass die Thematik Frau – Mann – Karriere – Familie jede Menge Diskussionsstoff birgt und alle verunsichert nach Orientierung suchen, denn in diesem Spannungsfeld ist einfach viel in Bewegung, ausgelöst und gesteuert nicht zuletzt durch die Frauen selbst, die ihr Leben mehr und mehr in die eigenen Hände nehmen – und das nicht mehr im Schatten, sondern mehr und mehr öffentlich, auf der Bühne, über ihre Erfolge berichten und zum Vorbild für andere werden.
Frauen leben nach einem grundlegend anderen Muster als Männer und sie gestalten ihre Karrieren auch völlig anders. So zeigte sich in der oben erwähnten Accenture-Studie:

- **Frauen in Führungspositionen streben nicht nach Macht im klassischen Sinn.**
  Zu siegen, in der Öffentlichkeit zu stehen und Macht und Einfluss zu besitzen, das als Selbstzweck interessiert die Frauen nicht primär. Sinnhaftigkeit der Arbeit und Qualität in zwischenmenschlichen Beziehungen sind ihnen viel wichtiger.

- **Führungsfrauen werden von „weiblichen" Zielen motiviert, kommen aber durch männliche Eigenschaften voran.**
  Erfolgreiche Frauen in Führungspositionen sehen die Eigenschaften Entschluss- und Durchsetzungskraft, sowie strategische und kommunikative Fähigkeiten für wesentlich an, um in der männerdominierten Kultur in den Unternehmen durchzudringen, ihre Motivation holen sie sich jedoch aus ihren weiblichen Persönlichkeitsanteilen.

Eine dritte wesentliche Erkenntnis der Accenture-Studie:

- **Führungsfrauen leben in Partnerschaften, viele von Ihnen haben Kinder.**
  Diese interessante Erkenntnis widerspricht dem Bild der alleinstehenden, verbissenen an ihrer Karriere strickenden Aufsteigerin. Zwei Drittel der in der Studie befragten 83 Frauen leben in Ehen oder festen Beziehungen, ca. die Hälfte hat Kinder. Wir sehen die wichtige Rolle, die der Rückhalt einer Familie spielt, und so verwundert es auch nicht, dass Einrichtungen für Kinderbetreuung bei den Frauen, die einem Beruf nachgehen und Karriere machen möchten, als wichtige Voraussetzung gesehen wird. Tendenz steigend, denn die Hälfte der Frauen wünscht sich Kinder und Karriere.

Inzwischen gibt es unzählige Studien, die herausgefunden haben, was für Frauen bei der Wahl ihres Berufes entscheidend ist. Hier die wichtigsten Gründe:

80 % nette Kollegen
79 % interessantes Aufgabenfeld

74 %	angenehmes Klima
65 %	große Selbstverantwortung
46 %	gute Aufstiegschancen
37 %	Gehalt
16%	Nähe zur Wohnung.

Übrigens: Bei den befragten Männern war der Spitzenreiter mit 80 % das Gehalt.

Selbstvertrauen – der Schlüssel zu Karriere und Lebensglück?
Ich bin davon überzeugt. Selbstvertrauen ist unerlässlich, um unser Persönlichkeit ins richtige Licht zu rücken, um uns bewusst nach vorne, auf die Bühne zu stellen und um uns in unserer eigenen Haut wohl zu fühlen. Wichtig, um die Stufen der Karriereleiter zu erklimmen, um dorthin zu kommen, wohin wir kommen wollen. Selbstvertrauen ist aber auch unerlässlich, um uns über unsere Fähigkeiten überhaupt erst einmal klar zu werden, um uns zuzugestehen, dass wir viel wissen, viel können, dass wir aufgrund unserer biologischen Grundlagen als Frauen in vielen Bereichen bessere Fähigkeiten haben als Männer und dass wir uns aufgrund der vielfältigen Anforderungen in der Organisation des Familienalltags nach der Methode „learning by doing" unglaublich viele Management-Fähigkeiten praktisch aneignen. Unverzichtbar ist jedoch, dass wir anfangen, unsere Erfolge zu beachten und nicht unsere Misserfolge. Das wir sehen, was wir gut gemacht haben und damit das Vertrauen in die eigenen Fähigkeiten zu verstärken. Wir sollten uns nicht nur darauf verlassen, das andere an uns glauben, sondern uns selbst vertrauen und in der Gewissheit leben, das wir alles schaffen können. Nicht über Nacht und nicht immer ohne Hilfe, doch Schritt für Schritt. Die Mischung macht's – weibliche Eigenschaften und Fähigkeiten kombiniert mit Zielklarheit, Begeisterung und dem aktiven Wunsch, voranzukommen, etwas weiterzubringen. Die Palette unserer Fähigkeiten ist riesengroß – auf den folgenden Seiten werden Sie sehen, *wie* groß sie ist, welche Talente wir haben, was uns abhebt – und schließlich abheben lässt!

1. Frauen erobern die Herzen der Menschen

Ein wesentlicher Faktor für das leichtere und schnellere Vorankommen im Privaten und im Beruf ist die Fähigkeit, Vertrauen und Sympathie zu erzeugen. Wie heißt es doch so schön: „Nur, wer die Herzen bewegt, bewegt die Welt!“
Und was glauben Sie, wer das mit links schafft? Natürlich wir Frauen, denn wir wissen intuitiv, wie man Beziehungen herstellt. Schon immer waren Frauen der Motor von Beziehungen. Diese Tatsache könnten wir entweder als Bürde und Last empfinden – oder auch als unsere Chance für Macht und Einfluss begreifen.
Kommunikation gewinnt immer mehr an Bedeutung, in den Unternehmen selbst genauso wie auch in der Präsentation nach außen. Und wenn man den Blick durch die Räumlichkeiten der meisten großen Unternehmen schweifen lässt, wird man sehr rasch einige interessante Erkenntnisse gewinnen:

- In den Personalabteilungen sind überdurchschnittlich viele Frauen tätig.
- In den Public-Relations- & Marketing-Abteilungen ist der Frauenanteil ebenfalls höher.
- Der Kundenservice und ebenso wie die Reklamationsabteilungen werden sehr gerne mit Frauen besetzt.
- Sekretärinnen, Assistentinnen, ebenso wie der Empfang sind die – im wahrsten Sinne des Wortes – verbindenden Stellen, die Drehscheiben für die wesentlichen Kontakte im Unternehmen nach innen und nach außen.
- Selbst das Navigationssystem im Firmenfahrzeug hat meist eine weibliche Stimme – Zufall?

Bei aller Problematik, die diese Rollenzuweisungen in sich tragen können – es ist kein Zufall, dass Frauen solche Stellen besetzen, um nicht zu sagen: Es ist gut so, denn erst dadurch werden Unternehmen erst menschlich und stark. Oft sind es gerade die kleinen Aufmerksamkeiten, in denen dies zum Ausdruck kommt. So kommen Gäste wenigstens zu einem erfrischenden Mineralwasser oder zu einem guten Kaffee, steht auf der Empfangstheke ein bunter Blumenstrauß, werden Lebensläufe von Bewerbern mit echtem Interesse gelesen und gibt es zum Geburtstag des Kollegen einen informellen Umtrunk für alle. Nicht zu vergessen, dass die Assistentin ihren Boss an den Hochzeitstag erinnert und auch schon mal dafür sorgt, dass das Kind rechtzeitig von der Schule abgeholt wird.

Frauen interessieren sich für Menschen, für den Einzelnen – und sie wünschen sich, dass es allen gut geht. Frauen sind in diesen verbindenden Dingen nun mal Profis und das liegt nicht nur an ihrer Erziehung, sondern auch an den biologischen Gegebenheiten. Erinnern wir uns an den steinzeitlichen Jäger zurück, der in voller Konzentration die Beute ins Visier zu nehmen hatte. Umgeben von bösen Tieren, die ihrerseits den einsamen Jäger ins Visier nahmen. Die heute so wichtigen sozialen Fähigkeiten mussten zwangsläufig auf der Strecke bleiben, um das Überleben der Art zu sichern. Ein allzu kontaktwütiger und gesprächiger Steinzeitmensch hätte überdies die Beute verjagt. – Diese männlichen Handlungsmuster sind natürlich dem Zusammenleben nicht eben förderlich, aber sie prägen das Leben in der Wirtschaft und in der Politik bis heute doch recht stark. Männer fühlen sich in der Welt der Handlungen wohler als in der Welt der Worte. Sie reden vor allem, um Informationen auszutauschen, um Ziele zu erreichen und um Macht zu demonstrieren. So ist es nicht ungewöhnlich, dass ein Mann im Job relativ viel spricht, während er zu Hause schweigt. So ist es auch nicht verwunderlich, dass seine Telefongespräche sehr viel kürzer sind. Nur allzu gerne schmücken sich viele Männer bei offiziellen Anlässen mit einer kontaktfreudigen Frau, die ihnen den Smalltalk-Part abnimmt und sich um die Pflege von neuen und alten Bekanntschaften kümmert. Frauen wissen, wie wichtig dafür das Gespräch ist, sie nutzen es, um Nähe und Vertrauen herzustellen.
Das darf uns nicht verwundern, wurde doch auch in Studien nachge-

wiesen, dass bei Frauen immer das obere limbische System mitdenkt, und dieses ist nun mal der Sitz der sozialen Gefühle. Und so konzentrieren wir einen großen Teil unserer Energie auf die Pflege von Beziehungen. Im Abschnitt „Eine Welt ohne Frauen" sind wir darauf schon ein wenig eingegangen. Gerade in dieser neuen Welt, wo wir es ständig mit fremden Menschen und anderen Kulturen zu tun haben, ist unsere Kommunikationsfähigkeit ein absoluter Wettbewerbsvorteil.
Jahr um Jahr und immer schneller wird nun das alte, „männliche" Paradigma zunehmend von etwas Neuem abgelöst, vom „weiblichen" Paradigma. Körperliche Kraft ist im Gegensatz zu sozialer Kompetenz kein Wettbewerbsvorteil mehr. Einzelkämpfer zu sein bringt heute kein Prestige mehr, im Gegenteil. Heute zählen Teamfähigkeit und soziale Kompetenz, Freude an der Kommunikation und die Bereitschaft, auf andere aktiv zuzugehen.

Wir Frauen sind die geborenen Kontakte-Knüpferinnen. Wir gehen vorbehaltloser, offener an Unbekannte heran und sind daher auch resistenter gegenüber Vorurteilen. Das gegenseitige Abklopfen, die Abgrenzung des Reviers und die sofortige hierarchische Einordnung des Gegenübers spielt für uns keine primäre Rolle, wir vertrauen unserem Bauchgefühl und bitten den lieben Unbekannten, es sich gemütlich zu machen. Er soll sich wohlfühlen, denn das hinterlässt doch auch einen guten Eindruck des Unternehmens in dem Gast, dem wir mit freundlichem Smalltalk die Zeit vertreiben.
Während ein Mann immer versuchen wird, so schnell wie möglich zu erfahren, welche Position und wie viel Macht das unbekannte Gegenüber inne hat, gehen wir geschickter vor. Wir verwickeln das Gegenüber in ein Gespräch und erzeugen schnell Sympathie und Vertrauen. Dies ist ungeheuer wichtig, auch dann, wenn der andere uns scheinbar nicht unmittelbar von Nutzen ist. Doch vielleicht haben auch Sie es schon erlebt: „Man trifft sich immer zwei Mal!" Und genau bei diesem zweiten Mal wird der andere sich daran erinnern und oft tun sich damit auch ungeahnte Chancen auf. Aus diesem und unzähligen anderen Gründen ist Small talk auch so wichtig.

Small talk

Horror vor Small talk? Den haben über 80 Prozent der Menschen. Grund genug für viele, nicht allein zu einer Party, einer Veranstaltung zu gehen oder jemanden anzusprechen. Vielleicht gehören auch Sie zu den Frauen, die sich vor solchen neuen Begegnungen fürchten. Doch bedenken Sie bitte eines: Uns wurde dieses Talent in die Wiege gelegt. Allerdings entwickelt sich jedes Talent nur durch Betätigung, also durch Übung! Jeder Tag bietet uns die Möglichkeit, zu üben und unseren Wettbewerbsvorteil auszubauen. Ohne Übung wird sich unser Talent niemals entfalten, und Übung macht ja bekanntlich den Meister bzw. die Meisterin.

**„Fremde sind Freunde,
die sich noch nicht kennen"**

Frauen fällt es viel leichter als Männern, über ihren Schatten zu springen, denn sie fühlen sich für das Gelingen der Kommunikation verantwortlich. Da die meisten Menschen vor neuen Begegnungen Angst haben, liegt gerade hier die Chance, uns abzuheben. Es liegt an uns, unser Talent zu trainieren und Mut zu beweisen. Mut bedeutet dabei nicht, keine Hemmungen oder Ängste zu haben, sondern *trotz* des Unbehagens etwas zu tun.
Was wir brauchen, ist der Mut, auf andere zuzugehen, Kontakte zu knüpfen, Beziehungen herzustellen. Und genau da liegt unsere Chance, über uns hinauszuwachsen und interessante Begegnungen herbeizuführen. Und denken Sie daran: Ihr Gegenüber hat vielleicht fürchterliche Angst und Sie – ja genau Sie! – können ihm oder ihr diese Angst nehmen!

Small talk – ein sehr unscheinbarer Begriff für eine wichtige Erfolgsstrategie. Small talk bringt das Eis zum Schmelzen und öffnet Ihnen die Herzen der Menschen. Es ist eine wichtige Quelle für Information über das Gegenüber, eine gute Möglichkeit, sich selbst ins rechte Licht zu setzten und andere für sich zu gewinnen. In der Zukunft werden wir mehr und mehr Geschäfte noch mit Menschen machen, denen wir vertrauen. Jede neue Begegnung wird so zum „Casting", bei dem es darum geht, den oder die anderen für sich zu gewinnen. Ein Spiel, das wir mit dem richtigen Rüstzeug für uns entscheiden werden. Immer? – Nein, nicht immer. Aber das wäre ja auch langweilig und schließlich kann und will „frau" doch auch nicht von jedem gemocht werden.

Gekonnter Small talk ist für die Schaffung von Vertrautheit, für die Schaffung auch langfristiger Beziehungen und für unser eigenes Wohlbefinden im Kreis anderer ungemein wichtig.

- Small talk ist gut für die Stimmung und lässt aus einem Gefühl der Fremdheit ein Gefühl des Vertrauens entstehen.
- Small talk nimmt schüchternen Gesprächspartnern die Angst.
- Small talk bei Betriebsveranstaltungen und offiziellen Anlässen steigert
- das Wir-Gefühl.
- Small talk vor wichtigen Gesprächen macht eine Entscheidung zum eigenen Vorteil oft erst möglich und fördert die Verpflichtung uns gegenüber.
- Small talk trägt nach anstrengenden Verhandlungen zur Entspannung bei und vergewissert alle Beteiligten dessen, dass es um weit mehr als nur das Geschäft geht.
- Small talk lässt das Gegenüber in einem neuen Licht erscheinen. Sie erfahren nicht nur wertvolle Informationen, sondern geben dem anderen die Möglichkeit zu glänzen.

Fallen Ihnen noch weitere Funktionen von Small talk ein?

- ______________________________________
  ____
- ______________________________________
  ____

Wir Frauen sind bestrebt, auch bei ganz unpersönlichen Begegnungen möglichst schnell Beziehungen herzustellen. Und das lohnt sich! Weiblich geführte Unternehmen sind zum Beispiel dafür bekannt, dass sie Kunden mit besserer Zahlungsmoral haben als „klassisch" agierende Firmen: Durch die engere Beziehung zum Kunden ist seine moralische Verpflichtung, der Zahlungsaufforderung nachzukommen, höher. Und nicht nur das: Denn diese Unternehmen sind nicht nur auf eine „schnelle Nummer" und das „schnelle Geld" aus, sondern um langfristige Beziehungen mit wirtschaftlichem Nachhall und Empfehlungen bemüht. (Vielleicht kommt Ihnen dies auch aus anderen Lebensbereichen bekannt vor!)

Während die einen immer wieder viel Geld in die Akquisition neuer Kunden investieren müssen, zehren die anderen am langfristigen Erfolg. Auch hier zeigen Studien, dass es viel leichter ist, einen guten Kunden zu halten, als immer wieder neue „aufzureißen". Mehr noch, wenn Sie einen unzufriedenen, einen aufgebrachten Kunden beruhigen und zufrieden stellen können, dann haben Sie in der Regel einen Freund fürs Leben gefunden. Und wer kann wütende und verärgerte Kunden besser beruhigen als wir Frauen? Mit unsere Empathie schaffen wir das ganz schnell. Denken Sie doch nur einmal daran, wie das ist, wenn Ihre Freundin Sie ganz aufgeregt anruft und sich fürchterlich über irgend etwas aufregt. Wie schnell schaffen Sie es dann, sie wieder „von der Palme" zu holen! Wir wissen genau, dass in diesen Situationen Streiten und Diskutieren nicht hilft, sondern dass wir den anderen nur mit Ruhe und Verständnis wieder friedfertig stimmen können. Small talk zahlt sich also auch in kritischen Situationen aus – im wahrsten Sinne des Wortes und nicht selten in barer Münze.

Small talk sollte jedoch eines nicht sein: „oberflächliches Daherquasseln". Und Small talk sollte auch auf keinen Fall mit Klatsch und Tratsch gleichgesetzt werden. Small talk bedeutet, auf den Gesprächspartner einzugehen, sich in höflicher und angemessener Form selbst darzustellen, glaubwürdig und verbindlich aufzutreten. Überprüfen Sie anhand der folgenden Checkliste selbst, wo Ihre Small-Talk-Stärken liegen!

Diese Aussage	trifft zu	trifft nicht zu
Ich unterhalte mich gerne.	☐	☐
Ich finde schnell heraus, was andere interessiert.	☐	☐
Ich habe ein gutes Gespür für Stimmungen.	☐	☐
Ich bemerke viele Einzelheiten	☐	☐
Ich bringe andere zum Lachen.	☐	☐
Ich höre anderen gerne zu.	☐	☐
Ich erzähle gern Geschichten und Anekdoten.	☐	☐
Ich kann andere offen bewundern und loben.	☐	☐
Ich versuche Gemeinsamkeiten herauszufinden.	☐	☐
Mir fällt immer etwas ein, worüber ich reden kann.	☐	☐
Ich rede über Dinge, denen andere spontan zustimmen.	☐	☐
Ich stelle mich anderen mit Namen vor.	☐	☐
Ich bemühe mich darum, dass der andere sich in seiner Haut wohl fühlt.	☐	☐
Ich erzähle gerne, was ich beruflich mache.	☐	☐
Ich erzähle auch private und unverbindliche Dinge von mir.	☐	☐
Ich versuche, alle mit ins Gespräch einzubeziehen.	☐	☐
Ich bin ein höflicher Mensch.	☐	☐
Ich bin in der Regel gut über das Weltgeschehen informiert.	☐	☐
Ich stelle viele Fragen.	☐	☐
Ich signalisiere, dass andere willkommen sind.	☐	☐
Ich bedanke mich für das nette Gespräch.	☐	☐
Ich fühle mich für den Erfolg des Gesprächs verantwortlich.	☐	☐
Ich achte auf die Körpersprache des anderen.	☐	☐

Diese Aussage	trifft zu	trifft nicht zu
Ich vermeide es, zu diskutieren, sondern stimme dem anderen auch einmal zu, wenn ich nicht gleicher Meinung bin.	☐	☐
Ich bringe andere zum Lachen.	☐	☐
Ich gehe offen auf andere zu.	☐	☐
Ich habe immer Visitenkarten dabei.	☐	☐
Ich spreche den anderen so oft wie möglich mit Namen an.	☐	☐
Ich versuche, nicht mehr oder weniger zu reden als die anderen.	☐	☐
Ich merke mir, was andere erzählen.	☐	☐
Ich erzähle anderen nicht gleich von meinen Problemen.	☐	☐
Ich frage andere um Rat und nehme diesen dankend an.	☐	☐
Ich bringe andere zum Reden.	☐	☐
Ich erfahre in Gesprächen oft Dinge, die andere nicht erfahren.	☐	☐
Unbekannte Gesprächspartner stelle ich einander vor.	☐	☐
Ich frage nach, was aus bestimmten Dingen (Familie, Job, Probleme ...) geworden ist.	☐	☐
Ich fange gerne Gespräche an.	☐	☐
Ich versuche mir Namen zu merken.	☐	☐
Ich finde schnell heraus, was andere hören wollen.	☐	☐
Ich bereite mich auf Gespräche vor.	☐	☐
Ich will wirklich wissen, wie es dem anderen geht.	☐	☐
Ich bitte andere um Hilfe.	☐	☐
Andere fühlen sich in meiner Gesellschaft wohl.	☐	☐

Diese Aussage	trifft zu	trifft nicht zu
Ich gehe positiv auf andere zu.	☐	☐
Ich stelle andere nicht bloß.	☐	☐
Ich glänze nicht durch „jammern, klagen oder meckern“.	☐	☐
Ich kann andere aus der Reserve locken.	☐	☐
Ich sammle Visitenkarten.	☐	☐
Ich bringe andere dazu, etwas zu tun oder mitzumachen.	☐	☐
Ich arbeite gerne im Team.	☐	☐
Ich kann mit Begeisterung erzählen.	☐	☐
Ich freue mich, wenn ich ein Kompliment bekomme.	☐	☐

Diese Aussagen sind sehr nützlich für die Standortbestimmung: Manches werden Sie schon perfekt beherrschen, manches werden Sie vielleicht noch ein wenig trainieren müssen. Sie sehen aber: Small talk hat viel mit emotionaler Intelligenz zu tun, mit Empathie, mit Einfühlungsvermögen und Vertrauen schaffenden Maßnahmen. Hier geht es nicht darum zu beweisen, wie intelligent Sie sind oder was Sie alles besser wissen, sondern darum, eine gemeinsame Basis zu schaffen, damit sich alle wohl fühlen und Sie genau das bekommen, was Sie wollen.
Frauen wissen das intuitiv und sie übernehmen gerne die Verantwortung für das Gelingen eines guten Gesprächs. Erwarten Sie jedoch nicht, dass ein Mann sich genauso verhält: Ihm bedeuten all diese Dinge bei weitem nicht so viel wie Ihnen – oder wie Sie es sich von ihm wünschen würden.

Wir sind Menschen mit einem Innenleben und mit einem Äußeren, wir wollen anerkannt und akzeptiert werden, wir möchten, dass man uns zuhört, und wir möchten nicht immer nur als Arbeitsmaschinen, sondern auch als Privat-Menschen agieren. Humor ist ein daher weiterer wichtiger Punkt, den wir auf keinen Fall außer Acht lassen sollten:

Menschen, die mit uns lachen, werden gerne unsere Verbündeten. Sympathie, Empathie, soziale Kompetenz – im Small talk wie in jeder anderen Kommunikation spielt die emotionale Intelligenz eine wichtige Rolle, gibt sie uns die Instrumente in die Hand, mit denen wir unsere Umwelt gestalten. Kommunikation mit dem „weiblichen Touch" also.

(Small)Talk professionell

Small talk ist im beruflichen wie im privaten Leben eine Möglichkeit, andere besser kennen zu lernen, aber auch dazu, sich selbst darzustellen. Ersteres fällt uns zweifellos leichter als das Zweite, die Selbstdarstellung. Auch hier ist eines gefordert: Ausgewogenheit, Balance. Bescheidenheit ist zwar eine Zier, aber Sie wissen schon: weit kommen Sie damit nicht. Treten Sie also bitte nicht zu bescheiden auf, vor allem, wenn Sie es mit Männern in der Geschäftswelt zu tun haben. Oder wollen Sie, dass „mann" Ihren Kollegen oder Assistenten für Ihren Vorgesetzten hält? Überlassen Sie in dieser Hinsicht nichts dem Zufall und bereiten Sie für den Fall der Fälle eine kleine Selbstvorstellung vor: *„Guten Tag, mein Name ist Schäfer, Christiane Schäfer, und ich bin für die Großkunden des Versandhauses Heckermann zuständig. Wie ist Ihr Name?"*
Da Sie von sich etwas preisgeben, wird ihr Gegenüber ganz automatisch gleichziehen. In der Psychologie nennen wir das „den Prozess gegenseitiger Selbstenthüllung": Ich erzähle dir etwas von mir, dann wirst du mir etwas von dir erzählen. Zudem wird es Ihnen der andere danken, dass Sie sich „geoutet" haben und er nicht lange darüber nachdenken muss, wo Sie einzuordnen sind. Mein Rat: Im Zweifel sollten Sie sich lieber zu interessant als zu langweilig darstellen. Andere sind glücklich, wenn Sie das Gefühl haben jemanden Interessantes, jemanden Wichtiges getroffen zu haben – und werden später gerne damit angeben, Sie zu kennen!

So, und jetzt sind Sie dran!

- Wie würden Sie sich in drei kurzen Sätzen auf einer Party vorstellen?

____

____

____

____

- Wir würden Sie sich auf einer Geschäftsveranstaltung, auf einem Seminar oder Kongress vorstellen?

____

____

____

____

Eine meiner Freundinnen ist eine wahrhafte Meisterin darin, Menschen in ihren Bann zu ziehen. Sie erzählt immer mit Begeisterung von ihrem aufregenden Leben, doch genauso interessiert sie sich für den anderen und ist mit ihrer ganzen Aufmerksamkeit voll bei der Sache. Doch eines vermeidet sie beim Small talk immer: ihrem Gegenüber zu widersprechen.
Auf meine Frage, warum sie sich manchmal wirklich blödsinnige Meinungen anhöre und nicht widerspreche, meinte sie: „Jeder möchte gerne Recht haben und wenn ich meinem Gesprächspartner zustimme, dann wird er mir noch viel mehr über sich erzählen, als ihm bewusst ist. Zudem ist es nicht meine Aufgabe, andere zu erziehen."
Über viele Jahre habe ich Menschen beobachtet und studiert, denn es hat mich immer fasziniert, zu sehen, was passiert, wenn Fremde aufeinander treffen. Ich beobachte ganz einfach gerne die unterschiedlichen Strategien, die es gibt, um die anderen für sich zu gewinnen und als Siegerin vom Platz zu gehen.

Unsere guten Anlagen, die wir in Sachen Kontakte knüpfen in uns tragen, gehören oft ein wenig ausgebaut, gefördert, ausgebildet. Beim Small talk können Sie das wunderbar üben, um in anderen Kommunikationsformen fit zu sein. Dazu ein paar Tipps:

1. Nehmen Sie Komplimente mit Dank an und schwächen Sie die Aussagen bloß nicht ab. Damit setzen Sie sich herab und den anderen ins Unrecht! Das mag keiner.
2. Sprechen Sie nie negativ über andere, vermeiden Sie Klatsch.
3. Jammern Sie Ihr Gegenüber nicht an, dies ist nicht der richtige Zeitpunkt dafür.
4. Fragen Sie nach, wenn Sie etwas nicht verstanden haben. Lassen Sie sich Dinge erklären, denn der andere spricht nur allzu gerne über Dinge, von denen er eine Ahnung hat.
5. Entschuldigen Sie sich auf gar keinen Fall für Dinge, für die Sie keine Verantwortung tragen.
6. Stehen Sie aufrecht und mit beiden Beinen am Boden, „zappeln" ist völlig kontraproduktiv.
7. Blicken Sie Ihr Gegenüber an und lassen Sie sich nicht vom Geschehen rundherum ablenken.
8. Sprechen Sie laut und deutlich.
9. Sprechen Sie das Gegenüber mit Namen an; wenn Sie diesen nicht verstanden haben, fragen Sie nach.
10. Wenn Sie nicht viel Zeit haben oder wenn es nichts mehr zu sagen gibt, beenden Sie das Gespräch höflich, aber bestimmt.
11. Verlassen Sie das Gespräch immer als Siegerin mit ein paar positiven Worten.

Wer fragt, weiß einfach mehr!

Viele Frauen haben ein Problem mit dem Stellen von Fragen. Es erscheint ihnen unhöflich, zu viel zu fragen, sie halten sich vielleicht sogar für zu neugierig. Das Gegenteil ist der Fall: Die treibende Kraft in einem Gespräch sind immer Fragen. „Wer fragt, der führt!", lautet eine wichtige Kommunikationsregel nicht zu Unrecht. „Wer fragt, der weiß mehr!", könnte man hinzufügen. Und: „Wer fragt, der zeigt Interesse am anderen."

Kinder sind da ganz ungeniert. Wenn sie etwas wissen wollen, dann fragen sie uns Löcher in den Bauch. Irgendwann auf dem Wege zum Erwachsenenleben bleibt diese Fähigkeit auf der Strecke, als Ergebnis von Erziehungsmaßnahmen und aufgrund falsch verstandener Höflichkeit. Der gezielte Einsatz von Fragen bringt uns jedoch in der Kommunikation viel schneller zum Ziel und hilft uns beim Knüpfen von Kontakten ganz enorm. Und wenn die Fähigkeit zu fragen bei uns vielleicht etwas verschüttet ist, so graben wir sie doch rasch wieder aus!

Wesentlich ist dabei, wie wir unsere Fragen stellen. „Können Sie mir bitte sagen, wie spät es ist?" ruft nicht selten ein provozierendes „Ja" als Antwort hervor. Die Uhrzeit erfahren wir so nicht. Wo liegt der Fehler? Wir haben eine so genannte geschlossene Frage gestellt und das Wörtchen „können" benutzt! (Probieren Sie beim nächsten mal doch mal „Würden Sie .../ würdest du ..." – die Ergebnisse werden Sie überraschen.) Geschlossen ist eine Frage dann, wenn ein schlichtes „Ja", „Nein", „Weiß nicht" oder ein Wort ausreicht um sie – rein grammatikalisch richtig – zu beantworten. Aber weiter kommen wir so nicht. Da müssen wir schon eine offene Fragen stellen, eine Frage, die eine etwas längere Antwort hervorruft.

Professionelle Talkerinnen stellen so genannte Ansichtsfragen: „Was meinen Sie dazu?", „Was halten Sie von ...?", „Was würden Sie tun?", „Wie sind Sie damit umgegangen?", „Was haben Sie dann gemacht?". Mit solchen Fragen zeigen Sie Interesse am Leben und den Erfahrungen des Gesprächspartners und Sie werden neben Fakten und Daten jede Menge Persönliches über den Menschen erfahren. Zudem fühlen sich die Menschen geschmeichelt, denn Sie interessieren sich für ihre Meinung. Und: die Gespräche werden länger, ausführlicher, informativer für beide Partner – wobei Sie auf jeden Fall auf eine ausgewogene Dosierung achten sollten:

In Studien wurde herausgefunden, dass es in informellen Gesprächen

darauf ankommt, dass keiner zu viel oder zu wenig redet. Menschen, die 80 Prozent der Gesprächszeit für sich in Anspruch nahmen, wurden als zu dominant, zu extrovertiert, selbstbezogen rücksichtslos, unaufmerksam, kalt, unhöflich und unsympathisch beschrieben. Menschen hingegen, die nur 20 Prozent der Redezeit bestritten, als unterwürfig, introvertiert, schüchtern, langweilig und dumm kategorisiert. Optimal erwies es sich, wenn jeder etwa die Hälfte der Zeit redete: Menschen, die sich an diesen Regeln orientieren, wurden als liebenswert, interessiert, involviert, warm und aufmerksam wahrgenommen.
Und darum geht es uns ja schließlich: um einen Dialog und nicht um einen Monolog. Es liegt an uns, dies zu überprüfen und uns selbst weder zu sehr in den Vordergrund zu drängen, noch, uns verdrängen zu lassen. Doch ich kann Sie beruhigen: Weibliche Gespräche sind eigentlich immer schon von diesem Muster geprägt. Und nicht nur das: Es wird auch viel mehr gelacht. Bei den Vorbereitungen zu diesem Buch führte ich viele Interviews und einige zeichnete ich auf Kassette auf. Erst beim Abspielen fiel mir auf, dass die Gespräche mit Frauen sehr viel fröhlicher abliefen und dass unglaublich viel gelacht wurde – und genau das ist gut. Beide Seiten haben sich hier bemüht, eine gute Stimmung herzustellen, Informationen auszutauschen und eine Win-Win-Situation herzustellen. So haben sich beide Seiten wohl gefühlt. Erst dadurch war der konstruktive Austausch von Meinungen möglich und es entstanden Synergien, wurde etwas Neues geschaffen.

Positives Feedback

Professionelle Kommunikation ist immer auch mit Rückmeldungen verbunden. Damit zeigen wir dem anderen, dass wir wirklich zuhören und uns interessieren. Echtes Interesse zeigt sich in unserem Blickkontakt genauso wie in unserer Körpersprache. Bewegen wir uns auf den anderen zu oder weg, nicken wir zustimmend mit dem Kopf oder stehen wir da wie eine Wachsfigur? Geben wir auch mit Lauten zu verstehen, dass wir noch da sind, oder schweigen wie ein Fisch?

Guten Zuhörern gelingt es durch das Zusammenfassen von Sätzen, anderen zu zeigen, dass Sie sie verstanden haben, und Sie ermutigen den anderen, weiterzusprechen. „Sie sagen also, dass Sie den Kunden mit diesem Angebot wieder bekommen haben?" – Frauen nehmen gerne an den Erlebnissen anderer teil: Anteil!
In beruflichen Situationen wird Feedback oft mit Kritik gleichgesetzt, doch darum geht es bei gutem Feedback nicht. Es geht um eine leichte Kurskorrektur, um das gemeinsame Ziel nicht zu verfehlen. Gute Lehrer und gute Führungskräfte zeichnen sich nicht zuletzt durch die Art und Weise aus, wie sie ihren Schülern oder Mitarbeitern Feedback geben. Doch richtig Feedback zu geben will gelernt sein. Der Feedback-Geber muss über die Funktion von Feedback Bescheid wissen und er muss in der Lage sein, distanziert und dennoch verbindlich zu sein. Frauen sind durch ihr Einfühlungsvermögen und durch ihre ganzheitliche Sicht des Menschen, der ihnen gegenübersteht, höchst talentierte Feedback-Geberinnen – die folgenden Hinweise können diese Fähigkeit in Ihnen noch stärker zur Geltung bringen. Gutes Feedback ist:

- immer orientiert am Ziel
- eher aufbauend als bewertend und interpretierend
- eher konkret darauf bezogen, wie wir es gerne hätten, als darauf, was uns stört
- so konkret wie möglich
- eher einladend als zurechtweisend oder kritisierend
- eher auf das Verhalten in der Situation bezogen als charakterbezogen
- eher erwünscht und nicht von uns aufgedrängt
- eher unmittelbar als Wochen später
- eher klar, als übertrieben und diffus
- eher durch Dritte überprüfbar als auf unsere objektive Sicht beschränkt
- ermutigend.

FÜR etwas sein –
nicht GEGEN alles ankämpfen
12. Denkgesetz
von Nikolaus B. Enkelmann

Es ist nicht unsere Aufgabe, den anderen zu dominieren oder zu belehren, sondern gemeinsam an der Weiterentwicklung der Persönlichkeit zu arbeiten. Kritik bringt uns nicht weiter – zudem sind die meisten Menschen inzwischen so empfindlich, dass Sie sich schnell einen Feind fürs Leben schaffen. Außerdem ist das Ziel doch wirklich wichtiger, als Recht zu haben. Im Leben müssen wir uns nämlich oft entscheiden, ob wir ‚Recht' oder ‚Erfolg' haben wollen ! Sie sehen auch hier wieder die wichtige Rolle des positiven Auf-den-anderen-Zugehens, der Klarheit in der Kommunikation und der Stärkung des Gegenübers. Wir werden nämlich nicht groß, indem wir andere klein machen. Das wäre das genaue Gegenteil von Motivation. Bei der Motivation steht der Mensch im Mittelpunkt. Die Person, und nicht die Arbeitskraft, das Rädchen in der Maschinerie, die Nummer auf einer Personalliste. Und auch in der Familie, in der Kindererziehung und in der Kommunikation mit dem Lebenspartner spielt die Fähigkeit, gut Feedback zu geben, eine wichtige Rolle und lässt Sie in voller „kommunikativer" Intelligenz erscheinen.

Begeisterung ist ansteckend!

Seien Sie anderen ein gutes Vorbild und haben Sie den Mut, anders zu sein! Menschen zu motivieren, das geht am besten, wenn wir Begeisterung zeigen. Im Privaten fällt es unglaublich leicht, uns für ein neues Kleidungsstück, eine neue Frisur oder ein ersehntes Urlaubsziel zu begeistern, und genau diese Begeisterung sollten wir auch im Beruf, ja in allen Lebensbereichen ausstrahlen.

Unzählige Gründe sprechen für die Macht der Begeisterung:

- Begeisterung hilft Überzeugungen und Ziele zu erkennen.
- Begeisterung regt Menschen zum Handeln an.
- Begeisterung hilft, Ziele leichter zu erreichen.
- Begeisterung verwandelt Negatives in Positives.
- Begeisterung macht anziehend und fasziniert andere.
- Begeisterung ist der Schlüssel, der die Herzen der anderen öffnet.
- Begeisterung ist immer ansteckend.
- Begeisterung beeinflusst Menschen, ohne sie zu dominieren.
- Begeisterung nimmt Menschen die Angst und macht Mut.
- Begeisterung erst bringt Argumente zum Strahlen.
- Begeisterung erweckt Zuversicht und Hoffnung.
- Begeisterung zieht Menschen an.
- Begeisterung verleiht Ihrer Persönlichkeit Glanz.
- Begeisterung nimmt anderen den Zweifel und macht sie zu Förderern.
- Wer begeistert ist, kann die Gedanken und Gefühle anderer in jede Richtung lenken.

Sie wissen, dass schlechte Laune und Pessimismus ansteckend sind, vielleicht sogar eine sehr gefährliche Krankheit. Doch genauso ansteckend ist unsere Zuversicht und Begeisterung. Wir alle können das Feuer unserer Begeisterung immer wieder neu entfachen. Und gerade im Beruflichen brauchen wir viel mehr Frauen, die nicht griesgrämig dreinschauen, sondern die mit Begeisterung bei der Sache sind und so auch andere für ihre Ziele begeistern können!

Und jetzt sind Sie wieder dran:

a) Wofür können Sie sich begeistern?

1. ____________________
2. ____________________
3. ____________________
4. ____________________

5. ______________________________

6. ______________________________

7. ______________________________

8. ______________________________

9. ______________________________

10. ______________________________

11. ______________________________

Wie bei allen Übungen, so gibt es auch hier kein richtig oder falsch. Es geht einzig darum, sich selbst zu erkennen. Und da Begeisterung gewaltige Kräfte in uns freisetzen kann, sollten wir genau wissen, wofür wir uns eigentlich begeistern können.
Hier könnten zum Beispiel folgende Antworten stehen: Schuhe, tolles Essen, meinen Partner, Fußball, Tiere, mein Kind, Computer, ein Haus, Autos, Wohnungsaccessoires, Reisen, Kunst, Theater, Schokolade ... Doch für Sie sollte nur Ihre ganz persönliche Liste zählen.

Ein Tipp: Lassen Sie diese Übung auch Ihren Partner, Ihre Freunde durchführen! Sie werden jede Menge über diese Personen lernen!

Wenn Sie beruflich vorankommen wollen, dann brauchen Sie Ihr gewaltiges Begeisterungspotenzial auch dort. Deshalb ist es unbedingt notwendig, aufzuschreiben, was Sie an Ihrem Beruf bzw. an Ihrem Arbeitsplatz begeistert. Wichtiger noch: Für welche beruflichen Ziele können Sie sich so richtig begeistern? Und wenn Sie mit Ihrem aktuellen Job so gar nicht zufrieden sind, dann gilt es herauszufinden, ob es am Arbeitsplatz oder am Beruf liegt und für welche anderen Aufgaben und Ziele Sie sich so richtig begeistern könnten:

b) Was begeistert Sie an Ihrem Job, Ihrem Arbeitsplatz?

1. ____________________
2. ____________________
3. ____________________
4. ____________________
5. ____________________
6. ____________________
7. ____________________
8. ____________________
9. ____________________
10. ____________________
11. ____________________

Begeisterung ist nichts anderes als Liebe – und darin hatten wir Frauen doch immer schon eine Eins! Wenn wir diese gewaltige Kraft zu unserem Vorteil nutzen, dann werden wir unschlagbar sein. Es ist eine traurige Tatsache, dass sehr viele Menschen ihr Leben und Handeln nicht von Begeisterung leiten lassen, sondern viel zu oft von Furcht und Angst. Doch Angst lähmt, blockiert das Denken und macht nervös. (Abgesehen davon ist sie ganz schlecht für unseren Teint.) Ist es nicht besser und so viel schöner, wenn wir uns auf die Dinge konzentrieren, für die wir uns begeistern können? Begeisterung hilft Ihnen, Ihre Ziele zu entdecken, und stärkt Ihr Selbstvertrauen. Begeisterung macht Sie einfach unwiderstehlich. Mein Tipp: Halten Sie sich fern von Menschen, die sich für nichts und niemanden begeistern können!

> **Wenn du begeisterungsfähig bist, kannst du alles schaffen.**
> **Begeisterung ist die Hefe, die deine Hoffnungen himmelwärts treibt.**

**Begeisterung ist das Blitzen in deinen Augen,
der Schwung deines Schrittes, der Griff deiner Hand,
die unwiderstehliche Willenskraft und Energie
zur Ausführung deiner Ideen.
Begeisterte sind Kämpfer. Sie haben Seelenkräfte. Sie besitzen Standfestigkeit.
Begeisterung ist die Grundlage allen Fortschritts. Mit ihr gelingen Leistungen, ohne sie höchstens Ausreden.**

Henry Ford

Ihre Begeisterung ist ein Beweis, dass Sie kein Schattendasein führen wollen.

Nikolaus B. Enkelmann

Netze knüpfen

Frauen sind nicht nur die geborenen Kontakte-Knüpferinnen, sie knüpfen auch gerne Netze. Networking, wie das so schön heißt, ist heute sehr in Mode. Gegeben hat es das allerdings schon immer: in der Männerwelt. Vitamin „B" wie Beziehung oder „P" wie Protektion waren seit jeher für einen gesunden Schub in Richtung gut dotierter Posten oder lukrativer Aufträge gut. Bei Männerbünden ging es immer darum, dass der eine dem anderen hilft schneller seine Ziele zu erreichen und eine ‚Hand die andere wäscht'.

Frauen haben von diesen Vitaminen eher wenig profitiert, denn hier standen im Vordergrund persönliche Beziehungen und nicht Ziele. Aber ihre Netzwerke haben auch sie von jeher auch gepflegt, wenngleich es dafür keinen Begriff gab. Sich gegenseitig aushelfen, mit Rat und Tat zur Seite stehen, „Geheimtipps" aller Art weitergeben, Insiderwissen zu Erziehungsfragen, Küchentipps, Schönheitstipps ... Wissen, von dem Männer nur wenig mitbekamen.

„Klüngeln" ist heute mehr denn je in Mode; mehr und mehr geht es dabei um Profi-Ratschläge in Sachen Job und Karriere, die hier ausgetauscht werden. Netzwerke für weibliche Führungskräfte, für Assistentinnen und Sekretärinnen, für Frauen in den unterschiedlichen Branchen, für Selbstständige und Freiberuflerinnen, national und international, sorgen heute dafür, dass Frauen sich untereinander austauschen, sich gegenseitig weiterhelfen, sich Jobs vermitteln und sich zum Beispiel als Selbstständige in projektbezogenen Teams zusammenfinden, um gemeinsam Aufträge abzuwickeln.

Frauen sind gute und effiziente Netzwerkerinnen – und weibliche Netzwerke unterscheiden sich im Kern doch sehr von so manchem Männerbund: Sie sind offen, durchlässig und nach außen orientiert, während die Männergemeinschaften sehr oft abgeschottet, ritualisiert, „geheim" sind und verdeckt agieren. Einzelkämpfer, immer im Wettstreit darum, wer der nächste Sieger ist, unter sich, könnte man hier fast sagen.

Frauennetzwerke sind ganz anders gelagert: Da wird offen diskutiert, helfen sich Frauen mit Informationen, mit ihren eigenen Erfahrungen und Erlebnissen gegenseitig aus und vermitteln Kontakte.

Netzwerke können aber auch dazu dienen, Kraft zu bündeln und nach außen hin als Gemeinschaft aufzutreten. Das kann in karitativen Zusammenhängen sein, als Organisation, die Initiativen und Personen fördert, die Events organisiert oder Aktionen ins Leben ruft, um anderen zu helfen.

Privat haben wir unser Beziehungsgeflecht schon immer gehegt und gepflegt. Nun gilt es dies auch für den eigenen Erfolg zu nutzen. Ein wichtiges Kriterium, damit solche Netzwerke funktionieren, ist das Geben und Nehmen. Netzwerke aufzubauen ist mit Investitionen verbunden. Investitionen an Zeit, an Kontakten, die man weitergibt, an Inhalten, die man zur Verfügung stellt. Doch gutes Networking macht sich bezahlt. Im Bedarfsfall gibt es Zuspruch, Rückendeckung, Rat und Hilfe, Feedback. Frauennetzwerke sollten jedoch auch unbedingt die Grundbedingungen von Freundschaft beachten, die der bekannte Glücksforscher Prof. Mihaly Csikszentmihalyi so definiert:

1. Vereinbarkeit der Ziele
2. In die Ziele des anderen Aufmerksamkeit investieren.
3. Gegenseitig das persönliche Wachstum fördern.

Wichtig ist jedoch, sich wirklich gegenseitig beim Erreichen von Zielen zu helfen – nicht gemeinsam zu jammern und zu klagen. Deshalb müssen Sie vorher schon wissen, welches Ziel Sie eigentlich erreichen wollen und wer Ihnen dabei helfen könnte. Genauso sollten Sie sich überlegen, was Sie als Gegenleistung zu bieten haben. Und oft ist aufrichtige Dankbarkeit schon das beste Geschenk.

Sie sollten unbedingt den Kontakt zu jenen Frauen suchen, die in ihrem Beruf schon erfolgreicher sind und die uns allen Beweis dafür sind, dass viel mehr in uns steckt, als wir es selbst wissen. Decken Sie gemeinsame Interessen auf, interessieren Sie sich für die Interessen der anderen und helfen Sie einander. Dazu gehört vor allem auch, über Erfolge zu sprechen!

Doch Achtung: Ebenso wie Teams funktionieren auch Netzwerke nur, wenn alle gemeinsame Ziele verfolgen. Was ist unser gemeinsames Interesse, was wollen wir erreichen? So ist es kein Wunder, dass Netzwerke sich auflösen, wenn das Ziel erreicht wurde oder sich die Ziele und Interessen der einzelnen verändern. Das erleben häufig auch junge Single-Frauen, die jede Menge Spaß haben, wenn sie gemeinsam ausgehen. Doch sobald eine von ihnen einen neuen Freund hat, lösen sich viele dieser Beziehungen scheinbar über Nacht in Luft auf.

Mentorin sein & sich fördern lassen

Eine besonderes schlaue Art der zwischenmenschlichen Beziehung macht heute mehr und mehr von sich reden: Mentoring. Darunter versteht man das Begleiten eines Schützlings auf seinem Berufs- und/oder Lebensweg, das Weitergeben von Wissen und auch das Knüpfen von Beziehungen, das Herstellen von Kontakten. Mentoren sind „Lehrmeister“, sie helfen uns, unsere Talente zu entfalten, sie unterstüt-

zen mit ihrer Lebens- und Lernerfahrung und bieten Beistand bei Karriere-Entscheidungen. Solche Beziehungen sind einzigartig, keine gleicht der anderen und es gibt auch keine allgemein gültigen Rezepte, wie man einen geeigneten Mentor findet. Wichtig ist jedoch, dass Sie nicht darauf warten, von einer Mentorin oder einem Mentor entdeckt zu werden, sondern dass Sie selbst die Initiative ergreifen.
Mentoring klingt wie eine neuer Trend, doch eigentlich ist es ein alter Hut. Schon immer gab es Lehrer, Lehrmeister und kluge Männer und Frauen, die ihr Wissen an die nächste Generation weitergegeben haben: „Mentor", das war der Name jenes Herrn im alten Griechenland, der dem Sohn des Odysseus als Ratgeber zur Seite stand – mindestens so lange gibt es also „Mentoring" bereits.
Und dazu noch eine ganz interessante Tatsache: Ihrem schlechten Rufe zum Trotz sind es meistens noch Männer, die uns Frauen fördern, Männer, die an unser Potenzial glauben, während wir noch an uns zweifeln. Jetzt es ist an der Zeit, dass auch Frauen andere Frauen fördern, dass wir erkennen, dass frau auch mit Ecken und Kanten erfolgreich sein kann, ganz nach dem Motto: „Jeder Mensch hat Ecken und Kanten, nur Nullen sind rund!"
Und: Warum nicht selbst Mentorin sein und eine ambitionierte junge Frau unter die Fittiche nehmen? Der gegenseitige Lernprozess über die Generationen hinweg ist garantiert mit interessanten Erkenntnissen verbunden. Und was kann es Schöneres geben, als ambitionierten jungen Menschen ihren Weg etwas leichter zu machen: durch Feedback, durch Rat und Tat, durch ehrlichen Austausch und das eigene Vorbild?
Frauen sind geborene Mentorinnen, tun sie doch in ihren Familien tagtäglich genau dieses – und zwar in guten wie in schlechten Zeiten. Nur nennen wir es da nicht so. Als Mentorin helfen Sie, Ziele zu erkennen, Chancen und Hindernisse zu nutzen. Sie motivieren, arbeiten mit Ihrem Protegée an Erfolgsstrategien und stehen als Fürsprecherin zur Verfügung. Und Sie können selbst jede Menge lernen. Werden Sie eine Vorreiterin in Sachen Mentoring, denn: In Zukunft wird Mentoring immer wichtiger, wird es immer wichtiger, dass Individuen sich über Generationsgrenzen hinweg austauschen und voneinander lernen.

Mit Mentoring an die Spitze

Wo in der Geschäftswelt funktioniert Mentoring auf breiter Ebene mit unglaublichem Erfolg? Wo führte Mentoring zu einer „stillen Revolution im Vertrieb"?

Schon seit über vierzig Jahren gibt es eine Karrierechance, deren Erfolgsgeheimnis genau hier verborgen liegt. Multi-Level-Marketing oder auch Network-Marketing genannt, der direkte Verkauf von Produkten und Dienstleistungen in der vertrauten Umgebung der Kundinnen und Kunden ist vielfach nach dem Prinzip des Mentoring aufgebaut. Network Marketing gibt es inzwischen in allen Branchen und sämtliche Trendforscher prognostizieren, dass der wahre Boom erst noch bevorsteht. Aufgrund der speziellen Art dieses Business ist es eine ideale Basis für weibliche Karrieren.

Ein Beispiel für die Verknüpfung von Mentoring und Business ist Avon Products, ein international tätiges Unternehmen, das im Direktvertrieb mit Kosmetikprodukten handelt. Die Mitarbeiterinnen verkaufen nicht nur die Produkte, sondern begeistern auch andere für diesen Beruf, führen sie in das Business ein und stehen ihnen unterstützend zur Seite. Nach dem Prinzip des Multi-Level-Marketing sind die „Mentorinnen" am Umsatz ihrer „Mentees" beteiligt. Durch den intensiven persönlichen Kontakt profitieren beide von diesem Geschäftsmodell.

Seit November 1999 hat Avon zum ersten Mail in seiner mehr als 100-jährigen Geschichte einen weiblichen Präsidenten: Andrea Jung, Tochter einer Ingenieurin aus Shanghai und eines Architekten aus Hongkong, steuert vom New Yorker Headquarter aus die Geschicke des Unternehmens, das bei ihrem Antritt in einer gewaltigen wirtschaftlichen Krise steckte. Das Modell Avon schien an den geänderten Kundenbedürfnissen und an einem veränderten Markt zu scheitern, eine Modernisierung, ein Wandel war unabdingbar.

Einen Monat nach ihrem Antritt als Präsidenten des Unternehmens legte Andrea Jung ihrem Management einen Restrukturierungsplan

vor, der extreme Einsparungen vorsah und der die Produktpalette und den Vertriebsweg optimieren sollte.
Andrea Jung ließ entgegen allen Zweifeln keinen Stein auf dem anderen: Sie veränderte die Art der Werbung, die Art der Herstellung, modernisierte das Design der Verpackungen und passte die Verkaufsmethoden den Anforderungen der Zeit an. Das Ergebnis: Andrea Jung gilt als einer der erfolgsreichsten Präsidenten der Geschichte Avons. Während ihrer „Amtszeit" entschlossen sich mehr Frauen denn je, als „Avon Lady" im Direktvertrieb zu arbeiten. Umsatz, Gewinn und Aktienkurs stiegen unglaublich an.
Das Rezept von Andrea Jung? Maximale Orientierung am Kundennutzen unter dem Aspekt des Dialoges. Der vorsintflutliche Slogan „Dingdong, Avon calling" wurde ersetzt durch „Let's talk", Avon positionierte sich als „The Company for Women". Und: Sie trat selbst in die Riege der „Avon Ladys" ein und ging in der New Yorker Upper Eastside von Tür zu Tür, um das Business selbst in allen Facetten zu „erleben". Die Vorbildwirkung, die sie damit auf andere ausübte, ist wohl unbezahlbar. Ebenso unbezahlbar sind die Erfahrungen, die sie „an der Front" am eigenen Leibe machen konnte. Die zweifache Mutter, Absolventin der Universität Princeton, nennt als Rezept für ihren Erfolg: Passion. Leidenschaft für ihre Arbeit. Klare Ziele und Disziplin in der Umsetzung sind für Andrea Jung ganz wesentliche Faktoren ihres Erfolges.

Wenn Sie sich auf die Suche nach einer Mentorin machen – wobei es häufig leichter ist, einen Mentor zu finden – müssen Sie von Anfang an wissen, was Sie als Gegenleistung zu bieten haben und woran der andere erkennen kann, dass Sie wirklich engagiert und interessiert sind. So bekomme ich zum Beispiel regelmäßig Anrufe von Frauen, die gerne Trainerin werden möchten und sich mich als Mentorin wünschen. Wenn ich sie jedoch frage, ob sie meine Bücher gelesen haben und auch die empfohlenen Übungen machen, dann tritt am anderen Ende der Leitung oft betretenes Schweigen ein ... Wenn ich sie bitte, zunächst am Seminar „Erfolgsstrategien für Frauen" teilzunehmen, dann

höre ich: „Dafür habe ich keine Zeit" oder „Das ist mir zu teuer". Wie soll ich dann daran glauben, dass mein Gegenüber hoch motiviert ist und mich nicht nur als Auskunftsstelle für Know-how nutzen will? Es muss auch für mich eindeutig erkennbar sein, dass der oder die andere nicht bei der kleinsten Hürde zurückschreckt und aufgibt. Auch die Mentorin muss spüren, dass es sich lohnt, Zeit zu investieren ...
Wenn Ihnen ein solcher Weg zu mühsam ist oder Sie keinen geeigneten Mentor in Ihrem Umfeld finden, dann könnten Sie sich alternativ auch an einen professionellem Coach wenden. Achten Sie darauf, dass es auf jeden Fall eine Frau mit viel Erfahrung ist. Eine so professionelle Beziehung wird Ihnen meist genauso hilfreich sein wie ein guter Mentor. Wir werden später noch eine solche Frau kennen lernen: Heidi Schlembach ist eine Expertin, die die wenige freie Zeit, die ihr bleibt, nutzt um Frauen zu coachen.
Lassen Sie sich fördern, von Menschen, die schon vieles erreicht haben, von Vorbildern – und haben auch Sie den Mut, an andere zu glauben.

Das Herz der Kund(inn)en

Ihr großes Kommunikationstalent, Ihre gewaltige soziale Kompetenz haben Sie schon immer im Privaten mit Begeisterung ausgelebt. Jetzt ist es an der Zeit, dies auch öffentlich zu tun. Raus auf die Bühne des Lebens! Mit all den Fähigkeiten sprechen Sie Menschen, Mitarbeiterinnen und Mitarbeiter an. Sie nutzen diese in der Familie, im Freundeskreis, um das Zusammenleben aktiv und positiv zu gestalten – und zwar so, dass es keine Gewinner und Verlierer gibt, sondern alle als Sieger vom Platz gehen. Manchmal sind Sie sogar so klug, dass Sie dem anderen den Vortritt lassen, um sich später genau das zu holen, worauf Sie vermeintlich verzichteten. (Oder haben Sie noch nie Ihren Mann beim Tennis, Golfen oder Mensch-ärgere-dich-nicht gewinnen lassen?)
Setzen Sie Ihre weiblichen Fähigkeiten unbedingt auch zum Nutzen Ihrer Kunden ein! Das Herz des Kunden ist genauso ein menschliches Herz wie jenes Ihrer Familienmitglieder und Ihrer Mitarbeiter. Und

auch Kunden lassen sich durch kompetente Kommunikation, durch „Professional (Small) Talk" und durch positives Feedback davon überzeugen, dass das, was Sie ausdrücken und verkörpern, Hand und Fuß hat, dass man(n) ihnen vertrauen kann. Kunden wollen – wie im Übrigen alle Menschen – als Personen, als Menschen anerkannt werden.
Mit den kommunikativen Fähigkeiten, die uns Frauen in die Wiege gelegt wurden, werden Sie auch die Herzen Ihrer Kunden erobern. Wie gerne helfen wir doch anderen! Und ist es nicht einfach wundervoll, dafür auch noch bezahlt zu werden? Ohne Kunden kein Erfolg, ohne Kunden kein Geschäft – und wenn *wir* es nicht schaffen, unsere Kunden glücklich zu machen, dann wird es jemand anderes tun.
Wie erobern Sie die Herzen der Kunden? Indem Sie Ihre ureigensten weiblichen Eigenschaften einsetzen, sie zu Faktoren der Kundenorientierung machen:

- Kommen Sie pünktlich zu Terminen.
- Hören Sie zu.
- Bieten Sie Nutzen an und helfen Sie Lösungen zu finden.
- Erfüllen Sie Ihre Zusagen.
- Halten Sie mehr, als Sie versprechen.
- Drücken Sie eine positive Haltung aus.
- Geben Sie Fehler zu.
- Bedanken Sie sich.

Denken Sie immer daran: Sie vermarkten nicht nur Ihre Produkte, sondern Sie vermarkten sich selbst: Sie sind das Produkt. Ihre Persönlichkeit ist das Produkt, mit dem Sie Kunden gewinnen können.

Gegen Worte kann man sich wehren, gegen Ausstrahlung nicht!

N.B. Enkelmann

Sind Ihre Kunden weiblich, haben Sie es als Frau leichter als die Männer, die Marketing bislang vorwiegend aus dem männlichen Blickwinkel heraus betrieben haben. Nur sehr langsam wird den Verkaufs- und Werbe-Experten klar, was in der Welt des Konsums wirklich los ist: dass nämlich das künftige Einkaufsverhalten von weiblichen Bedürfnissen dominiert sein wird, ja, es heute bereits mit Blick auf die Frauen und ihre wirtschaftliche Macht nötig ist, umzudenken. Ich habe in einem früheren Abschnitt die von Faith Popcorn genannten Zahlen über die Wirtschaftskraft der Frauen erwähnt, und diese Zahlen sollten den Vertretern vieler Branchen zu denken geben. Mit der „EVAlution", wie Faith Popcorn diesen Wandel der Konsumgesellschaft bezeichnet, treten völlig neue Marketingkriterien in den Vordergrund. Das Leben von Frauen ist komplex, variantenreich, sie haben unendlich viele Bedürfnisse. Um das Herz der Kundinnen zu gewinnen, müssen Sie drei Fragen stellen, die Faith Popcorn als die drei entscheidenden EVAlutionären Fragen bezeichnet:

Wann hat mein Marketing-Team zum letzten Mal das Leben der Frauen 24 Stunden am Tag sieben Tage die Woche aus der Nähe betrachtet, es analysiert und dafür Verständnis geäußert?
In wie vielen Büros bei Frauen zu Hause bin ich in letzter Zeit gewesen?
Was kann ich ganz persönlich tun, um einer Frau zu helfen, ihre vielfältigen Lebensaspekte besser zu managen?

Ich gehe noch weiter: In Zukunft werden Sie auch das Herz der männlichen Kunden nur mehr so gewinnen: durch Empathie, echtes Interesse am Menschen, durch professionelle Kommunikation, Persönlichkeit und Authentizität.

2. Frauen sind unglaublich schlau

James Stephens, ein bekannter irischer Schriftsteller, meinte im letzten Jahrhundert:

Die Frauen sind klüger als die Männer, weil sie weniger wissen und mehr verstehen!

Im Gegensatz zu vielen anderen Zeitgenossen war er sich dessen bewusst, dass wir viel mehr *verstehen* als die Männer. Die gute Nachricht: Heute *wissen* wir auch viel mehr.

Vor gar nicht allzu langer Zeit hielt man Bildung für Frauen für eine absolute Zeitverschwendung. Doch das hat sich erfreulicherweise sehr geändert: Heute sind Frauen überdurchschnittlich gebildet, mehr als die Hälfte der Abiturienten sind weiblich, mehr als die Hälfte der Studierenden sind weiblich. Studienabbrecher sind heute nicht mehr die Frauen, sondern die jungen Männer, denen es oft an Geduld und Ausdauer fehlt. Das Bildungsniveau von Frauen ist höher denn je – und in Kombination mit den speziellen weiblichen Fähigkeiten stellt die hohe inhaltliche Kompetenz von Frauen einen unschlagbaren Vorteil in der Berufswelt dar.
Denken Sie einmal an Ihre Schulzeit zurück: Sie erinnern sich bestimmt, dass die Mädchen viel bessere Noten hatten. Vielleicht nicht in allen Fächern, doch inzwischen zeigen Studien, dass Frauen auch in den Naturwissenschaften sehr gut sind, wenn ihnen der Stoff „weiblicher" vermittelt wird.

Vor einem möchte ich Sie übrigens unbedingt warnen: Überschätzen Sie niemals so genannte gebildete Menschen! Ein akademischer Abschluss garantiert zum Glück bis heute keinen beruflichen und finanziellen Erfolg. Ich habe unzählige studierte Männer und Frauen getroffen, die aus ihrem Leben nichts gemacht haben, und ich habe Menschen getroffen, die ohne großartigen Schulabschluss heute erfolgreiche und glückliche Unternehmer, sogar Millionäre geworden sind. Bildung ist wichtig, doch ohne die praktische und emotionale Intelligenz ist sie völlig wertlos!

Interessen motivieren

Wir haben im letzten Kapitel gesehen, wie wichtig unsere Begeisterungsfähigkeit ist. Lassen Sie uns jetzt einen Schritt weiter gehen. Motivation und Erfolg haben nämlich auch sehr viel mit unseren Interessen zu tun.

Hier wieder eine kleine Aufgabe für Sie: Schreiben Sie alle Dinge auf, für die Sie sich interessieren:

______________________	______________________
______________________	______________________
______________________	______________________
______________________	______________________
______________________	______________________
______________________	______________________
______________________	______________________
______________________	______________________
______________________	______________________

Vielleicht werden Sie merken, dass einige dieser Punkte die gleichen sind wie in Ihrer Begeisterungsliste. Das ist sehr gut so, denn es zeigt Ihnen, dass Sie sich schon ganz gut kennen und dies ist ein unverzichtbarer Schritt zum ganzheitlichen, zum persönlichen Erfolg. Als Nächstes markieren Sie bitte die Felder mit den Dingen, für die Sie sich besonders interessieren, mit einem farbigen Stift.

Schreiben Sie nun eine Liste all der Zeitungen und Zeitschriften, die Sie gerne lesen:

Auch hier markieren Sie wieder die Felder mit den Publikationen, auf die Sie nur sehr ungern verzichten würden.

Und jetzt sehen wir uns an, welche Themen, welche Berichte, Reportagen und Artikel Sie am liebsten lesen:

Mit dieser Übung konnten Sie sehr rasch herausfinden, welche Themen und Dinge für Sie persönlich wichtig sind. Echtes Interesse führt dazu, dass wir über diese Themen viel mehr wissen als über andere und dass wir auch gezielt nach solchen Informationen suchen.
In der Psychologie nennen wir das „selektive Wahrnehmung". Das bedeutet: Wir nehmen jene Dinge wahr, die uns persönlich wichtig sind, während wir andere Dinge völlig übersehen, weil sie uns gleichgültig sind.
Unsere Interessen wiederum leiten und motivieren unser Handeln und sind nicht zuletzt unmittelbar mit der Wahl unseres Berufes verbunden. Wenn Ihr Beruf einer Berufung entsprechen sollte, dann ist es unbedingt erforderlich, zu wissen, wofür Sie sich wirklich interessieren.

Frauen entwickeln sich weiter

David Buss, ein bekannter US-Anthropologe, meinte einmal, dass eine Frau sich ihr Leben lang weiterentwickle, während ein Mann von früher Jugend an so ziemlich derselbe bliebe. Männer interessieren sich nun einmal für andere Dinge, und weil dies so ist, können sie uns oft so gar nicht verstehen. Schlimmer noch, weil wir nicht all ihre Interessen teilen, halten sie uns häufig sogar für „weniger intelligent" – um es höflich auszudrücken.
Das liegt nicht zuletzt daran, dass wir uns bei Männergesprächen oft nur sehr wenig beteiligen, vor allem, wenn es um Autos, sportliche Wettkämpfe, Technik, Frauen und Aktien geht. Also um Dinge, technische Details, Zahlen und darum, wer gewonnen hat. Und weil sich die meisten Frauen für Sport, PS-Angaben und Immobilienabschreibungen nicht all zu sehr interessieren, passiert es nicht selten, dass wir schweigen, wenn es um diese Themen geht.
Doch tatsächlich sind wir klug und gebildet, wenn es um die Dinge geht, die uns wirklich interessieren – und genau darauf kommt es an! Wir interessieren uns für so vieles und entwickeln uns auf unseren Gebieten auch immer weiter. Ein wenig problematisch ist es allerdings,

dass wir Frauen uns für so unglaublich viele Dinge interessieren und uns selbst oft gar nicht die Möglichkeit bieten, unser Wissen wirklich zu vertiefen. Wir neigen dazu, uns zu verzetteln.

Die Tatsache, dass es bis heute in den Führungspositionen der großen Konzerne nach wie vor nur wenige Frauen gibt und wir sie in Vorstandsetagen buchstäblich mit der Lupe suchen müssen, ist kein Beweis dafür, dass wir Frauen weniger qualifiziert sind. Es liegt vielmehr daran, dass wir unsere Arbeit besonders gut machen wollen und für uns mehr die Qualität im Vordergrund steht als der sportliche Wettkampf, wer innerhalb des Unternehmens am schnellsten aufsteigt und am Ende als Held an der Spitze steht.

Vielleicht ist dies auch der Grund, warum es bisher nur wenige Nobelpreisträgerinnen gab. In einem Interview mit Heureka sagte die Wissenschaftsforscherin Claire Hooker, es sei gar nicht das primäre Ziel vieler Frauen, sich in die obersten Ränge vorzuarbeiten, wo die eigentliche Wissensproduktion im Labor immer weiter hinter Lehrverpflichtungen, administrative Aufgaben, aufreibendes Geldbeschaffen und Wissenschaftspolitik zurücktrete. Christiane Nüsslein-Volhard, Direktorin am Max-Planck-Institut für Entwicklungsbiologie in Tübingen, bestätigt dies: „Leider fehlt mir häufig die Zeit, ich bin eigentlich immer unter Druck, und wenn ich mehr Zeit hätte, wäre die Forschung sicher besser." Der Nobelpreis hat ihre Lage noch verschärft. Angeblich soll sie geflucht haben, als sie von der hohen Ehrung erfuhr. Als viel gefragte „Botschafterin", Talkshow-Gast und Interviewpartnerin muss sie wertvolle Laborzeit opfern.

Im Zusammenhang mit der höchsten aller Auszeichnungen noch ein interessanter Hinweis: Frauen wollen die Welt besser und lebenswerter machen und so ist es nicht erstaunlich, dass es eine Frau war, nämlich Bertha von Suttner, die Alfred Nobel überredet hat, neben all den „sachlich" orientierten Auszeichnungen auch einen „Friedens"-Nobelpreis zu verleihen.

Wissen & Macht

Dass wir nicht mehr Macht haben, wird oft so erklärt: „Frauen müssen viel mehr Wissen haben, viel mehr können als Männer in derselben Position, um sich zu behaupten." Weibliche Bescheidenheit führt dazu, dass wir unserer Potenzial unterschätzen und uns schlechter machen als wir sind.

Männer können nicht mehr, sie präsentieren sich nur anders. Sie reden sogar oft über Dinge, von denen sie keine Ahnung haben, völlig ungeniert, und keiner merkt's – oder will es merken. Weil es sehr oft gar nicht um die Inhalte geht, sondern darum, wie man sich selbst darstellt, wie man auf andere wirkt. Charisma geht vor Fachwissen – die Politiker machen es uns vor.

Da unsere Hauptmotivation bisher nicht darin bestand, möglichst heldenhaft dazustehen, legen viele von uns gar keinen Wert darauf, im Rampenlicht zu stehen. Auf einem großen Frauenkongress hörte ich von der folgenden wahren Begebenheit:

Ein Mann und eine Frau lasen in der FAZ eine Stellenausschreibung: „Großes internationales Unternehmen sucht eine/n Leiter/-in des Vertriebes."

Dann wurde das Unternehmen ein wenig beschrieben und anschließend erwähnt, was man von dem Bewerbern erwartete: soziale Kompetenz, Vertriebserfahrung, Engagement, kaufmännische Ausbildung und souveränen Umgang mit dem PC, Flexibilität und selbständiges Handeln, Kenntnisse in Englisch und Spanisch ..."

Die gewissenhafte Frau hakte die Kriterien Punkt für Punkt ab, doch beim Spanisch, da musste sie leider passen. Der Job war damit für sie tabu, sie wagte es nicht, eine Bewerbung loszuschicken, obgleich alles, abgesehen von ihren geringen Spanisch-Kenntnissen, genau das war, was sie zu bieten hatte. Genau nach dem Job, den sie gesucht hatte.

Der Mann hingegen überflog die Anzeigen – und obwohl er überhaupt kein Spanisch konnte, bewarb er sich. Tatsächlich wurde er zu einem Bewerbungsgespräch eingeladen. Nicht nur das, er wurde auch noch ein zweites Mal eingeladen, denn er war in die engere Auswahl gekommen. Schließlich kam das Gespräch auf seine Spanisch-Kenntnisse. Was glauben Sie, was er daraufhin sagte? „Sie können sehen, dass ich immer sehr engagiert war und mich immer fortgebildet habe, daher ist es für mich gar kein Problem, auch noch ganz schnell Spanisch zu lernen". Und was ist passiert? Er hat tatsächlich diesen spannenden Job bekommen, während die Frau es erst gar nicht versucht hat.

Ich behaupte: Frauen sind gescheiter, wissen mehr und sind begabter, als sie selbst es wissen. Wir müssen uns nur zutrauen, unsere Fähigkeiten viel, viel besser verkaufen, als wir es bisher tun.
Zum Glück gibt es immer mehr Frauen, die den Mut haben, mit ihrem unglaublichen Wissen und Können zu glänzen. Und das ist gut so, denn sie beweisen uns nicht nur, dass Frauen das nötige intellektuelle Rüstzeug haben, sondern dass Macht und Einfluss auch Spaß machen können.

Geld & Leben

Diese Verhaltensunterschiede haben immer auch Auswirkungen auf etwas extrem „Wichtiges", nämlich das Gehalt, das frau fordert und bekommt. Und da ist es heute nach wie vor so, dass Frauen für denselben Job bis zu einem Drittel weniger bekommen und aushandeln als Männer. Eine in der Zeitschrift „Psychologie heute" (April 2002) vorgestellte US-Studie wies nach, dass diese Unterschiede meist darin begründet liegen, welche Forderungen Frauen stellen – mit einem interessanten Ergebnis:
Der Psychologe Brett Pelham von der University of New York in Buffalo gab 200 Studenten verschiedene Aufgaben mit unterschiedlichem Schwierigkeitsgrad. Nach Absolvierung der Aufgaben durften die Probanden Honorare einfordern – auch wenn die Lösung misslungen war. Für bewältigte Aufgaben verlangten Frauen und Männer ähnliche Beträge. Für nicht gelöste Aufgaben verlangten die Frauen unter den Testpersonen jedoch nur die Hälfte der Beträge, die die Männer dafür haben

wollten. Männliche Testpersonen bestanden auf ihren Honoraren, egal, ob sie die Aufgabe gelöst hatten oder nicht.
Dieses Verhalten ist ein Zeichen dafür, dass wir Frauen unglaubliche Angst davor haben, Fehler zu machen. Leistung ist nur dann etwas wert, wenn wir auf geradem Wege und ohne Missgeschicke dahin kommen. Dabei vergessen wir eine wichtige Tatsache: Aus Fehlern können wir lernen und Misserfolge gehören zum Leben dazu. Und: Jeder Mensch macht Fehler. Die Anzahl wurde sogar in wissenschaftlichen Studien herausgefunden, zum Beispiel von Professor Michael Frese, und „Freses Gesetz“ besagt, dass wir drei bis sechs Fehler pro Aufgabenbereich pro Stunde machen (und beim Autofahren sogar zehn!).
Es geht nicht darum, Fehler zu vermeiden, sondern sie schnell zu erkennen und sein Verhalten zu ändern.

Die allerschlechteste Strategie, Fehler zu vermeiden, ist nicht zu handeln, keine Ziele zu haben! Einer der Hauptgründe für die Zurückhaltung vieler Frauen liegt in dieser Art der „Fehlervermeidungsstrategie“ verborgen. Es liegt nicht darin, dass sie nicht schlau genug seien, sondern darin, dass sie denken, Fehler zu machen, sei schlecht. Halten Sie sich bitte folgendes Beispiel vor Augen: Der amerikanische Top-Manager Jack Welch stand vor der fast unlösbaren Aufgabe ein Unternehmen vor dem Untergang zu retten und tatsächlich schaffte er es. In einem Interview, in dem er zu seinem Erfolgsrezept befragt wurde, sagte er: „Sehen Sie, 51 Prozent meiner Entscheidungen waren richtig und das hat gereicht!“

**Schlau sein heißt nicht, keine Fehler zu machen,
sondern Mut zu haben, viele, viele Fehler zu machen.
Es geht um Fehler-Management, nicht um Fehler-Vermeidung!**

Wenn wir unsere Fehler mit hingebungsvoller Inbrunst betrachten, verstärken wir nur unsere negativen Gefühle uns selbst gegenüber. Denken wir doch lieber über unsere Erfolge und Stärken nach! Suchen wir nach Beweisen für unsere Talente, dafür, dass wir begabt, klug und gescheit sind. Wir werden sehen, wir sind unglaublich viel gescheiter, als wir selbst das je glaubten!

Übung:

Talente, Fähigkeiten, Stärken: Selbstbild & Fremdbild

Wenn Sie das nächste Mal Ihre beste Freundin treffen, analysieren Sie doch gegenseitig, welche Stärken, Fähigkeiten und Talente Sie jeweils in der anderen finden: Vergleichen Sie dann Ihr Selbstbild und das Fremdbild – Sie werden sicher einige Überraschungen erleben!

Gegenstand diverser Studien ist auch die Tatsache, dass Frauen bei Einstellungsgesprächen nur ungern über das Gehalt sprechen. Sie wollen erst „beweisen", ob sie den Job überhaupt adäquat ausfüllen. Sie möchten nicht „bluffen" und „pokern", sie möchten nur für echte Leistung, für Qualität bezahlt werden, die sie auch wirklich erbringen. Das ist für die Arbeitgeber oft nicht unpraktisch, für die Frauen aber fatal, denn die Gehaltsschere klafft bis heute weit auseinander. Und sie beruht vorwiegend auf einem grundlegenden Missverständnis der Frauen, die glauben, zu wenig zu können, zu wenig Fachwissen zu haben, zu wenig kompetent zu sein.
Dabei ist genau das Gegenteil der Fall.
Woher kommt dieser Glaube? Er ist tief in unseren Geschlechtsrollen verankert, wie in zahlreichen Studien immer wieder nachgewiesen wird. Es gibt weibliche und eine männliche Handlungsstrategien, die sich grundlegend voneinander unterscheiden:

Weibliche Strategien	**Männliche Strategien**
eher kooperative Orientierung	eher dominantes Verhalten im Gruppenprozess
kürzere Redebeiträge	mehr und längere Redebeiträge
eher Übernahme der unterstützenden und motivierenden Gesprächsarbeit	häufigere Übernahme der gesprächsthematischen Steuerung

Offenheit für andere Vorschläge und größere Kooperationsbereitschaft	häufigeres Entwickeln von Durchsetzungsstrategien
Diskussionsbereitschaft, Hilfestellung für andere	Imponierverhalten und Konkurrenzgehabe
gerechte Verteilung von Aufgaben, Bevorzugung der Gruppenarbeit	Aufbau und Pflege von Konkurrenzbeziehungen

(in Anlehnung an: Karin Derichs-Kunstmann u.a.: Von der Inszenierung des Geschlechterverhältnisses zur geschlechtsgerechten Didaktik. Bielefeld 1999)

Das kommt uns doch alles sehr bekannt vor, nicht wahr? Erinnern Sie sich an die Ausführungen zum hierarchisch geprägten Paradigma? Was Hänschen schon früh auf dem Schulhof lernt, das wendet Hans dann im Berufsleben an – und wir Frauen mit unseren „weichen Fähigkeiten", mit unserem Bedürfnis nach Harmonie, Integration und Kooperation, geraten in einer Wettkampfsituation schnell ins Hintertreffen.
Diese Strategien werden allerdings nicht erst im Beruf selbst sichtbar, sie bestimmen oft schon die Auswahl des Berufes. Kindermund tut hier oft Wahrheit kund, wie ich letztens erfahren konnte: Ich fragte meinen kleinen Neffen und meine kleine Nichte, was sie denn mal werden wollten, und die Antworten könnten uns zu denken geben: So antwortete der 8-jährige Junge wie aus der Pistole geschossen: „Ich will Bankvorstand werden, da verdient man viel Geld!" Das 6-jährige Mädchen hingegen überlegte kurz und meinte dann: „Ich möchte lieber Reitlehrerin werden."
Frauen orientieren sich bei der Berufswahl viel mehr daran, was sie interessiert und an der Frage, ob im künftigen Umfeld das „Klima" stimmt; Männer entscheiden sich oft anhand der Kriterien Macht und Verdienst. Und das wirkt sich natürlich unmittelbar auf die Einkommenssituationen aus. Fraglos ist es richtig, einen Beruf zu wählen, der uns interessiert. Nur dort werden wir auch entsprechende Leistungen erbringen können. Doch sollten wir Frauen dennoch in die Zukunft denken: Bietet der Beruf die Chance auf steigendes Einkommen, auf

Weiterentwicklung und Karriere, auf lukrative Möglichkeiten in der Selbstständigkeit? Oder ist er von vornherein eine Sackgasse – wie es viele typisch weibliche Berufsbilder vielfach sind? Diese Fragen sind essenziell, die ehrliche Beantwortung hilft uns, Zukunftsperspektiven zu definieren und vorherzusehen, welche Einkommenssituation uns im Alter oder bei Ausfall des Lebenspartners blühen könnte.

Vorsorgen ist besser als – abhängig sein!

Frauen und Geld: Es lohnt sich im wahrsten Sinne des Wortes, auf diesen Zusammenhang besonderes Augenmerk zu legen. „Drei von vier Frauen müssen sich nach heutigem Stand auf einen sinkenden Lebensstandard im Alter einstellen, weil ihre Versorgung große Lücken aufweist. – Sie sorgen auch privat weniger vor, weil sie dies nicht können oder wollen. Frauen sind Meister des Verdrängens" in Finanzfragen, so Stefanie Wahl, die wissenschaftliche Beraterin des Deutschen Instituts für Altersvorsorge. „Dabei ist es für viele Frauen fünf vor zwölf."
„In einer repräsentativen Befragung von gut 1.000 Frauen und etwa 500 Männern zwischen 30 und 59 Jahren schätzten die Teilnehmerinnen ihren Finanzbedarf im Alter auf durchschnittlich 2.500 DM ein. Ihre Bezüge aus der gesetzlichen Rentenversicherung schätzten 66 Prozent höher ein als den realen Wert, den die Wissenschaftler nach individuellen Daten nachrechneten." „Dreißig Prozent der Frauen gaben an, dass sie gar keine private Vorsorge betreiben." (Die WELT, 8.8.2001)
Zahlen und Zitate, die zu denken geben sollten. Ihnen als Frau, aber auch den Männern, die sich vielleicht als die Familienversorger fühlen und die Risiken eines Ausfalls ebenso verdrängen.
Über Geld spricht man nicht?
Ein fataler Fehler in vielen Partnerschaften, ein fataler Fehler bei Einstellungsgesprächen, ein fataler Fehler im Alltag, wenn es darum geht, Konditionen zu verhandeln, Rabatte herauszuschlagen oder ganz einfach nur auf seinem Recht zu beharren gegenüber Vermietern, die zu teure Mieten verlangen, gegenüber dem Handwerker, der bei der Repa-

ratur schludert, oder gegenüber dem Ober, der sich um ein paar Euro verrechnet ...

Geld und Frauen: Warum ist dieses Verhältnis oft ein so trauriges? Was hat sich verändert seit den Tagen der „Bankerin“ Margarete Runtinger, die am Übergang vom Mittelalter zur Neuzeit buchhalterische Standards setzte, ihr Vermögen intelligent und stetig vermehrte und den Handelsherren rund um die damals bekannte Welt zeigte, wo es langging?

Nun, mit dem aufsteigenden Kapitalismus wurde Geld immer mehr ein Zeichen von Macht. Und wir haben ja schon gesehen, dass Frauen mit der Macht so ihre Probleme haben. Über die Jahrhunderte hinweg wurde ihnen eingeredet, dass das Streben nach Reichtum und Macht verwerflich sei, dass allein die Bescheidenheit zur Glückseligkeit führt. Das System der „Mitgift“ tat ein Übriges: Die Frauen waren nicht selten das Beiwerk zur stattlichen Summe im Tauschhandel „Adelstitel und Aufstieg der Bürgerstochter in den Adelsstand gegen harte Taler und Rettung des adeligen Geschlechts vor dem Ruin“. Und Mädchen, die nicht unter die Haube kamen, waren an sich wertlos und verschwanden irgendwann hinter Klostermauern ... Im Bürgertum wurde die Trennung in einen öffentlichen und einen privaten Lebensbereich vollzogen: Der Mann wurde zum Versorger der Familie, der für die „äußere“ Sicherheit sorgte, die Frau war für die „innere“ Sicherheit, die Versorgung mit Emotionen und hausfraulichen Dienstleistungen zuständig. Die Arbeit der Frauen wurde von einer monetären Bewertung abgekoppelt, ein Problem, mit dem wir heute noch zu kämpfen haben, wenn es in Diskussionen um den „Wert der Hausarbeit“ geht. Von den Frauen wurde Bescheidenheit erwartet, die Beschäftigung mit Gelddingen oblag nicht ihrem Einflussbereich.

In Deutschland war es nach den Buchstaben des Gesetzes bis 1958 (!) nicht möglich, dass Frauen ohne Einverständnis ihres Ehemannes eigenes Geld verdienen durften. Männer konnten sogar im Namen der Frau Arbeitsverträge kündigen. Und Frauen durften laut Bürgerlichem Gesetzbuch bis 1953 nicht frei über Vermögen verfügen, das sie in die Ehe mitbrachten.

Diese Entwicklungen durch die Jahrhunderte haben dazu geführt, dass Frauen einem falsch verstandenen Versorgungsgedanken erlegen sind, teilweise auch heute noch erliegen, auch wenn wir alle wissen, dass sich das rächt. Scheidungen und sonstige Zusammenbrüche der finanziellen Existenz prägen den Alltag der Frauen in unserer Gesellschaften. Unbedachte Kreditbürgschaften reißen Frauen mit in den finanziellen Abgrund, wenn das Unternehmen des Mannes in Konkurs geht. Und die Absicherung des Lebensabends ist für viele Frauen leichtsinnigerweise überhaupt kein Thema, abgesehen davon, dass dafür auch oft die Mittel fehlen. Ein Umdenken ist unbedingt erforderlich und das Verhältnis „Frau und Geld" auf pragmatische Art und Weise zu betrachten, unerlässlich. Weg mit der „anerzogenen Hilflosigkeit", es gibt ihn nämlich nicht, den Prinzen auf dem weißen Pferd, der uns in sein Schloss mitnimmt, in dem wir dann bis zum Ende unserer Tage glücklich und bar jeder Sorge leben werden.
Räumen wir also mit einigen Missverständnissen auf, die da wären:

- Frauen können nicht mit Geld umgehen.
- Frauen sind in wirtschaftlichen Fragen inkompetent.
- Frauen sollen bescheiden sein.
- Lustvolles Geldausgeben ist verwerflich.
- Eine erfolgreiche und wohlhabende Frau ist nicht liebenswert.
- Eine erfolgreiche Frau ist nicht anziehend für Männer.

Ich muss Ihnen in all diesen Punkten sicher nicht das Gegenteil beweisen. Sie wissen, dass es sich dabei um weit verbreitete Mythen handelt, die in der Realität nicht zutreffen. Abby Joseph Cohen, Anlagestrategin bei der berühmten Investmentbank Goldman Sachs in New York, auf deren unglaublich gewichtiges Wort weltweit Millionen von Anlegern hören, ist ein Beispiel einer Frau, die sich mit Professionalität, Leidenschaft und unglaublichem Fachwissen in der internationalen Finanzwelt ihren Platz erobert hat. Eine weitere Vertreterin der weiblichen Finanz-Intelligenz: Muriel Sieberts, Präsidentin von Siebert Financial Corp., des größten von einer Frau geleiteten Finanzunternehmens in Manhattan. Die „Grande Dame" der Wallstreet, wie sie von Medien gerne betitelt wird, ist Vorbild für Tausende von Frauen in den USA, die ihre Geldanlage in die eigenen Hände genommen haben. Und, um ein Beispiel aus der Finanzmetropole Frankfurt zu nennen: Der internationale Handel mit Optionsscheinen der Citibank Frankfurt liegt in den Händen von Christine Licci, einer Südtirolerin, die in Mailand studierte. „Der Job macht mir Spaß", so die Bankerin in einem Interview für die Wirtschaftswoche – das raubt uns angesichts des von ihr verantworteten Handelsvolumens von immerhin 65 Milliarden Euro doch ein wenig den Atem, nicht wahr?

Geld macht Spaß – die drei Frauen und ihre Karrieren sind der beste Beweis dafür. Und Geld sollte auch Ihnen mehr Spaß machen, denn es ist mehr als ein notwendiges Übel zur Bewältigung des Alltags, es ist ein Mittel zur Unabhängigkeit, zur Zufriedenheit, zum Glück. Doch wie alles im Leben funktioniert auch das Geldleben von uns Frauen nur mit Strategien und der Definition von Zielen, die wir dann natürlich auch entsprechend verfolgen sollten. Die folgende Liste ist nun keineswegs vollständig, Sie gibt Ihnen aber doch einige Ansatzpunkte, wo Sie in der Reformierung Ihres finanziellen Alltags einhaken können:

- Analysieren Sie Ihre Meinung zum Thema „Geld". Schreiben Sie dazu Ihre „Finanzbiografie" auf. Erinnern Sie sich daran, welche Rolle Geld in Ihrem Elternhaus gespielt hat. Erinnern Sie sich, wie und wann Sie Ihr erstes Geld verdient haben, was Sie damit gemacht haben. Erinnern Sie sich an Gehaltsverhandlungen und Argumente, die Ihr Gegenüber dabei anbrachte und die Sie anbrachten. Erinnern Sie sich an große Anschaffungen, welches Gefühl Sie dabei hatten, diese Summen auszugeben ...

- Entwickeln Sie ein Gefühl dafür, wie viel Sie ausgeben. Führen Sie ein Finanz-Tagebuch und notieren Sie über längere Zeit hinweg jede Ausgabe. Sortieren Sie Ihre Kontoauszüge.

- Haben Sie Reserven? In welcher Form sparen Sie? Wie legen Sie Ihr

Geld an? Überwiegt der Sicherheitsgedanke oder gehen Sie (kalkulierte) Risiken ein?

- Sprechen Sie mit Ihrem Partner ein offenes Wort über Ihre persönliche, über seine, über Ihre gemeinsame Finanzsituation. Ganz besonders dann, wenn Geld in Ihrer Partnerschaft immer wieder Anlass für Konflikte ist. Analysieren Sie gemeinsam, worum es bei diesen Konflikten wirklich geht? Um Sicherheitsdenken? Um Macht? Männer haben oft keinerlei Begriff davon, was Dinge des Alltags kosten. Sie übersehen gerne, dass Sie vom gemeinsamen Konto seine Hemden und seinen Rasierschaum mit einkaufen und werfen Ihnen vielleicht Verschwendung vor. Ein gut geführtes Haushaltsbuch kann hier rasch und effizient Abhilfe schaffen und Klarheit in den Ausgaben-Dschungel bringen.

- Lassen Sie sich in Sachen Altersvorsorge von verschiedenen Stellen beraten und treffen Sie rechtzeitig Vorkehrungen. Es gilt früher, an später denken!

Frauen und Geld – eine spannungsreiche Angelegenheit. Aber auch eine sehr spannende Sache, die täglich spannender wird. Frauen sind die geborenen Anleger, was nicht nur die Beispiele der drei Top-Finanzexpertinnen zeigen. Studien sagen immer wieder, dass Frauen sicherer investieren, dass Fonds, die von Frauen verwaltet werden, mehr abwerfen, dass Frauen Geld sinnvoller ausgeben und dass Firmen, die von Frauen gegründet werden, eine deutlich höhere Chance zum Überleben haben, als von Männern gegründete Unternehmen! Geld ist für uns Mittel zum Zweck, kein Mittel zum Spielen. Und das bewährt sich in der Wirtschaft ungemein. Werden wir uns dieser Fähigkeiten bewusst(er), schauen wir uns den professionellen Umgang mit Finanzen von Frauen und Männern ab und entwickeln wir so unsere finanzielle Unabhängigkeit!

Frauen schaffen mehr

Andrea, 42, leitet ein Wellnesshotel in der Nähe von München. Das tut sie – sehr erfolgreich – seit drei Jahren, seit ihrer Heirat mit dem Besitzer des Hotels. Das damals allerdings kein Wellness-, sondern eher ein Tristesse-Hotel war. Abseits von Hauptverkehrsrouten, für anspruchsvolle Gäste unattraktiv und ohne besonderen Reiz für einen längeren Aufenthalt.

Doch beginnen wir ein paar Jährchen früher, als Andrea eben ihr Abitur gemacht hatte und zu studieren begann, Betriebswirtschaft, aus Ermangelung einer besseren Idee und eher lustlos. Während der Schulzeit hatte sie sich ihr Taschengeld mit Babysitten aufgebessert, das setzte sie in der Studienzeit fort. Daneben jobbte sie hin und wieder auf Messen. In den Ferien ging es meist für einige Wochen ab nach Griechenland, wo sie für ein Reisebüro, das auf Senioren-Reisen spezialisiert war, die Vor-Ort-Betreuung übernahm. Im 7. Semester wurde sie schwanger, von ihrem Freund, der mit seinem Studium soeben fertig wurde und umgehend in der Firma seines Vaters einsteigen konnte. Andrea unterbrach ihr Studium, wie sie damals dachte, um sich dem Baby zu widmen. Es wurde geheiratet, und das junge Paar bezog eine Wohnung im Haus von Andreas Schwiegereltern. Das Kind wurde geboren, ein Junge. Zwei Jahre später kam seine Schwester zur Welt. Andrea war mit Kindererziehung und der Pflege der an Krebs erkrankten Schwiegermutter voll ausgelastet, der Ehemann und der Vater mit der Führung des Unternehmens beschäftigt. Anfang der Neunziger starb die Schwiegermutter. Andrea überlegte, ihr Studium doch noch abzuschließen, da wurde sie wieder schwanger. Die Zwillinge kamen 1992 zur Welt. An Studium war nicht zu denken, vier Kinder, ein Mann und ein Vater erforderten Andreas volle Aufmerksamkeit. Die Firma florierte, das bedeutete aber auch, dass der Ehemann sehr viel unterwegs und selten zu Hause war. 1995 dann der Schock: Er hatte sich in eine andere Frau verliebt und wollte die Scheidung. Andrea und die vier Kinder mussten sich ihr Leben neu einrichten, was trotz großzügiger finanzieller Hilfe durch den Ex-Mann und dessen Vater nicht ganz einfach war. Sie litt lange an der Trennung, bekam Depressionen, die Decke fiel ihr auf den Kopf. Sie musste da raus, eine Aufgabe finden, sich auf eigene Beine stellen. Sie erinnerte sich an ihre Ferienjobs in Griechenland, das hatte ihr doch immer großen Spaß gemacht, vielleicht könnte sie da anknüpfen? Und wirklich, sie fand bald einen Halbtagsjob in einem kleinen Reisebüro, das von einer Frau geführt wurde. Die beiden freundeten sich bald an und Andrea konnte mehr und mehr ihr Können und ihre Ideen zum Nutzen des Geschäftes einbringen. Sie fuhr auf Ausstellungen und Messen für die Reisebranche und bei einer dieser Gelegenheiten traf sie ihren jetzigen Ehemann, der Ideen für den Aufbau eines Wellness- und Seminar-Hotels suchte. Er hatte eben ein heruntergewirtschaftetes Hotel in der bayrischen Provinz geerbt und sah das als Gelegenheit, ein neues Leben zu beginnen. Wie es weiterging? Andrea arbeitete ein Konzept für den Standort aus, entwickelte die Marketing-Linie, beaufsichtigte die Umbauarbeiten und die Dinge nahmen ihren Lauf ... Das Studium hat sie nicht wieder aufgenommen, doch die sieben Semester und ihre Erfahrungen als Familien-Managerin hatten gereicht, um ihr das nötige Wissen für den Aufbau des Hotels zu vermitteln. Und durch ihr großes Interesse hatte sie auch in der Firma ihres Ex-Mannes einiges gelernt. Ihre diversen Jobs, ihr Interessen für fremde Länder, fremde Sitten und fremde Sprachen hatten ihr ebenfalls sehr geholfen. Ihre Kontaktfreudigkeit führt sie mit vielen Menschen auf Messen und Ausstellungen zusammen und diese Eigenschaft ist es auch, die beim Aufbau eines großen Kreises von zufriedenen Stammkunden beigetragen hat.

Der Weg in ihr heutiges Leben war für Andrea nicht immer leicht: Während ihrer Ehe hatte sie den Anschluss an das Leben ‚draußen' ziemlich verloren, ihr Alltag war geprägt von Organisieren, sich um Kinder und Schwiegermutter zu sorgen, von Pflegen, dem Ehemann und dem Vater den Rücken von Alltagsdingen freizuhalten. Die Scheidung war ein Bruch, mit dem sie lange nicht zurecht kam. Sehr geholfen hat ihre beste Freundin, die sich in dieser Zeit sehr um sie kümmerte, viel mir ihr sprach, und die ihr auch riet, sich ihrer Stärken und

Fähigkeiten, ihrer Interessen und Talente zu besinnen und neu anzufangen. Nicht ohne Grund sind Freundinnen oft tolle Coaches. Das alles war ein langer Prozess, aber er hat letztendlich dazu geführt, dass Andrea sich freispielte und sich eine neue Partnerschaft und eine neue Existenz aufbaute.

Frauen sind heute höchst qualifiziert in fachlichen und praktischen Dingen, sie lernen schneller, stellen sich schneller auf neue Situationen ein als Männer, und durch ihr ganzheitliches, vernetztes Denken sind sie auch in der Lage, komplexere Zusammenhänge besser zu erkennen und im Auge zu behalten.
Leider ist es jedoch so, dass Frauen durch ihre selbstkritische Art und ihr enormen Perfektionsansprüche diese Tatsachen nicht so recht sehen und sie auch nicht als wertvoll erkennen. Sie orientieren sich mehr an Fehlern und vermeintlichen Schwächen, als daran, was sie wissen und können. Wir möchten alles perfekt machen. Und weil das natürlich mit diesem 120-prozentigen Anspruch nie gelingt, verheddern wir uns in Selbstzweifeln. Mangelndes Selbstwertgefühl ist die Folge, und das wirkt sich in letzter Konsequenz durchaus auf den Inhalt unseres Portemonnaies aus.
Diesen Kreislauf durchbrechen Sie, indem Sie sich Ihrer Stärken, Ihrer Kenntnisse und Fähigkeiten bewusst werden. Sie können viel, Sie wissen viel, Sie haben schließlich viele Jahre in Lernen und Wissensaufnahme „investiert". Schauen wir uns das mal näher an:

Übung: Was ich alles kann

Fähigkeit

Ich kann gut organisieren. ☐
Ich kann gut mit Menschen umgehen ☐
Ich bin gut im Umgang mit Zahlen. ☐
Ich kann eine oder mehrere Fremdsprachen. ☐
Ich bin gut in kaufmännischen Dingen. ☐

- Ich kann Alltagsprobleme schnell lösen ☐
- Ich kann schnell Lösungen für Probleme finden ☐
- Ich kann mit Computern umgehen. ☐
- Ich bin kreativ und habe immer Ideen, was man verbessern kann ☐
- Ich packe spontan mit an. ☐
- Ich kenne mich mit Ernährung gut aus. ☐
- Ich habe medizinisches Wissen. ☐
- Ich habe Fachwissen in ... ☐
- Ich habe Praxiswissen in ... ☐
- Ich habe Ahnung von ... ☐
- Ich weiß einiges über ... ☐

Sie sind mit Sicherheit eine Meisterin nicht nur auf einem, sondern auf mehreren Gebieten, und Sie können viele dieser Fähigkeiten sowohl privat als auch beruflich einsetzen. In der folgenden Übersicht habe ich eine Menge von Begriffen zusammengefasst, die Sie zur einer weiteren Analyse Ihrer Fähigkeiten und Kenntnisse heranziehen können:

Lehren	Vermitteln	Anleiten	Trainieren
Erklären	Coachen	Beraten	Analysieren
Führen	Erziehen	Diagnostizieren	Behandeln
Betreuen	Pflegen	Helfen	Beobachten
Überwachen	Kontrollieren	Finden	Beschreiben
Verhandeln	Werben	Präsentieren	Begeistern
Vertreten	Schreiben	Vortragen	Unterhalten
Inspirieren	Veranstalten	Entwickeln	Entwerfen
Zeigen	Formen Bauen	Forschen	Erfinden
Planen	Konstruieren	Visualisieren	
____________	____________	____________	____________
____________	____________	____________	____________
____________	____________	____________	____________

Welche Fähigkeiten sind für Sie charakteristisch? Schreiben Sie sie auf einen kleinen Zettel, den Sie in Ihren Kalender legen oder sich an den Monitor Ihres PC kleben. So werden Sie ständig daran erinnert, dass Sie kompetent, gescheit, gebildet sind – und Zweifel werden schon im Keim erstickt. Wichtiger noch ist, dass Sie Ihre großen und kleinen Erfolgserlebnisse analysieren, denn diese verraten Ihnen, was Sie eigentlich alles schon können – und denken Sie daran:

Erfolge sind gelöste Probleme.

Auf der Suche nach Ihren verborgenen Talenten

Waren Sie schon mal so in eine Tätigkeit versunken, dass Sie nicht merkten, was alles um Sie herum los war, wie schnell die Zeit verging oder dass Sie hungrig oder durstig wurden? Sind Sie in dieser Tätigkeit völlig aufgegangen und haben Sie dabei etwas gelöst oder geschaffen, von dem Sie hinterher völlig überzeugt waren? Ein Konzept verfasst, ein Bild gemalt, jemandem geholfen, das Fahrrad repariert, den Garten gepflegt?

Dann waren sie im „Flow", im „Fließen". Dieser Begriff wurde von dem Wissenschaftler Mihaly Csikszentmihalyi geprägt, der sich mit dem Thema „Glück" intensiv auseinandergesetzt hat. Flow bedeutet, dass man in einer Tätigkeit total aufgeht, sich so vollkommen damit identifiziert, dass man alles rundherum vergisst. Es sind Momente höchsten Glücks und – ausgeprägter Schaffenskraft. Und es sind jene Momente, die Ihnen den Weg zu Ihren Talenten weisen. Versteckte Botschaften in Richtung Erfüllung und Sinn: Richtung Glück.

Übung: Mein „Flow"-Erlebnis

Nehmen Sie sich ein wenig Zeit und überlegen Sie, wann Sie die letzten Male in einem „Flow" waren.

- Was für eine Tätigkeit hat Sie in den Flow gebracht?
- Was war das Ergebnis?
- Wie haben Sie sich während der Ausführung gefühlt?
- Wie ging es Ihnen hinterher?
- Was bedeuten solche Erlebnisse für Sie?
- Welches Talent, welche Talente konnten Sie hier ins Spiel bringen?
- Können Sie dieses Talent auch in Ihrem Beruf nützen?
- Wenn nicht, wie *könnten* Sie dieses Talent in Ihrem Beruf nützen?

Sie haben vielfältige Talente und Fähigkeiten, Sie sind gebildet, verfügen über Fachwissen und über soziale Kompetenz. Das ist eine ganze Menge an „Werkzeugen".

Frauen können so viel mehr, als sie selbst glauben! Aber dieses Wissen und diese Fähigkeiten sind nicht selbstverständlich, sondern sie sind erworben, trainiert, geübt, gelernt. Viele Jahre Lernen und Lebenserfahrung tragen dazu bei, uns dahin zu bringen, wo wir heute stehen. Und wir haben ein Recht darauf, genauso wie eine persönliche Pflicht, unsere Erfolge zu genießen. Messen wir uns also nicht an unseren Fehlern, sondern daran, was wir erreicht haben und täglich erreichen.

Modelle & Wirklichkeiten

Wir Frauen sind vielseitig qualifiziert. Diese Tatsache erkennen auch immer mehr Unternehmen und sie wird auch im Rahmen der Arbeitsmarktdiskussion immer intensiver diskutiert. Viele Frauen stehen heute mit beiden Beinen im Job. Doch es ist auch eine allgemein bekannte Tatsache, dass es sich dabei vielfach um Teilzeitjobs handelt, um die Organisation des Haushaltes und der Kinderbetreuung mit dem Bedürfnis nach Arbeit und Einkommen miteinander in Einklang zu bringen. Die Bedürfnisse der Frauen stehen oft im Gegensatz zu den Möglichkeiten. Trotzdem lassen sich viele Frauen heute nicht mehr an der Teilnahme am Wirtschaftsleben abhalten und organisieren ihren Alltag mit Hilfe von Netzwerken und guten „Haushaltsgeistern" so, dass ihre Selbstverwirklichung nicht dauerhaft auf der Strecke bleibt. Zudem ist die Zeit mit der Familie unglaublich wertvoll und die Fähigkeiten einer Familienmanagerin lassen sich gut auf die spätere Arbeitswelt übertragen. Wenn wir Mitarbeiter als „Kinder" sehen, die lernen wollen, Erfolgserlebnisse und Motivation brauchen, dann haben wir als Mütter diese wertvollen Managementfähigkeiten doch wirklich intensiv trainiert. Doch ohne Zweifel haben wir Frauen selbst noch sehr viel zu tun – Selbstbewusstsein und das Wissen um die eigenen Fähigkeiten und Talente helfen uns Frauen mehr weiter, als bescheiden im Hintergrund zu warten, bis sich in der Welt draußen etwas ändert.

Dass sich etwas ändert, lässt sich an der emsigen Tätigkeit von Trend- und Zukunftsforschern ablesen, die ständig neue Rollenmodelle kreieren, um der schillernden Vielfalt weiblichen Daseins „Herr" zu werden, um Entscheidungsgrundlagen für Wirtschaft und Politik zu schaffen, die sich nach wie vor vielfach an einem sehr veralteten Bild der Frau festklammern. Schauen wir uns doch einmal an, was der Trendforscher Matthias Horx dazu zu sagen hat:

Die „Generation Ally", benannt nach der Fernsehserie Ally McBeal und dem Buch „Generation Ally" von Katja Kullmann, ist die Umschreibung für das Lebensgefühl von Single-Frauen in Großstädten, clever und gebildet, Mitte Dreißig und im so genannten Partnerschafts- und Familiendilemma. Das ist der Frauentyp, der uns auch in der TV-Serie „Sex and the City" begegnet. Singles in Manhattan, ständig auf der Suche nach dem perfekten Partner, nach einem nicht existierenden Ideal, hin und hergerissen zwischen der Frage „Kind oder Leben?", und „Wenn Kind, woher einen geeigneten Vater nehmen?".

Die „Luder-Fraktion", auch „Alpha-Girls" genannt, kämpft laut Horx „mit den Waffen der Frau", und zwar einen „Hardcore-Kampf". Als Beispiel wird hier Verona Feldbusch herangezogen. Das Ziel dieser Strategie ist es, sich einen erfolgreichen Mann zu angeln, und das Mittel dazu ist exhibitionistisches Verhalten.

Die „Have-it-all-Frau“, quasi die Neuauflage der „Superfrau“, ein in den westlichen Industrieländern weit verbreitetes Modell: Relativ hohe Einkommen ermöglichen den Zukauf häuslicher Dienstleistungen und schulischer Infrastruktur mit hohen Betreuungskapazitäten.
Die „neue Hausfrau“, die die Familie als Management-Aufgabe betrachtet und ihre Erfüllung in einer ausgewogenen Hausfrauenrolle mit Teilzeitarbeit und „Hobbyjobs“ findet. Es handelt sich dabei um gebildete Frauen, die weniger Bedürfnis nach einer eigenen Karriere haben und ihre Energie in das Familien-Management investieren.
Eine fünfte Rolle ist die der „Domestic Goddess“, die Heim-Designerin, die Göttin des Hauses, die ihre ganze Kraft in die Ausgestaltung des Hauses, in die Entwicklung der Kinder und ihre Rolle als professionelle Liebhaberin ihres Mannes steckt. Der „Guru“ dieses Modells ist Martha Stewart, eine US-amerikanische Musterhausfrau, die mit einem Imperium aus TV-Sendungen, einer Website, Zeitschriften und Büchern den nötigen Stoff für die Gestaltung liefert.

Sie werden wohl mit mir einer Meinung sein, dass diese Modelle nicht in reiner Form auftreten. Sie sind auch im Detail überzeichnet und vereinfacht und sie sind durchaus auch vom Wunsch nach Übersichtlichkeit geprägt. Sie zeigen aber auch eines ganz deutlich: Frauen treffen Entscheidungen für die Gestaltung ihres Lebens bewusster denn je, und: Frauen sind ein wesentlicher Wirtschaftsfaktor, sie managen das Familien-Einkommen, sie geben nicht nur ihr eigenes Geld aus, sie entscheiden bei allen großen Investitionen mit und sie konsumieren Waren und Dienstleistungen, ja, ihre Bedürfnisse, sich selbst zu verwirklichen, schaffen neue Arbeitsmärkte, neue Dienstleistungen und neue Betreuungsmöglichkeiten im schulischen Bereich. Und viele dieser Dienstleistungen werden künftig von Frauen für Frauen angeboten werden – von unternehmerisch denkenden, gebildeten Familien-Managerinnen, die den Schalter umlegen und das, was sie jahrelang zu Hause trainiert haben, in eine bezahlte Dienstleistung umwandeln.

Frauen machen sich selbstständig

Für sehr viele Frauen ist der Weg in die Selbstständigkeit eine logische und sinnvolle Konsequenz. Nach Jahren des Familien-Managements in eine starre Unternehmensstruktur zurück, das behagt vielen Frauen nicht. Und oft gibt es diese Möglichkeit auch gar nicht, weil viel zu viele Unternehmen Wiedereinsteigerinnen und Frauen über 40 nicht immer gerne einstellen. Andere, die lange Jahre in großen Konzernen versucht haben, etwas zu ändern, resignieren und beschließen aus dieser „Männer-Wirtschaft" auszusteigen und lieber nach ihrer eigenen Façon erfolgreich zu wirtschaften.

Das eigene Unternehmen ist daher nicht selten eine spannende Alternative und eine sehr gute Lösung. So können sie gute Arbeit tun, sich die Zeit frei einteilen und ihre Träume verwirklichen. Und immer mehr Frauen wählen diesen Weg.

Diese Entscheidung will natürlich gut überlegt sein, doch in der Regel wägen Frauen die Vor- und Nachteile gut und lange ab. Und eine zündende Geschäftsidee, eine Marktlücke ist oft schnell entdeckt. Wir haben alles, was eine gute Unternehmerin braucht:

- Wir gehen diszipliniert und gewissenhaft an Aufgaben heran.
- Wir haben reiche Erfahrungen im Treffen von Entscheidungen.
- Wir tragen gerne Verantwortung.
- Wir können improvisieren.
- Wir können uns sehr schnell auf neue Situationen einstellen.
- Wir sind krisenerprobt.
- Wir können mit knappen Ressourcen haushalten.
- Wir sind kontaktfreudig und kommunikativ.
- Wir denken weit voraus.
- Wir sind gute Networkerinnen.
- Wir können gut organisieren.
- Wir können uns selbst motivieren.
- Wir sind begeisterungsfähig.
- Wir stellen uns gerne neuen Herausforderungen.

Ich habe im Laufe der Jahre mit vielen Unternehmerinnen gesprochen, von der One-Woman-Show bis zur Inhaberin von Firmen mit Tausenden von Mitarbeitern, und alle stimmen darin überein, dass es natürlich nicht immer leicht war und ist, doch der Lohn für das Engagement so befriedigend ist, dass keine der von mir befragten Frauen tauschen möchte. Selbstverwirklichung, menschenfreundliche Arbeitsplätze zu schaffen, Kunden glücklich zu machen, Visionen zu haben, an diesen zu bauen und schließlich umzusetzen, das sind die Faktoren, die diesen Frauen Sinn vermitteln. Sie wissen intuitiv, dass Selbstverwirklichung nur über den Weg der *Sinn*verwirklichung geht.
Nicht selten war der Schritt verbunden mit Schicksalsschlägen, Krisen oder Scheidungen. Gerade in diesen Augenblicken wurden die ungeahnten Ressourcen oft erst aktiviert. Erst dann haben viele Frauen erkannt, dass sie ihr Leben nicht delegieren können und sie sich nur selbst jenen Sinn geben können, den sie oft viel zu lange von der Umgebung erwartet haben. Und mit dieser Gewissheit wurden sie frei für Neues, für das Wagnis, ihr Leben eigenständig zu gestalten.

Träume zu verwirklichen ist unserer Weg. Wir Frauen sind überaus offen für Neues und verlieren doch niemals die Lust, dazuzulernen und besser zu werden. Genau das ist es, was uns so unglaublich schlau und unverzichtbar macht!

3. Frauen sehen einfach alles

Es ist unglaublich, was wir alles sehen. Wir laufen mit offenen Augen durch die Welt stets bemüht möglichst viele Details zu sehen und so verwundert es nicht, das Beschreibungen über ein und dieselbe Situation von Männern und Frauen sich sehr unterscheiden. Stellen Sie sich vor, was passiert, wenn ein Mann und eine Frau getrennt gefragt werden, wie denn die Braut auf der Hochzeit letzte Woche ausgesehen hat. Er wird wahrscheinlich sagen: „hübsch". Und auf die Frage, wie denn das Kleid ausgesehen hat, wird er sagen: „weiß – wie halt so ein Brautkleid aussieht". Fragen wir jedoch die Frau, dann bekommen wir eine unglaublich lange, detaillierte und differenzierte Antwort (welche ich Ihnen jedoch an dieser Stelle ersparen möchte). Was ist hier passiert ? Ganz intuitiv neigen Männer dazu das Gesehene möglichst schnell zu ‚vereinfachen'. Sie versuchen damit die allerwichtigsten und notwendigsten Elemente einer Situation zu erfassen, die es auch einem anderen ermöglicht sich ein Bild zu machen. Es ist sozusagen ein Schnappschuss, der nicht die Details verrät, jedoch dafür sorgt, dass jeder weiß, worum es geht. Zudem wird unsere Wahrnehmung natürlich auch ganz entscheidend von unserem Interesse geleitet – und Brautkleider gehören wahrscheinlich nicht zu seinen großen Leidenschaften. Frau hingegen scheint alles gesehen zu haben und zwar die offensichtlichen Einzelheiten, ebenso wie die feinen Nuancen und Veränderungen – angefangen von der winzigen Laufmasche am linken Knöchel, dem verkrampften Lächeln der Schwiegermutter bis hin zum Ablauf des Caterings. Und was hier im Privaten geschieht, das können wir jeden Tag auch im Berufsleben beobachten, wenn wir als gemischtes Team versuchen Aufgaben zu beschreiben und zu lösen.

Doch wir Frauen sehen in einem Vorgang nicht nur das Hier und Jetzt, wir sehen nicht nur die unzähligen Details, sondern auch das Gesamte mit allen weitläufigen Randerscheinungen und alle möglichen kurz- und langfristigen Konsequenzen. Wir haben den Weg im Blick, ohne dabei das Ziel zu vergessen. Wir nehmen gedanklich die nächsten Schritte vorweg, spielen alle möglichen Varianten durch und spüren

früh, wohin eine Sache führt, führen könnte. Dabei betrachten wir die Dinge und Menschen von allen Seiten und versuchen, so viele Informationen wie möglich wahrzunehmen.
Wir beachten stets die Folgen unseres Handelns. Und zwar nicht nur für uns selbst, sondern auch für unsere Mitmenschen und natürlich für unsere Umwelt. Wir gehen unglaublich rücksichtsvoll und umsichtig an die Dinge heran. Wir können gar nicht anders, als die Geschehnisse vorab in ihrer Detailvielfalt zu erkennen und es macht uns Spaß, dabei alle möglichen Perspektiven zu betrachten. Das heißt: Frauen haben ein viel breiteres Wahrnehmungsspektrum und sie denken mehrdimensional, sie können die Dinge auch aus Sicht des Partners, des Kunden, des anderen sehen. Wir sehen alles, aber hören auch viel mehr zwischen den Zeilen und sind bekannterweise auch besser im Erkennen von Gefühlen und Körpersprache, während gerade Männer diese oft missverstehen.
Und das Erstaunliche ist: Wir behalten dabei – meist – den Überblick! Unser vernetztes Denken führt dazu, dass wir nicht immer den direktesten, den kürzesten Weg zum Ziel nehmen, sondern erst einmal in Ruhe abwägen und bemüht sind alle möglichen Fallstricke zu sehen. Am Ende laufen wir dafür mit weniger Blessuren mit unserem Team als strahlende Siegerin im Ziel ein.
Diese Kompetenz erleichtert Frauen nicht erst heute den komplexen Alltag mit all seinen Herausforderungen, wie uns die Geschichten von Ada Lovelace und all der anderen Frauen ja sehr eindrücklich zeigen. Als Managerinnen des Haushalts und der Familie müssen wir Frauen unzählige Details gleichzeitig im Auge behalten – allein der morgendliche Frühstücksstress oder die Urlaubsplanung mit Mann, Kindern und Haustieren birgt deren ja reichlich!
Wir sehen nicht nur alles, wir neigen auch dazu für andere mitzudenken und merken uns das alles auch noch. So vergeht kaum ein Tag, an dem mein Partner nicht seine Schlüssel sucht und ich mir es nicht verkneifen kann zu grinsen – denn nicht nur, dass Männer gerne arbeiten bzw. suchen lassen, sie scheinen tatsächlich nicht all das zu sehen, was wir sehen. Und wie oft steht so ein Wesen vor dem Kühlschrank

und ruft: „Wo ist die Butter?“ und prompt kommt aus dem Nebenraum von einer weiblichen Stimme: “Im obersten Fach zwischen der Buttermilch und dem Käse!“ und selbst mit dieser genauen Beschreibung gelingt es vielen unsere Mitbürgern nicht sich in der Detailvielfalt eines Kühlschrankes zurecht zu finden.

Langfristig zeigt sich dies natürlich auch, denn Frau denkt weit voraus. Denken Sie bitte nur einmal daran, wie Sie eine Geburtstagsparty planen und wie Ihr Schatz dies tut – wer wird darauf bestehen, die Nachbarn rechtzeitig zu informieren, und dafür sorgen, dass weit gereiste Gäste eine Übernachtungsmöglichkeit vorfinden? Von der Gestaltung des Buffets und der Einlagerung ausreichender Mengen von unterschiedlichsten Getränken mal ganz abgesehen ... Sie ist stets bemüht an alles und alle zu denken, während er versucht das Ganze auf das Wesentliche zu reduzieren und die Arbeit möglichst zu minimieren oder zu delegieren – und zwar erst im letztmöglichen Augenblick. So spart er sich natürlich jede Menge Gedanken, unzählige Gespräche und wochenlanges Grübeln. Unsere ganz einzigartige Sicht der Dinge wird jedoch auch in der Geschäftswelt geschätzt. So ist es nicht verwunderlich, das Frauen als Sekretärin, Assistentinnen und Controllerinnen unersetzlich sind. Doch auch immer weiter oben in den Türmen der Macht erkennen die Männer, dass unsere Perspektive sie schützt und beschützt.

Haben Sie schon einmal mit einem Kollegen neue Büroräume besichtigt, auf der Suche nach Ihrem künftigen Firmensitz? Worauf achteten Sie, worauf Ihr männlicher Begleiter? Uns fällt nicht nur der imposante Eingang, sondern auch jedes zu reparierende Detail in den Räumen auf. Wir fragen uns auch gleich, wie die Nachbarn so sind und ob die Infrastruktur in der Umgebung wohl passt. Männer sehen Mängel nicht sofort und sie denken nicht darüber nach, wie weit es für die Mitarbeiter zur nächsten S-Bahn Haltestelle ist.

Vorauszudenken, zu wachen, zu kommunizieren, und das alles gleichzeitig, das liegt uns Frauen buchstäblich im Blut. Veränderungen an Nuancen zu erkennen und die Lage blitzschnell zu checken: ein Erbe unserer Vorfahrinnen, das uns auch heute noch zur Verfügung steht: Hat das Kind nicht Fieber? Ist die Kollegin nicht heute besonders gut gelaunt? Der Chef trägt wohl eine neue Krawatte ... interessante Farbkombination übrigens, die sich nur um Haaresbreite mit der Farbe der Socken schlägt ...

Die „breitbandige" Herangehensweise hilft uns Frauen dabei, den Überblick zu bewahren, und sie ist eine wunderbare Ergänzung der punktuellen Sichtweise, die Männer an den Tag legen. Beide Verhaltensmuster haben ihren Sinn, ihr Zusammenspiel sicherte schließlich das Überleben der Spezies Mensch!

Orientierung statt Frust

Umso frustrierender, wenn der eigene Ehemann nicht bemerkt, dass frau frisch vom Friseur kommt. Wenn er die neue Bluse scheinbar ignoriert und für das herrliche Leder der neuen italienischen Schuhe so überhaupt keinen Blick hat. Buchstäblich. Er sieht es nicht. Doch das dürfen wir ihm nicht übel nehmen, er kann nämlich nicht anders. Es liegt nicht in seiner Natur. So wie er auch Geburtstage (und den Hochzeitstag) vergisst, wie er auch einfach nicht zur Kenntnis nimmt, dass frau sich über spontan mitgebrachte Blumen freut – vorausgesetzt, es handelt sich nicht um blassrosa Spraynelken, wie sie ihm schon hundertmal zu verstehen gab.

Männer neigen zur Vereinfachung, weil das ihre Art der Überlebensstrategie ist, weil ihre biologische Rolle ihnen dieses Verhalten zuweist. Punktuelle Wahrnehmung im Hier und Jetzt, der Tunnelblick, die Konzentration auf das jeweils Nächstliegende, das nächste Projekt. Emotionen werden da weitgehend ausgeschaltet, die halten nämlich davon ab, eines nach dem anderen abzuhaken.

Eine solche lineare Sicht der Dinge ist nun mal nicht die Sache der Frau, das würde zu viele Faktoren ausklammern, die für die Beurteilung der Gesamtsicht notwendig sind. Wir wissen, wie wichtig die Details sind. Während Männer meist instinktiv eine Situation auf das minimal Notwendigste reduzieren, beachten wir auch die möglichen Gefahren und Hindernisse. Und wir warnen dann auch davor, wenn wir sehen: Es läuft in die falsche Richtung.

Gertrud Höhler bringt dies sehr deutlich auf den Punkt, wenn sie sagt, dass wir Frauen durch diese Kompetenz von den Männern oft als „Bedenkenträger" gesehen werden, die ihre schönen Ideen und Visionen böswillig zerstören. Die Analogie zum einmal festgelegten, unumstößlichen Plan ist eine ausgesprochen männliche Herangehensweise ans Leben, linear, an Zahlen orientiert, mit denen nun mal „weiche" Faktoren nicht wirklich erfasst werden können. Das weibliche Improvisationstalent, die weibliche Sicht von Prozessen und vor allem die weibliche Kreativität bleiben dabei schnell auf der Strecke – was auch für den wirtschaftlichen Erfolg eines jeden Unternehmens ein großer Verlust ist.

Viele Konflikte in der Partnerschaft und viele Missverständnisse am Arbeitsplatz könnten vermieden werden, wenn beide Partner sich die Tatsache dieser verschiedenen Sichtweisen bewusster machen würden. Und viele Unternehmen könnten vom Weitblick der Frauen profitieren, wenn sie diese Fähigkeit gezielter einsetzen, wenn sie die Fähigkeit, Entwicklungen langfristig abzusehen und Entscheidungen in komplexen Fragen treffen zu können, aktiver nützen würden.

In den Unternehmen ist es oft nicht viel anders als in der Beziehung: Probleme werden von den Männern/Managern so lange ignoriert, bis sie sich als gefährliche Monster zeigen, deren Bekämpfung unglaublich viel Energie verschlingt, wenn sie nicht gar unmöglich ist. Statt das kleine Kariesteufelchen auszutreiben, muss eine schmerzhafte Wurzelbehandlung erfolgen – oder ist Ihnen noch nie aufgefallen, dass die meisten Männer erst dann zum Zahnarzt gehen, wenn es schon höllisch weh tut? Frau hingegen geht frühzeitig und erspart sich damit unnötige Qualen.

Betrachten Sie nur die Fusionen großer Unternehmen in letzter Zeit. Welcher der Firmenzusammenschlüsse hat wirklich zu einem für die Unternehmen, die Mitarbeiter und die Kunden sinnvollen Ergebnis geführt? Verluste in unermesslichen Höhen sind nicht selten zu verzeichnen, und nicht nur Vermögensverluste, sondern Verluste an Werten

und an Unternehmenskultur, vor allem aber auch an Vertrauen der Menschen. Und diese Verluste werden mit allen möglichen Faktoren begründet, nur nicht mit der Problematik, dass hier vielleicht etwas zu sehr vereinfacht, etwas zu wenig Energie in die Gesamtsicht investiert wurde!
Prozesskompetenz, die Fähigkeit ganzheitlichen Denkens und die Entwicklung und Umsetzung von kreativen Lösungen ist für die Bewältigung des Wandels, in dem wir uns befinden, von größter Wichtigkeit. Ein Lichtblick ist, dass mittlerweile immer mehr Männer erkennen, wie wichtig es ist, sich auf die weibliche Sicht der Dinge einzulassen, und sich bewusst Frauen ins Team holen, um alle Aspekte zu beleuchten.

Frauen sehen einfach alles – realistisch

Denken Sie an einige Großpleiten der letzten Zeit: Der Baulöwe Schneider in Deutschland, André Rettberg, Vorstand einer Buch-und-Papierhandelskette in Österreich, Leo Kirch, „Medienmogul" – bis zuletzt hielten sie fest an „grandiosen" bis zu „größenwahnsinnigen" Illusionen, an die sie – und das sei jetzt gar nicht einmal abwertend gemeint – wohl bis zuletzt selbst glaubten. Irgendwoher würden die rettenden Euro-Milliarden schon kommen, es könne ja nicht sein, man sei ja wer und überhaupt.
Die Verantwortung? Die bekommen die Banken in die Schuhe geschoben, es werden die Umstände, die allgemeine wirtschaftliche Lage oder irgendwelche unvorhergesehenen Ereignisse verantwortlich gemacht. Und das Schlimmste an der ganzen Sache ist, dass einige diese Menschen nicht einmal ein schlechtes Gewissen ihren Gläubigern gegenüber haben, die vor allem aus Klein- und mittelständischen Unternehmen bestehen und die mit in den Abgrund stürzen, deren Existenz sie ruinieren.
Dass die „Imperien" schon lange vor dem Zusammenbruch an allen Ecken und Enden ächzen und krachen, das sehen diese Männer oft wirklich nicht. Sie können und wollen es oft nicht sehen, denn sie

hoffen auf den großen Sieg, der sie in aller Augen heldenhaft erscheinen lässt. Auf dem Realismus-Auge sind sie blind. Und wer die Zeche am Ende bezahlt? Da fehlt ihnen auch die Sicht aufs Gesamte, vor allem auf den Menschen an der Basis, die Mitarbeiter, die Kunden. Verantwortlich zu handeln bedeutet jedoch auch die Folgen unseres Handelns auf die Menschen und die Umwelt zu sehen. Und genau das liegt uns Frauen im Blut.

Frauen gründen und führen Unternehmen erfolgreicher als Männer, auch wenn es um die bürokratische Abwicklung geht. Das heißt aber vor allem, dass sie sich die Sache ganz genau überlegen, bevor sie zur Tat schreiten. Unternehmen von Frauen gehen erwiesenermaßen seltener pleite. Wenn Frauen sich für die Verantwortung entscheiden, dann heißt das: sich der Konsequenzen bewusst zu sein und die Risiken entsprechend abgeschätzt zu haben. Und vielleicht etwas bescheidener zu beginnen, dafür ohne teuren Kredit von der Bank.

Frauen sind pragmatischer. Ideen werden nach allen Seiten abgeklopft und das, was dann umgesetzt wird, hat Hand und Fuß. Frauen sehen den Tatsachen ins Auge und schätzen die Folgen meist realistischer ein. Die ganzheitliche Sicht der Dinge, die Vorausschau, hilft Frauen dabei, auf dem sprichwörtlichen Teppich zu bleiben – und sich so auf diese Weise auf dem Parkett der Geschäftswelt nach und nach viele Nischen zu erobern.

Fusionen? Nein, dann schon lieber: eigenständig bleiben und sich ein Netzwerk suchen oder eines aufbauen. Größe ist nicht das vorrangige Ziel, dann schon lieber auf solidem Boden, dafür überschaubar.

Dies ist vielleicht eine der größten Stärken und die größte Schwäche der Männer zugleich: Sie wollen von allen bewundert werden und unbedingt die Sieger, ja die Helden sein. Und über dem ganzen Streben nach Größe, Reichtum und Macht vergessen sie sich selbst und die Menschen in ihrem Umfeld. Am Ende bleibt eine Fassade (und der Schritt in Richtung Betrug ist oft der letzte Ausweg). Gleichzeitig ermöglicht dies natürlich auch eine enorme Motivation, die wissenschaftlichen und wirtschaftlichen Fortschritt möglich macht, es ist eine Antriebskraft, die das Schiff eben manchmal auf den falschen Kurs

lockt, ohne die unsere Wirtschaft aber nicht existieren könnte.
Aber diese männliche Schwäche ist auch unsere Chance. Die Sucht der Männer nach Bewunderung, Beifall und Lob ist eine Charaktereigenschaft, die wir Frauen viel besser nützen können, als wir es tun. Indem wir die Männer in unsere Pläne, Visionen und Träume einbeziehen, sie bitten, uns bei der Erreichung von Zielen zu helfen und mit einem Lorbeerkranz zu winken. Viele Männer helfen aus Passion, werden uns gerne mit Rat und Tat zur Seite stehen.

Der ganzheitliche Blick als Strategie

Wir Frauen sehen also alles, wir beachten alle Details und sehen voraus, wohin sich Dinge entwickeln werden. Nicht nur das, wir haben auch das bessere Gedächtnis und erinnern uns selbst Jahre später noch an die Details (sehr zum Kummer unserer Partner). Die unzähligen Details nutzen wir blitzschnell, um „Für und Wider" in unseren Überlegungen abzuwägen, und treffen unsere Entscheidungen. Und wenn wir auf dem Weg feststellen: da hakt es, die Bedingungen haben sich geändert oder neue Faktoren sind hinzugekommen – oder es sagt uns einfach unser Bauchgefühl, dass da etwas nicht so ganz stimmt –, so scheuen wir nicht davor zurück, unseren Plan, wie wir das Ziel zu erreichen gedenken, abzuändern. Wir sind flexibel und haben keine Angst vor der Veränderung. Nach außen hin lässt uns dies manchmal unberechenbar erscheinen, doch es ist zugleich die Kunst gekonnt zu improvisieren und flexibel auf all das zu reagieren was wir sehen, hören und fühlen. Die unglaubliche Komplexität der Welt und selbst widersprüchlichste Informationen noch verarbeiten zu können sind weibliche Erfolgseigenschaften, die unverzichtbar sind.
Was wir jedoch noch viel zu wenig tun ist, diese Fähigkeit als herausragende weibliche Fähigkeit zu betrachten und sie effizient für unser Fortkommen einzusetzen. Wir lassen uns viel eher verunsichern durch Aussagen wie: „Dauernd änderst du deine Pläne! Du hattest doch gesagt, du machst das so, und nun machst du es anders! Du bist so

wankelmütig! Deine Entscheidungen sind nichts wert, wenn du sie morgen wieder umstößt! Du bist so unzuverlässig!" – Jede von uns hat solche oder ähnliche Äußerungen schon gehört, sei es im Beruf, sei es in der Partnerschaft. Und weil Intuition – das Wissen um Details, um die Situation, kombiniert mit Erfahrungswerten und unserem Weitblick – in der Ausübung des „ganzheitlichen Blicks" so eine wichtige Rolle spielt und wir viele der komplexen Prozesse, die in unserem Gehirn ablaufen, nicht in Worte kleiden können, verheddern wir uns in Rechtfertigungen, werden unsicher und glauben schließlich selbst nicht mehr daran, dass es sich hier um eine ausgesprochen wichtige Fähigkeit handelt.

Lassen Sie sich nicht verunsichern! – Ja, ich weiß: das ist leichter gesagt als getan. Aber es ist Ihre Chance, Ihre Talente, Ihr Können und Ihr Wissen so einzusetzen, wie es für Sie richtig ist. Und ein Bereich, wo Sie mit dem Blick auf das Ganze unglaublich viel erreichen können, ist, wie ich Ihnen gleich zeigen werde: die Geldanlage.

In einem der vorigen Kapitel habe ich Ihnen die Bedeutung eines ausgewogenen Verhältnisses von uns Frauen zum Thema „Geld & Finanzen" dargelegt. Lassen Sie mich diesen Faden nun weiterspinnen und Ihnen den Hinweis geben, dass Frauen ungeahnte Talente als Anlegerinnen haben. Ich habe Ihnen ja bereits drei prominente Beispiele der „Finanzerinnen"-Zunft vorgestellt, alle drei Top-Expertinnen in Top-Positionen. Und seien Sie versichert, es handelt sich dabei keineswegs um die viel zitierten Ausnahmen, die die Regel bestätigen. Nein, die Börse ist ein ausgesprochen interessantes Pflaster, um Ihre Fähigkeiten in Sachen ganzheitlicher Sicht zu erproben.

Die Börsenjournalistin Carola Ferstl hat darüber ein ganzes Buch geschrieben: „Frauen sind die besseren Anleger. So nutzen Sie Ihre psychologischen Stärken für den Börsenerfolg", und sie meint: „Ganzheit scheint aber neben dem Einsatz des Gefühls oder der Intuition das zu sein, was an der Börse für optimales Auftreten sorgt. Wir erkennen die Psycho-Fallen leichter und können sie selbst vermeiden. Männer verlassen sich gerne ganz und gar auf ihre verstandesmäßige ‚Analyse' und versuchen das Geschehen zu vereinfachen. Doch gerade deswegen

überschätzen sie diese Analysen gerne und gehen davon aus, das auf A B folgt und schlussendlich C. Doch zum Glück funktioniert die Welt nicht so einfach. Diese Überschätzung logischer Abläufe, die sie häufig an den Tag legen und die wir als Quelle ihres psychologischen Fehlverhaltens ausgemacht haben, drückt sich darin aus, dass sie ihre eigenen Fähigkeiten überschätzen. Damit geraten sie gefühlsmäßig aus dem Gleichgewicht und treffen die falschen Entscheidungen. Einer Frau, die ihre weibliche, ganzheitliche Seite zeigt und lebt, wird das nicht so schnell passieren." (In „Frauen sind die besseren Anleger", S. 79)
Dem wäre hinzuzufügen, dass Frauen an der Börse besser abschneiden, viel weniger Verluste erleiden, sinnvoller investieren und als Finanzberaterinnen verantwortungsbewusster mit dem Geld ihrer Kunden umgehen. Wertpapiere und Aktien sind immer mit einem gewissen Risiko verbunden, doch es sollte ein kalkuliertes Risiko bleiben. „Zocken" ist aber ohnehin nicht Sache der Frauen, wie sich in dem Börsenhype rund um die New Economy in den letzten drei Jahren deutlich gezeigt hat. Die Börse ist also ein sehr interessantes Terrain, um Gefühl und Verstand, die ganzheitliche Sicht der Dinge und die Vernunft, in eine Strategie zusammenzuführen. Dazu noch einmal Carola Ferstl: „Je nachdem, ob Sie ein eher intuitives Wesen sind, ein rationales oder gefühlvolles, haben Sie die Möglichkeit, verschiedene Strategien zu kombinieren [...] – je nach Ihrem persönlichen Investmentziel. Das ist der Vorteil der weiblichen Erfolgsstrategie: Wie im Leben grenzt sie nichts und niemanden aus. Sie dürfen trotz des ganzheitlichen Konzepts, das Weiblichkeit und weibliche Strategie beinhaltet, ein Individualist sein. Auch und besonders an der Börse." (ebenda, S. 78)
Langfristiges Denken, Dinge im Zusammenhang sehen, das System als solches durchschauen und überblicken, das können wir Frauen viel besser als die Männer. Die Börse ist nur ein Beispiel unter vielen, wo wir diese Talente und Fähigkeiten einsetzen können, viel mehr ausleben können, als wir uns das bisher (zu)trauen. Das Training unserer analytischen Fähigkeiten kommt uns bei allen Aufgaben zugute, die mit Organisation und Planung zu tun haben, genauso aber auch in der Beratung und im Coaching von Menschen und Organisationen, die sich in Verän-

derungsprozessen befinden. In Kombination mit unserer emotionalen Intelligenz und unserer sozialen Kompetenz ist das ganzheitliche Denken ein unschlagbares Trio, um den Wandel in unserer Gesellschaft zu begreifen, zu gestalten und zu managen.
Dazu ist es allerdings notwendig, dass wir uns diese Fähigkeit bewusst machen und ihre Qualität wirklich erkennen. Und es ist sehr wichtig, diese Fähigkeit zu trainieren und noch gezielter einzusetzen, als wir es vielleicht tun. Die Gefahr, sich bei der Berücksichtigung aller greifbaren Fakten und Faktoren zu verzetteln, in Panik zu geraten und nie zu einer Entscheidung zu finden, ist nämlich groß. Und in Kombination mit dem Hang zum Perfektionismus kann diese wunderbare Fähigkeit sich in ihr Gegenteil verkehren und uns blockieren statt uns voranzubringen.
Machen Sie sich bewusst, dass das ganzheitliche Sehen eine Erfolgseigenschaft ist, dass übertriebener Perfektionismus jedoch gerade hier kontraproduktiv wirkt.

Übung

Wenn Sie mal wieder an einem Projekt arbeiten, dann sollten Sie sich gleich zu Beginn aufschreiben oder aufmalen, was es alles zu beachten gilt. Und danach gilt es Prioritäten zu setzen: welche Punkte sind mehr und welche weniger wichtig und welche drei bis fünf Punkte sind am allerwichtigsten? An jenen sollten wir uns primär orientieren, damit wir uns nicht verzetteln. Mit etwas Übung werden Sie so immer schneller erkennen, was wirklich wichtig ist, ohne dabei das Ganze aus den Augen zu verlieren – und dies funktioniert privat genauso wie auch im Beruf.

Die ganzheitliche Sicht ist einer der wichtigsten weiblichen Erfolgsfaktoren, der für Unternehmen künftig eine immer größere Rolle spielen wird. Mit dieser Sichtweise lassen sich Folgen von Entscheidungen abschätzen und Zusammenhänge herstellen, die von den besten Berechnungswerkzeugen nicht wahrgenommen werden. Frauen sind durch ihre spezielle Veranlagung so etwas wie die Seismographen komplexer Entwicklung und wir sollten diese Fähigkeit auch selbst endlich als das sehen, was sie ist: ein außergewöhnliches Geschenk der Natur, angereichert mit Lebenserfahrung und Wissen.

4. Frauen haben immer und für alles eine gute Idee

Goldenes Händchen, Grüner Daumen, Geschenke-Expertin, geniale Köchin, raffinierte Verpackungen und Einrichtungen – wenn es um Lebensgestaltung und Stil geht, dann sind wir Frauen absolute Spitze. Ob kleines oder großes Budget, die Gestaltung unserer Wohnung liegt uns am Herzen und wird mit größtem Enthusiasmus und mit vielen Ideen umgesetzt. Wir lieben Pflanzen und können uns stundenlang im Garten „vergraben". Ausgefallene, individuelle Geschenke für unsere Lieben? Kein Problem, schnell haben wir eine Liste mit Geschenken, die garantiert alle gut ankommen würden. Spontan oder geplant, wir wissen immer, was passt. Nicht nur das, bei allem was wir tun, überlegen wir uns stets wofür das eine oder andere zu gebrauchen ist oder wer sich darüber freuen könnte. Und die kulinarische Seite? Kein Problem. Wir zaubern auch noch aus Resten ein dreigängiges Gourmet-Menü.
Die Ideen gehen uns nie aus und viele Frauen machen aus ihrem Ideenreichtum ein Business: PR- und Kundenbindungs-Expertinnen, Party-Service und Catering, Kindergeburtstags- und Hochzeitsplanerinnen, Künstlerinnen und Journalistinnen, Floristinnen und Schmuckberaterinnen, Stil- und Farbberaterinnen, Kochbuchautorinnen und Kreativitätsexpertinnen ... Frauen haben immer und für alles eine gute Idee. Nicht nur das, wir sind auch unglaublich offen für alles Neue und freuen uns über jede Veränderung, jede Chance etwas zu verbessern.

Was ist Kreativität?

Bildung, Wissen, Lebenserfahrung, Fähigkeiten ... Sie haben nun schon vieles darüber erfahren und in den Übungen herausgefunden, was uns als Frau ausmacht, was Sie zu einer gefragten Persönlichkeit macht und: was Personalverantwortliche künftig vermehrt wünschen, was Sie zu einer idealen Mitarbeiterin, zu einer idealen Unternehmerin, zu einer

idealen Familien-Managerin macht. Doch was wären all diese „skills" ohne die Kreativität?
„Kreativität" ist heute ein viel strapazierter Begriff; auf Kreativitätsseminaren werden Kreativitätstechniken geschult, Kreativität wird erforscht und es wird viel darüber geschrieben. Der Online-Buchhändler Amazon listet über 650 deutschsprachige Bücher auf, die sich mit Kreativitätsthemen befassen. Was ist aber „Kreativität" eigentlich?
Nun, Kreativität ist vorrangig einmal keine Eigenschaft im eigentlichen Sinne, sondern ein Zustand, in dem wir uns befinden oder in den wir uns versetzen können. Der Begriff stammt vom lateinischen Wort „creare" ab, „erschaffen". In der Kreativität verbinden sich Verstand und Phantasie, Logik und Vorstellungskraft. Es gibt eine Menge Definitionen von Kreativität, die folgende habe ich dem Buch von Burkhard G. Busch „Erfolg durch neue Ideen" entnommen, das einen guten Überblick über das Thema und viele Übungen bietet.

Kreativität ist die Fähigkeit (nicht: die Eigenschaft), aus der Kenntnis aller bekannten Dinge mit Hilfe der abstrakten Vorstellungskraft Neues hervorzubringen, neue Lösungen zu finden, und das in ständiger Bewegung der Gedanken.

Also: die Fähigkeit, aus all dem, was wir wissen und den vielen Dingen, die wir wahrnehmen, neue Kombinationen, neue Ideen zu entwickeln.
Erinnern Sie sich an die Erfinderinnen und Entdeckerinnen aus dem ersten Kapitel? Ob Technik, Naturwissenschaften, Literatur, Musik, Theater, Film, bildende Künste ... Frauen haben schon immer einen großen Teil der kreativen Arbeit geleistet, und sie tun es mehr denn je. Vom Melitta-Filter zum Tipp-Ex, von der Wegwerfwindel bis zur ersten Computersprache – Erfindungen von Frauen sind häufiger, als man denkt. Allzuoft aber gerieten die Erfinderinnen in Vergessenheit, und ihre Schöpfungen wurden einem Mann zugeschrieben oder sogar gestohlen. Heute wächst das Bewusstsein, dass die Menschheit es sich nicht leisten kann, die Hälfte ihrer Talente brachliegen zu lassen.

Dadurch, dass wir so viel sehen und das Gesehene in uns eine Fülle von Ideen hervorbringt, wir also neue Lösungen für außergewöhnliche Anforderungen finden, sind wir stark. Frauen sind aufgrund ihrer biologischen Voraussetzungen und der sozialen Anforderungen im Zusammenleben mit anderen die „Ideenfinderinnen" par excellence, sie sind höchst kreativ in der Verwendung von Ressourcen, in der Verwaltung von Mangel, aber auch von Überfluss, und: in der Lösung von Problemen. Und wir wissen ja: Erfolge sind gelöste Probleme!

Schauen wir uns ein paar Kriterien an, die kreative Menschen kennzeichnen:

- Sie bevorzugen das Vielseitige vor dem Einfachen.
- Sie sehen Dinge und Aspekte, die anderen verborgen bleiben.
- Sie gehen offen und ohne Scheuklappen an die Dinge heran.
- Sie haben einen Hang zu träumen und sich vorzustellen: „Was wäre wenn ...".
- Sie laufen mit offenen Augen und Ohren durch die Welt.
- Sie sind immer auf der Suche nach Ideen und neuen Lösungen.
- Sie sind weitgehend unabhängig in ihrem Denken und lassen sich nicht gerne Vorschriften machen.
- Sie finden sich nicht gut in hierarchischen Strukturen zurecht.
- Für sie steht der Faktor „Gewinnmaximierung" nicht im Vordergrund.
- Sie sind nicht käuflich.
- Es ist ihnen nicht so wichtig, was andere über sie denken.
- Sie sind offen für ihre Emotionen und Gefühle und nutzen diese bewusst.

Nun, was halten Sie von dieser Liste? Finden Sie sich in ihr wieder? Ich bin davon überzeugt, denn wir Frauen sind ja schließlich außergewöhnlich ... und viel kreativer, als wir selbst glauben!

Der bereits erwähnte Psychologe Mihaly Csikszentmihalyi hat sich sehr intensiv mit dem Thema „Kreativität" beschäftigt und mit seinem Buch „Kreativität. Wie Sie das Unmögliche schaffen und Ihre Grenzen über-

winden" ein Standardwerk der Kreativitätstheorie geschaffen. Er machte eine interessante Beobachtung zur Frage Mann/Frau:
„In allen Kulturen werden Männer dazu erzogen, ihre ‚männlichen' Eigenschaften herauszubilden und andere Aspekte ihres Charakters zu ignorieren oder zu unterdrücken, die von der Gesellschaft als ‚weiblich' definiert werden. Von Frauen wird das Gegenteil erwartet. Kreative Individuen entfliehen in gewisser Weise dieser rigiden Rollenverteilung. Tests über die ‚Maskulinität/Feminität' bei Jugendlichen ergeben immer wieder, dass kreative und begabte Mädchen durchsetzungsfähiger sind als andere Mädchen und dass kreative Jungen sensibler und weniger aggressiv sind als ihre männlichen Altersgenossen." (S.107)
Wo Kreativität gefördert wird, da verschwimmen die Grenzen, da werden alte Regeln aufgehoben und kann Neues entstehen. Ein wichtiger Hinweis darauf, dass wir unsere Kreativität zulassen sollen, auch und gerade als Führungskräfte und als Mitarbeiterinnen. Dass wir uns dieses „Erfolgswerkzeugs" wirklich bewusst werden sollten und in unserer Umgebung dafür sorgen sollten, dass die Menschen schöpferisch tätig sein können. Denn eines ist sehr wichtig: die wirklich guten Ideen entstehen gemeinsam, im Austausch mit anderen, im Gespräch, in der Diskussion. Frauen sind für diesen kreativen Dialog wie geschaffen, denn sie entwickeln so ihre Gedanken und Ideen. So werden Synergien erst richtig erschlossen und genützt.

Kreativität & Klima

Kreativität kann sich am besten unter bestimmten „Klima-Bedingungen" entwickeln und gedeihen, nämlich dann, wenn das Individuum mehr zählt als starre organisatorische Vorgaben. Und lassen Sie sich dabei nicht von branchenspezifischen Berufsbezeichnungen wie „Creative Director" in die Irre führen! Ich habe schon „Kreativ-Agenturen" erlebt, in denen hierarchischere Strukturen herrschten als in einem Mädchenpensionat vor 100 Jahren. Nein, Kreativität hat nichts mit Branchen und Berufsbildern zu tun, sondern in erster Linie mit dem Klima, das in einem Unternehmen, einer Organisation herrscht. Und da Frauen schon immer die Klima-Macher waren und Menschen selbstverständlich ermutigen, macht es Sinn, dass Berufssparten, in denen viele Frauen tätig sind, meist viel kreativer sind als z. B. das Militär oder andere Berufsgruppen mit „Männerüberschuss".

Wenn sich jemand also im Unternehmen mehr Kreativität wünscht, dann ist es notwendig, Kreativität zu fördern und Ideen zu belohnen. Manchmal gibt es dafür das so genannte betriebliche Vorschlagswesen – welch trockene Umschreibung dafür, was eigentlich gemeint ist, nämlich die Ideenfindung, die kreative Lösung für ein Problem, das im Unternehmen, beim Kunden auftaucht! In den letzten Jahrzehnten gab es die unterschiedlichsten Techniken, um die Kreativität zu fördern und die Mitarbeiter zu motivieren, sich einzubringen: der KVP, der Kontinuierliche Verbesserungsprozess, nach dem Muster des in Japan entwickelten Kaizen, steht in der Rangliste der angewendeten Strategien ganz oben. Doch vielfach blieben die Maßnahmen im Stadium des Lippenbekenntnisses hängen, fehlten die „Animateure" und die „Motivatoren", um diese Prozesse wirklich voranzutreiben.

Frauen waren schon immer davon getrieben, alles (und jeden) zu verbessern – ja wir können gar nicht anders. Alle Frauen-Zeitschriften leben davon und wir scheinen nicht genug davon zu bekommen. Schließlich ist dies ein Motor der Fortschritt und Innovationen erst möglich macht.

Der legendäre Chef von Sony, Akito Morita, meinte einmal: „Kreativität ist die einzige Methode, um im großen weltweiten Wettbewerb zu überleben." – Sony hat mit dieser Maxime einen Trend nach dem anderen gesetzt und liefert immer wieder geniale Lösungen für die Bedürfnisse seiner Kunden. Und die Dinge sind nicht nur praktisch, sie sind auch noch exzellent designed.

Erinnern Sie sich an die Geschichten von Mattel und Hasbro? Welches Unternehmen war wohl kreativer in der Entwicklung neuer Produktideen und hat besser auf die Sehnsüchte der Menschen reagiert? Gegen das pelzige, sprechende Furby mit den großen Augen geriet die kühle, allzu perfekte Barbie recht rasch ins Hintertreffen ...

Kreativität ist unbestritten ein wesentlicher Erfolgsfaktor für die Zukunft, ohne den kein Unternehmen sich langfristig behaupten wird. Und wer, wenn nicht wir Frauen, könnte den zwischenmenschlichen Verbesserungsprozess einleiten und fördern?
Wissen und Kreativität gelten heute als die wichtigsten Voraussetzungen für das Überleben in der rauen See des globalen Marktes. Frauen bringen davon nicht nur jede Menge mit, sie fördern durch ihre Art, mit Menschen umzugehen, auch jede Menge verborgener Talente und Ideen bei ihren Mitarbeitern zutage, denn:

- Frauen fördern andere und sind offen für Veränderungen.
- Frauen lassen andere zu Wort kommen und ausreden.
- Frauen fragen nach und hinterfragen.
- Frauen diskutieren konstruktiv und nutzen Synergien bewusst.
- Frauen akzeptieren die Meinung anderer.
- Frauen erkennen versteckte Potenziale.
- Frauen arbeiten gern im Team.
- Frauen geben Feedback und ermutigen Initiative.
- Frauen motivieren selbstverständlich.
- Frauen kritisieren weniger und loben mehr.
- Frauen wissen, dass man aus Fehlern lernt.
- Frauen sind Neuem gegenüber aufgeschlossen.
- Frauen sind begeisterungsfähig.
- Frauen lassen sich nicht so leicht entmutigen.
- Frauen können aus wenig viel machen.

Ein kreatives Klima entsteht dort, wo Persönlichkeit und Individualität mehr zählt als Autorität. Wo Hierarchien weniger zählen als der Mensch, und wo gern und viel miteinander geredet und gelacht wird: in der Cafeteria genauso wie im Meeting. Humor ist ein wichtiges Anzeichen für das Vorhandensein von Kreativität, hier wird abseits der gewohnten Bahnen gedacht, hier versteht man es, Dinge miteinander zu verbinden, die ursprünglich nicht zusammengehören, Assoziationen herzustellen. Humor fördert die schöpferische Kraft ganz enorm. Und so manches Unternehmen hat das erkannt und engagiert Kabarettisten

und Schauspieler für die Unterhaltung auf Tagungen ebenso gerne wie Trainer und erfolgreiche Vorbilder.
Aber nicht nur Mitarbeiter lieben ein schöpferisches Klima, auch Kunden lieben Kreativität, lieben Ideen, lieben Problemlösungen. Ganz nach dem Motto: Die Heimwerkerin braucht keine Bohrmaschine, sie braucht ein Loch in der Wand; der Hausmann braucht keine Waschmaschine, er hätte nur gern saubere Wäsche.

Erschaffen wir uns neu!

Neue Anforderungen, neue Ausrichtung – nie waren die Zeiten günstiger für einen „Relaunch" der Persönlichkeit. Noch nie hatten wir so viele Optionen, uns aktiv und bewusst zu entwickeln. Und noch nie war der Bedarf an Menschen mit Ideen, die etwas können und Probleme lösen, so groß wie heute!
Entdecken Sie Ihr Potenzial! Die folgenden Fragen helfen Ihnen dabei:

- Ist ein Problem für Sie eine Herausforderung?
- Bringen Krisen und Probleme Sie so richtig auf Trab?
- Sind Sie spontan und flexibel?
- Ergreifen Sie gern die Initiative?
- Mögen Sie neue Situationen?
- Sind Sie sich Ihrer Kompetenzen bewusst?
- Sind Rückschläge für Sie kein Grund, aufzugeben?
- Lieben Sie die Abwechslung?
- Sind Sie manchmal unzufrieden und nutzen dies, um Veränderungen zu initiieren?

Ich bin überzeugt, Sie haben mehr als ein Kreuzchen gemacht! Warum ich mir da so sicher bin? Weil wir Frauen genau diese Dinge brauchen, um erst richtig aufzublühen. Weil wir nichts lieber tun, als das Unmögliche möglich zu machen, weil wir kreativ sind und weil wir unsere Schöpfungen lieben!

Übrigens: Es ist auch wichtig zu wissen, dass Männer und Frauen auf ganz verschiedene Arten zu ihren Ideen kommen. Während mann still vor sich hingrübelt und überlegt, wie er wohl ein ,Problem' lösen könnte, denken Frauen lieber laut, das heißt sie reden mit sich und anderen Menschen über das ,Problem' und sortieren dabei ihre Gedanken. Im Gespräch entwickeln sich dann unzählige Ideen, die leider allzu oft von jemand anderem aufgegriffen und präsentiert werden. Manchmal bemerken wir selbst diesen Ideenklau gar nicht – doch die Art und Weise, wie wir an Probleme herangehen erscheint Männern so, als hätten wir keine Ahnung, denn sie reden erst darüber, wenn sie eine Lösung gefunden haben (oder anderen die Schuld geben wollen).
Einseitigkeit schadet der Kreativität. Doch auch *wilde* Kreativität ist nicht die Lösung. Diese ist oft unbrauchbar, wenn nicht sogar schädlich. Es mangelt der Welt nicht an Ideen. Doch was wir brauchen sind *realisierte* Ideen – das ist etwas ganz anderes, und dazu bedarf es in der Tat wiederum der Spezialisierung und Konzentration.
Kreativität und Konzentration gehören zusammen, weibliche und männliche Fähigkeiten müssen sich verbünden, um gemeinsam ans Ziel zu kommen. „Die Vermutung einer Frau ist viel treffsicherer als die Gewissheit eines Mannes", so Rudyard Kipling, der damit den „soft skills" des weiblichen Parts seine Anerkennung ausspricht. Und dennoch: Vermutung = Intuition und Gewissheit = Wissen: Um zum Erfolg zu führen, müssen wir beides gleichermaßen wertschätzen. Wir tragen auch beides in uns: Intuition und Wissen. Im Abschnitt „ Frauen sind unglaublich schlau" haben wir dieses „Wissen" ja schon unter die Lupe genommen. Wir sind gescheit und gebildet und bei aller „intuitiven Intelligenz" auch analytische Denkerinnen.
Gerade die Lebensläufe hochkreativer Menschen – Wissenschaftler, Künstler und Weltverbesserer – sind ein Beweis dafür, dass Vielseitigkeit nicht den Durchbruch bringt. All diese Menschen haben sich strikt auf eine Sache konzentriert und versucht, hier neue Lösungen zu finden. Zu Recht wird Sie dies an das erinnern, was ich an anderer Stelle als „Flow", als Fließen, als Aufgehen in einer Tätigkeit zitiert habe. Und wir sehen hier ganz deutlich, dass Kreativität, Flow und Konzentration zu-

sammen dafür sorgen, dass wir erfolgreich und unglaublich innovativ sein können.
Im Fluss soll aber nicht nur unser Leben sein, der Job, das Familienleben, die äußeren Faktoren unserer Existenz. Auch wir selbst als Person, als Persönlichkeiten können uns immer wieder neu erschaffen, schöpferisch an unserer Weiterentwicklung arbeiten, uns kreativ und spielerisch neu erfinden, unsere einzigartigen Talente entdecken und ausbilden. Im Wechselspiel zwischen Innenleben und Einflüssen von außen können wir so unsere Stärken ausbauen, unsere Interessen neu orientieren, dem, was wir tun, eine neue Richtung geben. Dabei kann uns eines sehr helfen: das Leben als „Unternehmung" zu betrachten, Ziele zu definieren, mögliche Lösungen ins Visier zu nehmen – und mit Kreativität an die Sache heranzugehen. Wir alle sind Lebens-Managerinnen und müssen täglich aufs Neue unser eigenes Leben „managen". Und das bedeutet auch: auf Unvorhergesehenes zu reagieren, Pläne zu ändern, neue Wege einzuschlagen. Da hilft uns die Fähigkeit der Rund-um-Sicht ganz enorm, der Weitblick und das vernetzte Denken, das in einer wunderbaren Wechselwirkung mit unserer Kreativität und Innovationsfreudigkeit steht.

5. Frauen sind geborene Managerinnen – sie haben einfach alles im Griff

Wir alle sind Lebensmanager, müssen jeden Tag unser eigenes Leben managen und unzählige Probleme lösen. Managen zu können ist eine Fähigkeit, die all das voraussetzt, was wir in den letzten Kapiteln erarbeitet haben, denn es bedeutet alles zu sehen, abzuwägen, kreativ zu sein und Ideen zu haben und die Entscheidungen aktiv umzusetzen, und nicht zuletzt auch Menschen zu motivieren, uns dabei zu helfen. Es bedeutet organisieren zu können, mehrere Dinge parallel zu bewältigen – und das sind alles Dinge, die wir Frauen spielend meistern, bei denen wir sogar zur Höchstleistung auflaufen. (In Assessment-Centern zum Beispiel bestehen Frauen die sogenannte ‚Postkorb-Aufgabe' mit Bravour. Und Sie kennen sicher auch Frauen, die trotz enormer Arbeitslast sogar noch Zeit finden eine Geburtstagskarte zu schreiben und das Kind pünktlich von der Schule abzuholen!)

Ideen & Umsetzung

Ist Ihnen etwas aufgefallen? Ich spreche kaum von Problemen, sondern viel lieber von Herausforderungen. Für mich sind Probleme etwas, das zum Leben gehört wie Atmen, Essen, Schlafen. Probleme sind zum Lösen da, an ihnen kann ich wachsen, mich entwickeln, Dinge ausprobieren, etwas Neues lernen, und: neue Ideen haben. Diese Sichtweise ist typisch für uns Frauen! Und mit dieser Sichtweise lehnen Sie eines ganz entschieden ab: die Opferrolle. Wer Probleme als unverrückbare Tatsachen betrachtet, sich keine Gedanken über deren Lösung macht, „weil es ja sowieso nicht zu ändern ist", der wird im Leben nicht weit kommen. Die Opferrolle einzunehmen und Erfolg zu haben, diese beiden Dinge schließen sich gegenseitig aus. Ideen zu entwickeln, sich auf Neues einzulassen, Dinge auszuprobieren, etwas zu wagen, zu riskieren, das ist die bessere Strategie!

Doch auch kreative Prozesse und deren Umsetzung brauchen ein wenig Struktur, damit wir alles im Griff behalten, also ein Konzept, um zum Erfolg zu führen, und dazu gehört:

- das Problem wahrzunehmen
- das Problem zu benennen
- Alternativen und Visionen zu entwickeln
- Annahmen zu tätigen und diese zu überprüfen
- Lösungsalternativen zu entwickeln
- sich für eine Lösung zu entscheiden
- die Lösung umzusetzen
- den Erfolg zu überprüfen

Das klingt jetzt sehr trocken und fast zu systematisch, ist es aber nicht! Es ist die Zusammenfassung dessen, was einen Problemlösungsprozess ausmacht, ganz egal, ob Sie tagelang darüber nachdenken oder nur ein paar Sekunden brauchen, um die Lage zu checken und eine Strategie zu entwickeln.

Und wir Frauen haben einen ganz wichtigen Vorteil, wie Sie im letzten Kapitel gesehen haben. Wir gehen ganzheitlich an die Sache heran und können sämtliche Konsequenzen einer Entscheidung vorab wahrnehmen. Eine gute Problemlösung ist immer langfristig ausgerichtet. Und das ist zum Beispiel für das Überleben vieler Unternehmen im globalen Wettkampf immer wichtiger: Dass sie wegkommen vom Quartalsdenken, das gelenkt ist von den Interessen der „Shareholder", der Aktieneigner. Dass sie zu langfristigen Visionen und Planungen finden, die sich nicht an schnellen (Pseudo-)Erfolgen orientieren, sondern an langsamem Wachstum zum Wohl der Mitarbeiter, der Kunden und der Gesellschaft. Die Wirtschaft konzentriert sich bis heute noch zu sehr auf die schnelle Beute, die weiblich orientierte Wirtschaft denkt in größeren Zusammenhängen, ressourcenschonend, aber nicht minder orientiert an Wachstum. Aber eben an *gesundem* Wachstum.

Prozesse kompetent anpassen

Wachstum ist dann gesund, wenn es sich an den Bedürfnissen der Menschen orientiert. Und an deren Tempo. Wenn die Prozesse nicht nur auf dem Papier festgelegt und dann stur abgearbeitet werden, sondern wenn es möglich ist, einzugreifen, zu verändern, anzupassen, Neues zu berücksichtigen und auch intuitiven Entscheidungen ihren Platz zu geben. Die Fähigkeit, diese Anforderungen zu erkennen und Lösungen zu finden, die eine ganzheitliche Sichtweise darstellen und dann mit Erfolg umzusetzen, zu implementieren, das ist „Prozesskompetenz" – eine Fähigkeit, die wir Frauen, wie so vieles andere in uns tragen, ohne uns dessen wirklich bewusst zu sein.
Prozesskompetenz ist die Fähigkeit, Pläne und Abläufe an die Umstände und Situationen anzupassen und die Komplexität nicht zu verdrängen, sondern zu meistern. Das gelingt uns Frauen deshalb so gut, weil wir alles sehen, offen sind für Neues und keine Angst vor Veränderungen haben, weil wir kreativ sind und es lieben Ideen zu entwickeln.
Prozesskompetenz heißt auch, nicht stur an einmal gefassten Plänen festzuhalten, sondern diese anzupassen, wenn die Lage sich geändert hat. Mutig an die Dinge heranzugehen, ohne in Größenwahn zu verfallen. Und natürlich auch: der Intuition zu vertrauen, dem Bauchgefühl. Auf die innere Stimme zu hören, die Dinge auch noch mal zu überschlafen, wenn wir uns unserer Entscheidungen nicht ganz sicher sind.
Der Mann mit den Kindern ein paar Tage allein zu Haus? Für viele Frauen nach wie vor eine Horrorvorstellung, denn sie wissen, was passiert: Es gibt jeden Abend Pizza, die Kids werden nicht rechtzeitig von der Schule abgeholt, die Katze bekommt zu viel, zu wenig oder gar kein Futter und Geschirr, Wäsche und Rechnungen bleiben liegen.
Auch in Zeiten der unkomplizierten digitalen und mobilen Kommunikation darf die Chefsekretärin nicht unerwartet ausfallen, denn sonst wird es unweigerlich chaotisch: Der Chef verliert den Überblick über seine Termine, verlegt wichtige Unterlagen, vergisst seinen eigenen Hochzeitstag und kommt nicht an seine Mails, weil er das Passwort nicht mehr weiß. Auch das keineswegs überzeichnet, das sind Dinge, die ich

in meinen Gesprächen mit Frauen ständig zu hören bekomme. Männer können (sich) nicht organisieren, ohne die Hilfe von uns Frauen sind sie nur halb so produktiv, können Mögliches nicht von Unmöglichem unterscheiden und sind plötzlich völlig hilflos.

„Hinter jedem erfolgreichen Mann steht eine Frau" – dieses Sprichwort habe ich bereits erwähnt. „Hinter jedem Mann steht eine erfolgreiche Managerin" sollte es in leichter Abwandlung lauten! Frauen sind die geborenen Managerinnen, ihr Leben lang tun sie nichts anderes. Sie leiten und führen, organisieren und koordinieren, sie haben die Augen und Ohren überall, behalten den Überblick, entscheiden, improvisieren und sorgen dafür, dass es allen gut geht, dass sich alle wohlfühlen, dass alle vorankommen.

Doch viele Frauen wissen gar nicht, dass das, was sie da tagtäglich leisten, „Managen" ist. Das Führen des Haushalts, die Bewältigung eines Halbtags- oder Ganztagsjobs, Weiterbildung, soziale Kontakte: alles das unter einen Hut zu bringen, fällt Frauen nicht immer leicht, aber sie schaffen es, und sie tun es immer professioneller, indem sie sich die Unterstützung Dritter sichern. Die Organisation des Alltags wird mehr und mehr mithilfe von Netzwerken und dem „Zukauf" professioneller Dienstleistungen vorgenommen: Frauen engagieren Tagesmütter und Putzhilfen, holen sich Au-pairs ins Haus, die ihnen die täglichen Routine-Belastungen abnehmen, und bestellen die wöchentlichen Lebensmittellieferungen online, anstatt den halben Samstag im Supermarkt zu vergeuden.

Es ist sehr wichtig, dass wir Frauen unsere Management-Fähigkeit endlich als solche wahrnehmen und uns aus dem Hintergrund nach vorne bewegen, dort, wo wir die Verantwortung, die wir ohnehin tragen, auch offen zeigen. Sei es als Mitarbeiterin in einem Unternehmen oder als Frau, die sich selbstständig macht und ihre berufliche Existenz in einem Ein-Frau-Unternehmen findet – das vielleicht rasch wächst, weil wir mit unserem Angebot erfolgreich sind.

Die Zeit der Einzelkämpferinnen ist nämlich vorbei. Natürlich gibt es noch viele Ein-Mann/Frau-Betriebe, doch sobald sich die Erfolge einstellen, beginnt das Wachstum und dazu gehört die Aufnahme von Mitar-

beitern, das Eingehen von Partnerschaften und die Vernetzung. So werden wir, obwohl vielleicht niemals geplant, zur Managerin, zu einer Führungskraft, welche die Geschicke des Unternehmens lenken und leiten muss, so wie der Kapitän sein Schiff.
Motivation, Kreativität und Kompetenz sind die wichtigsten Produktionsfaktoren der Zukunft, und das „Managen" dieser Ressourcen durch den Einsatz von Prozesskompetenz gehört zu den größten Herausforderungen, denen sich alle Führungskräfte heute gegenübersehen.
„Die grundlegende Aufgabe von Führungskräften besteht darin, in den Menschen, die sie führen, positive Gefühle zu wecken. Das geschieht, wenn Führungskräfte Resonanz erzeugen – ein Reservoir an positiven Gefühlen, das das Beste in den Menschen hervorbringt. Die wichtigste Aufgabe einer Führungskraft liegt nach unserer Meinung demnach im Bereich der Emotionen." Mit diesen Worten leitet Daniel Goleman sein Buch „Emotionale Führung" ein, das sich in Fortführung des Themas „Emotionale Intelligenz" der Umsetzung derselben im Management, in der Führung von Teams, von Organisationen, von Unternehmen widmet.
Die Komplexität des Alltags, die Überflutung mit Informationen, die Anhäufung von unstrukturiertem, verteilten Wissen in den Unternehmen, eine durch technische Entwicklungen unglaublich forcierte Beschleunigung von Prozessen – für die männlich orientierte Wirtschaft eine kaum zu bewältigende Herausforderung.

Konzentration auf das Wesentliche in der täglichen Jagd nach der Beute? Allein die Entscheidung, was denn das Wesentliche nun sei, kann aufgrund der Fülle von Informationen nur schwer getroffen werden. Das Ergebnis: Fehlentscheidungen am laufenden Band, rein orientiert an den Kategorien der „Jäger in der Savanne". Da werden Milliarden in die unsichere Zukunft von Telekom-Technologien investiert (Stichwort UMTS-Lizenzen), um nur ja den „Feinden" das Wasser abzugraben. Firmen werden fusioniert, mit dem Ziel, die Marktmacht zu bündeln. Die wirtschaftliche und militärische Rüstung schreitet unaufhaltsam voran. Gerade in einer so komplexen, so vernetzten globalisierten Welt sind wir manchmal gezwungen, die Sicht der Dinge zu vereinfachen, um nicht in der Flut der Details zu ertrinken. Doch umso wichtiger ist es, das richtige Maß zu finden und langfristig zu entscheiden. Die Folgen zu vieler kurzsichtigen Fehlentscheidungen in der Wirtschaft führen nicht selten zu Massenentlassungen – gerade in der High-Tech-Branche und in der Finanzwelt. In guten Zeiten werden Menschen scharenweise eingestellt und in schlechten entlassen. Doch die Wirtschaft war schon immer von guten und schlechten Zeiten geprägt, und man sollte meinen, die Verantwortlichen wären auf die Wellenbewegung vorbereitet. Das Paradoxe daran ist aber nun, dass mit dem nächsten wirtschaftlichen Aufschwung dieselben Unternehmen wieder Hände ringend nach Mitarbeitern suchen und in den Medien laut klagen, dass diese nicht zu finden seien. Viele dieser Entscheidungen werden auf dem Reißbrett getroffen, nach den Gesichtspunkten wohlklingender Bilanzen, der scheinbaren Wirtschaftlichkeit, und der Begriff „Outplacement“ soll die harten Tatsachen ein wenig verschleiern, dass Menschen hier mehr als „freigesetzt“ werden. Durch Coachingmaßnahmen wird ein Teil dieser Mitarbeiter dann auf „das Leben draußen“ vorbereitet, wird dafür gesorgt, dass sie sich auf dem Arbeitsmarkt zurechtfinden, wird für sie sogar nach neuen Jobs gesucht. Ein Zeichen des schlechten Gewissens? Ein Zeichen für den beginnenden Paradigmenwechsel? Ein Zeichen emotionaler und sozialer Zuwendung?

Alle diese Entwicklungen sind Signale der grundlegenden Verunsicherung und Neuorientierung in der Wirtschaft. Und sie zeigen die komplexen und langfristigen Folgen von Entscheidungen. Vielleicht jedoch auch die Schwierigkeit, die Unmöglichkeit, Komplexität zu managen, sich einen Weg durch das Chaos zu bahnen und – die Krise als Chance zu sehen!
Es wird gekämpft, gesiegt, fusioniert, ausradiert, vernichtet, was das Zeug hält. Der Kampf wird nach außen genauso geführt wie nach innen: Der Konkurrenzkampf in den Unternehmen wird in Zeiten der wirtschaftlichen Rezession immer stärker, auch das ein Zeichen der

Unsicherheit. Was die Mitarbeiter an der Basis denken und fühlen, wird nicht bewusst wahrgenommen und nicht erfragt. In männlich dominierten Unternehmen wird weniger zwischen den Hierarchieebenen kommuniziert, Fehlentscheidungen und Fehlproduktionen sind die Folgen, die Kostenspirale dreht sich und als Erste trifft es die Basis und das mittlere Management. Und schon sinkt das Stimmungsbarometer in den Keller, der interne Konkurrenzkampf nimmt zu, die Motivation der Einzelnen wird immer schwächer. Innere Kündigung und mangelndes Engagement sind logische Konsequenzen. Und so ist es nur verständlich, dass die Kunden- und Service-Orientierung als Nächstes darunter leidet ...

Was sind nun die neuen Herausforderungen? Wir haben sie schon mehrmals genannt – und weil sie so wichtig sind, fassen wir sie hier nochmal zusammen:

- Die Bedeutung von Hierarchien nimmt ab, die Menschen orientieren sich lieber an natürlichen Persönlichkeiten als an künstlichen Autoritäten.
- Institutionen befinden sich in der Krise. In einer Dienstleistungsgesellschaft wie der unseren haben auch Behörden „Kunden" und nicht Bittsteller zu bedienen.
- Die global vernetzte Wirtschaft erfordert einen Austausch über kulturelle Grenzen hinweg und den konstruktiven, offenen Umgang mit anderen Kulturen.
- Der fixe Lebensarbeitsplatz wird zunehmend von zeitlich begrenzten Arbeitsverhältnissen abgelöst. Teams bilden sich projektbezogen und gehen wieder auseinander, überregional und vielfach virtuell. Selbstbestimmtes Arbeiten von zu Hause aus nimmt als Arbeitsform immer mehr zu.
- Immer mehr Menschen nutzen die Selbstständigkeit als persönlichen Erfolgsweg.
- Informelle Beziehungen und neue Formen der Kommunikation spielen eine wichtige Rolle, Stichwort „Networking".
- Kompetenz, Mobilität und Flexibilität sind entscheidende Wettbe-

werbsfaktoren auf dem Arbeitsmarkt, die ständige Veränderung gehört zum Lebensprogramm.

- Die rasanten technologischen Veränderungen und der Fortschritt auf allen Gebieten erfordern persönliches Engagement und lebenslanges Lernen.
- Menschen, die selbst komplexe Probleme lösen können, werden immer wichtiger.

In der Arbeitswelt wie auch in unserem Alltag treten diese Veränderungen und Entwicklungen nicht isoliert auf, sondern gemeinsam, mit einer mehr oder weniger starken Gewichtung auf einzelnen Faktoren. Zur Bewältigung dieses Wandels brauchen wir nicht nur Informationen in Form von „hard facts", sondern vor allem die so genannten „soft skills": emotionale und soziale Kompetenz, Verständnis anderer Kulturen, Bewältigung von Krisen, Durchblick im Chaos, Kreativität und: eine ganzheitlichen Sichtweise komplexer Zusammenhänge. – Da liegt die große Chance für uns Frauen. Nichts fehlt in den Top-Etagen derzeit so sehr wie Motivation, Gefühl, Visionen und eine ganzheitliche Sicht der Dinge mit dem Fokus auf den Bedürfnissen der Menschen – der Mitarbeiter, der Kunden, der Gesellschaft.
Und in der Krise? Da halten Frauen durch, zeigen Standvermögen, als die wahren Kapitäne des zeitweilig schwankenden Schiffs bleiben sie an Bord und lotsen es durch die Sturmflut. Dabei hilft ihnen natürlich ihr Weitblick, ihre Fähigkeit, nach vorne zu blicken und den Erfolg ihrer Strategie im Kopf durchzuspielen, ihre Pläne an die Situation anzupassen. Wobei das Schiff des weiblichen Kapitäns schon von Vornherein viel weniger gefährdet ist, in Turbulenzen zu geraten, weil Frauen einfach früher die Alarmzeichen erkennen und bewusst wahrnehmen, als Männer das tun. Fehler einzugestehen und die Verantwortung zu übernehmen, und nicht ohne Rücksicht auf Verluste auf dem eingeschlagenen Weg unterzugehen: eine sehr weibliche Eigenschaft, die viele Unternehmen aktiver einsetzen sollten, als sie es bislang tun!
Ein aktuelles Beispiel hierfür ist Anne Mulcahy, die den Kopier- und Druckergiganten Xerox vor dem Untergang bewahrt – und schnell heißt

es in der Presse „Rettung à la femme“ (Welt am Sonntag, 16. Juni 2002). Faszinierend ist jedoch, dass dies der Frau, die vor über 26 Jahren als Außendienstvertreterin bei Xerox begann, keiner zugetraut hätte und auch ihre Ernennung an die Firmenspitze sehr umstritten war. Anne Mulcahy ließ nichts unversucht und kümmerte sich um Xerox, und die New York Times fand dafür das passende Bild: „Wie eine Mutter, die am Bett ihres sterbenden Kindes sitzt“. Und jetzt, da es nach über zwei Jahren langsam aufwärts geht, hat sie der Wunsch und die Hoffnung Xerox zu retten, noch nicht verlassen.
Sie sagt selbst: „Xerox ist weiterhin ein Patient. Er liegt aber nicht mehr auf der Intensivstation.“

Frauen führen anders

Frauen geht es darum, Potenziale zu orten und zu entwickeln, die Kräfte in Teams zu bündeln, zum Wohl der Sache und der damit befassten Menschen. „Weibliche“ Prinzipien der Führung werden mehr und mehr als wertvoll wahrgenommen und viele Unternehmen erkennen bereits, dass sie sich etwas Gutes tun, wenn sie mehr Frauen in ihre Führungsriegen aufnehmen, die die Menschen und die Aufgabe in den Mittelpunkt stellen. Ja, dass das vielleicht die einzige Möglichkeit ist, zu überleben.
In zahlreichen Studien wird die Existenz und Bedeutung der weiblichen Führungsqualitäten untersucht. Eine der interessantesten Untersuchungen dazu wurde von der Münchner Unternehmensberatung „System und Kommunikation“ vorgelegt: „Frauen und Führung. Bleibt Dornröschen ungeküsst?“. Anhand von zwanzig Gesprächen mit Führungsfrauen und dem Vergleich mit zwanzig Biographien männlicher Führungskräfte wurden folgende Fragen analysiert:

- Ist es wahr, dass Frauen anders führen?
- Wenn ja, in welcher Hinsicht?
- Und wenn ja, woran liegt es, dass Frauen in Führungspositionen trotz des anhaltenden Diskurses über die Relevanz von „Human

Resources" und „Neuer Führungskultur" weiterhin so unterrepräsentiert sind?

Was fand das dreiköpfige Forscherteam heraus?

- **Frauen stellen die Aufgabe in den Mittelpunkt – Männer die Rolle, die Position:**
  Während für Männer die Übernahme einer Führungsrolle meist einen Bruch in der Berufsbiographie darstellt – der Wechsel ins Management bringt oft eine völlig neue Orientierung mit sich, quasi einen neuen Job mit neuen Inhalten und Aufgaben –, sehen Frauen Führung unter ganz anderen Aspekten: Für sie geht es darum, eine Aufgabe möglichst optimal zu erfüllen. Führung hängt immer stark mit den jeweiligen Aufgaben zusammen, ist somit eine Funktion der Aufgabe. Führung ist für Frauen keine „Rolle", die sie erfüllen können, ganz egal, welche Inhalte damit verbunden sind. Während Männer durchaus von einem Vorstandsposten zum nächsten „hoppen", von Branche zu Branche, bleiben Frauen bei ihren Aufgaben und Inhalten und bauen darauf auf. Im Team, mit ihren Mitarbeitern, ausgerichtet auf die Entwicklungsmöglichkeiten des Einzelnen und auf die Sache.

- **Frauen gestalten ihre Karriere nach Aufgaben – Männer orientieren sich an Aufstiegschancen:**
  Für Frauen zählt, ob eine Aufgabe interessant, spannend und sinnvoll ist, für Männer ist wichtig, an welcher Stelle der Hierarchie sie sich befinden. Sie fragt sich „was muss getan werden?", er fragt sich „was bringt mir das?". Ausharren in einem uninteressanten aber gutbezahlten Job ist Sache der Frauen nicht, Männer neigen viel mehr zum Aussitzen von Problemen, wenn damit ein Aufstieg auf der Karriereleiter verbunden ist. Frauen möchten eine inhaltlich sinnvolle Arbeit tun, qualitativ etwas erreichen; Männer orientieren sich an Quantitäten und sehen ihre Führungsrolle stark eingebunden in ein Belohnungssystem, wo nach vorne kommt, wer etwas gut

gemacht hat. Männer haben daher naturgemäß ein Problem mit flachen Hierarchien, es fehlen ihnen die Anhaltspunkte, wo sie denn nun stehen, wohin sie noch aufsteigen können. Frauen begrüßen flache Hierarchien, weil ihnen die Aufgabe wichtiger ist als die Position.

- **Frauen stehen mittendrin – Männer stehen oben:**
  In Unternehmen, die nach dem Prinzip der Pyramide organisiert sind, stehen Frauen selten ganz oben an der Spitze. Im Gegensatz zu den Männern, die alles darauf hinorientieren, so weit wie möglich aufzusteigen, organisieren Frauen sich eher in Teams, in der Mitte, kreisförmig unter Einbeziehung vieler, die miteinander arbeiten. Und nicht nur das, sie suchen gezielt das Gespräch auf allen Hierarchieebenen, während Männer gerne unter sich bleiben, also den Austausch auf der gleichen Ebene bevorzugen. Dieser weibliche Weg fördert die echte Kommunikation in Projektbesprechungen im Gegensatz zum Mechanismus von Anordnen und Berichten, wie es in der klassischen Struktur praktiziert wird.
  Auf der World Women Work Konferenz, die in diesem Jahr erstmalig in Berlin stattfand, berichtete Susanne Klöß, eine Partnerin der bekannten Unternehmensberatung Accenture, wie unterschiedlich Männer und Frauen in der gleichen Position ihre Beteiligung an Projekten beschrieben.
  Er sagt: „Ich habe die Verantwortung für dieses Projektes getragen und bin für den Erfolg maßgeblich verantwortlich."
  Sie sagt: „Ich war für dieses Projekt verantwortlich und habe unterstützend zum Erfolg beigetragen." Sie sah, dass der Erfolg vom Team abhing und nutzte diese Möglichkeit nicht um ihren Erfolg zu präsentieren, dabei wäre doch auch eine gesunde Mischung möglich und würde dafür sorgen, dass wir nicht länger übersehen werden.

- **Frauen planen nicht, sie gestalten Prozesse.**
  Wandel und Entwicklung wird von männlich geprägten Strukturen eher als Bedrohung und als Unsicherheitsfaktor empfunden. An

einmal gefassten Plänen wird festgehalten, auch wenn sich die Umfeldbedingungen geändert haben und eine Neuorientierung dringend nötig wäre. Frauen hingegen passen sich ständig an Kunden- und Marktbedürfnisse an. Sie denken und agieren prozessorientiert, evolutionär und sind extrem flexibel, sich an neue Anforderungen anzupassen – ohne jedoch die ursprünglichen Ziele und Prinzipien aus den Augen zu verlieren.

All diese Verhaltensweisen und Eigenschaften können Männer verunsichern, können ihnen sogar Angst machen. Daran besteht kein Zweifel. Sie können einfach vieles von dem, was wir tun oder wie wir an die Dinge herangehen, nicht verstehen, weil sie einen völlig anderen Blickwinkel haben. Das zu wissen, ist für uns Frauen enorm wichtig, denn nur dann können wir in den Unternehmen mit Vorgesetzten und Mitarbeitern, aber auch als Selbstständige mit unseren männlichen Kunden und nicht zuletzt zu Hause mit unserem Lebenspartner, mit unseren Söhnen und Vätern umgehen – können wir: managen.

Erkenne deine Führungskompetenz!

Vielleicht spüren Sie immer deutlicher, dass wir Frauen viel mehr können und wissen, als wir selbst glauben. Sie haben sich in Übungen ein Bild von Ihren Fähigkeiten und Eigenschaften machen können. Schauen wir uns nun an, wie Sie sich in Sachen Führungskompetenz von Unsicherheit und Zweifeln befreien, wie Sie sich dessen sicher werden, dass Sie eine exzellente Managerin sind.

Machen Sie sich folgende Dinge bewusst:

- Die Orientierung an Menschen, Inhalten und Aufgaben macht Sie glaubwürdig für Ihre Mitarbeiter und Ihre Kunden.
- Es ist nicht ungewöhnlich, dass Frau sich mehr über die Sinnhaftigkeit einer Position Gedanken macht, als dass sie sich für den schnellen Aufstieg in einer stark gegliederten Hierarchie interessiert.

- Sie können etwas, was Männer erst mühsam in Seminaren erlernen müssen: Sie können Teams bilden, kooperieren und motivieren. Diese Fähigkeiten tragen Sie auf natürliche Weise in sich und Sie praktizieren Sie täglich in der Familie, im Freundeskreis.
- Ihre Prozessorientierung ist keine Sprunghaftigkeit und Wankelmütigkeit, sondern eine unglaublich wichtige Fähigkeit, sich an Bedürfnisse rasch und unkompliziert anzupassen. Prozesse fördern Kreativität, starre Pläne töten Kreativität.
- Wenn Sie nichts davon halten, unter Ihren Mitarbeitern (oder Familienmitgliedern) eine ungesunde, durch Leistungsdruck hervorgerufene Konkurrenzsituationen hervorzurufen, dann liegen Sie richtig. Frauen motivieren durch Einbeziehung aller Meinungen, durch Zuwendung und Zuhören, durch Respektieren des Gegenübers und seiner Meinung mehr als durch Punktesysteme und Geldprämien. Der Team-Erfolg geht vor den Einzelerfolg, und das ist das Prinzip, nachdem Unternehmen in Zukunft überleben werden.
- Sie fühlen sich in Ihrem Unternehmen unwohl? Die Firmenkultur passt nicht mehr so recht mit Ihren Ansprüchen zusammen? Vertrauen Sie Ihren Gefühlen und schauen Sie hin, was da los ist. Sie liegen völlig richtig, wenn Sie nicht bereit sind, für fragwürdige (Karriere-) Zwecke Ihre Selbstachtung aufzugeben.

Für die Personalberaterin Heidi Schlembach sind Frauen besonders da sehr gut einzusetzen, wo es um das Organische, das Organisieren geht. Wo viele Details zu beachten sind und wo es nötig ist, den Überblick zu behalten. Umso besser, wenn dann auch noch unterschiedliche Kulturen miteinander kommunizieren sollen, wenn verschiedene Nationalitäten und Mentalitäten unter einen Hut zu bringen sind, wie es in unserer global ausgerichteten Wirtschaft heute ja sehr oft nötig ist. Arbeitnehmer erkennen die Qualitäten weiblicher Führungskräfte längst, wie zum Beispiel in einer Umfrage im Auftrag von Focus herausgefunden wurde. Zur Frage „In welchen Bereichen sind Frauen als Chefs den Männern überlegen?" machten die 1012 Befragten folgende Angaben, wobei Mehrfachnennungen möglich waren:

▸ Teamfähigkeit	60 Prozent
▸ Motivationsfähigkeit	59 Prozent
▸ Mitarbeiterführung	43 Prozent
▸ Belastbarkeit	42 Prozent
▸ Durchsetzungskraft	30 Prozent
▸ fachliche Kompetenz	30 Prozent

Die Managementfähigkeiten der Frauen werden also von Mitarbeitern stark wahrgenommen, wobei Durchsetzungskraft und fachliche Kompetenz im Verhältnis zu den anderen Faktoren stark abfallen. Könnte das daran liegen, dass wir Frauen unser Können und Wissens-Licht nach wie vor unter den Scheffel stellen und viel zu bescheiden auftreten? Heidi Schlembach bestätigte mir diese Vermutung: Frauen „verstecken" sich gern, wenn es um die Besetzung einer Position geht, weil sie sich für weniger kompetent halten, sie sind einfach oft nicht präsent genug.

Gemeinsam sind wir stark

Die unterschiedlichen Zugangsweisen von Männern und Frauen zu Inhalten und Aufgaben sind für sich genommen nicht als gut oder als schlecht zu werten. Beide Zugangsweisen haben ihre Vor- und Nachteile. Das weibliche und das männliche Prinzip sollten in Unternehmen, Organisationen wie in der Familie und der Partnerschaft ihren Platz haben und gegenseitig respektiert werden. Nur so ist ein konstruktiver Umgang miteinander überhaupt erst möglich. Für die Unternehmen liegt die große Chance also darin, gemischte Teams zu bilden; in reinen Männerteams Frauen einzubinden; sich gegenseitig zuzuhören und weibliche und männliche Fähigkeiten miteinander zu kombinieren. Die Abschottung in „Männerbünden" ist genauso falsch wie der Rückzug ins „Damenkränzchen", nur ein Miteinander bringt uns weiter. Gemeinsam statt einsam die Zukunft gewinnen! – Ist das nicht eine schöne, eine lohnenswerte Perspektive? Frauen können führen, sie wissen das.

Sie können führen, managen, sie haben den Überblick, sie haben alles im Griff weil sie

- die Dinge ganzheitlich betrachten und Entwicklungen in die Zukunft projizieren,
- mehrere Dinge gleichzeitig bewältigen können,
- von Krisen, Chaos und Veränderungen erst so richtig gefordert werden,
- gebildet und schlau sind,
- emotional und intelligent agieren.

Unternehmen brauchen Frauen im Top-Management, um sich den Herausforderungen der Gegenwart und der Zukunft zu stellen. „Frauen sorgen nicht nur für ein gutes Klima, sondern auch dafür, dass die Mitarbeiter motiviert sind und die Arbeit Spaß macht – welches Unternehmen das nicht bieten kann, wird irgendwann ohne begeisterte Mitarbeiter dastehen", so die Personalberaterin Heidi Schlembach. „Gute und motivierte Mitarbeiter sind das wichtigste Kapital des Unternehmens. Und das vernetzte Denken der Frauen wird heute in der Wirtschaft dringend gebraucht!" Die Top-Headhunterin aus Frankfurt, die Weltkonzerne mit Spitzenleuten für Positionen im gehobenen Management versorgt, aus ihrer Praxis: „Top-Manager treffen inzwischen ihre Entscheidungen in Absprache mit ihrer Frau. Männer fragen die Frauen und wissen, wie wichtig die Meinung ihrer Frauen ist. Und auch Karriere-Pläne werden heute anders abgestimmt. So hatte ich einen Kandidaten für eine Position in Fernost, dem diese Stelle den idealen Karriereschritt ermöglicht hätte – doch seine Frau, die selbst berufstätig ist, wollte diesen Schritt nicht mittragen. Aus Rücksicht auf sie und die Kinder hat er sich gegen das Engagement entschieden: Die Familie war ihm wichtiger."
Die Balance zwischen dem Beruf und der Familie zu finden, auch das ist eine wesentliche Aufgabe des Familien-Managements. Und wie uns dieses Beispiel zeigt, verschieben sich die Prioriäten bei Männern, die sich die Bedeutung eines ausgeglichenen Lebens-Haushaltes bewusst machen, bereits, auch wenn Fälle wie der geschilderte heute sicher noch eine Ausnahme darstellen.

Doch wir Frauen verlieren trotz der Fülle der Aufgaben, die wir täglich bewältigen, nicht den Blick für die wichtigen Dinge des Lebens. Und gerade weil wir heute Kind & Karriere wollen, sind unsere Management-Fähigkeiten so unverzichtbar. Wir haben alles im Griff, nicht immer – aber immer öfter. Dabei helfen uns unsere weiblichen Erfolgseigenschaften, unsere Bereitschaft, zu handeln anstatt nur vom Handeln zu sprechen. Wir übernehmen gerne Verantwortung, es macht uns Spaß, Dinge zu gestalten und Neues auszuprobieren. Nicht nach dem Last-Minute-Prinzip, sondern mit weiblicher Voraussicht und dem Blick für die wahren Qualitäten, die unser Leben zu bieten hat.

6. Frauen sind unverzichtbar

Im Kapitel „Eine Welt ohne Frauen" haben wir uns schon ausgemalt, wie trostlos, wie farblos und lieblos eine solche Welt wäre. Doch seien wir froh, denn zum Glück und in der Wirklichkeit leben wir in einer Welt der Gegensätze: Tag und Nacht, Ebbe und Flut, Mann und Frau. Das eine gehört zum anderen und das eine könnte ohne das andere nicht existieren. Und gerade wir Frauen mit all unseren Fähigkeiten und besonderen Eigenschaften sind für die Welt unverzichtbar. Unser großes schöpferisches Potenzial ist es, das die Menschen voranbringt, wir sind es, die Kindern das Leben schenken und sie auf das Leben vorbereiten, wir sind es, die Geborgenheit und Sicherheit geben. Wir verkörpern die schöpferische Kraft, die auch in der Mythologie ihren Niederschlag gefunden hat, die weibliche Macht, die Frauen einerseits enormen Respekt verschaffte, die den Männern aber auch schon immer Angst machte. Das Ur-Weibliche, Lockende, Verführende, ebenso wie das Weise und Weitsichtige wurde über die Jahrtausende nicht selten verteufelt und Frauen wurden im Laufe der Geschichte nur allzu häufig zurückgedrängt an den häuslichen Herd, ins Heim. Damit einher ging eine Verkennung des großen Nutzens der weiblichen Schaffens- und Arbeitskraft, des weiblichen Denkens, der weiblichen Stimme. Doch wir Frauen haben uns unseren Platz erobert und wir sind dabei, uns mehr und mehr zu behaupten. Wir spielen auf dieser Welt eine wichtige Rolle.

Weil Gott nicht überall sein konnte, schuf er die Mütter.

Dieses Zitat begleitet mich, seit ich es vor vielen Jahren hörte. Drückt es nicht ganz wunderbar aus, welch „göttliche" Macht wir Frauen in uns tragen?
Wir prägen die nächste Generation, wir vermitteln Werte und sorgen dafür, dass unsere Kinder, unsere Männer, ihren Weg finden. Darauf können wir zu Recht stolz sein, denn diese Aufgabe ist mit großem

Können, mit viel Geschick und Verantwortung, mit sehr viel emotionalem und materiellem Aufwand verbunden. Machen wir uns bewusst, dass wir wirklich unverzichtbar sind, und warten wir nicht darauf, dass uns jemand dafür lobt. Tun wir es selbst, wir sind nämlich großartig!
Nicht nur zu Hause werden wir gebraucht, sondern in allen Bereichen des menschlichen Lebens und Schaffens leisten wir Unglaubliches, von Kunst und Kultur über die Wissenschaft bis hin zur Technik, als Ärztinnen, Anwältinnen, Finanzfachfrauen, Architektinnen ... Lange Zeit war die Geschäftswelt, das Leben außerhalb der Familie geprägt von Männern. Doch immer mehr Frauen sind auch in den so genannten „männlichen" Berufsfeldern tätig. Wir sind talentierte Unternehmerinnen und in der Berufswelt nicht nur wegen unserer fachlichen, sondern mehr und mehr auch wegen unser Weiblichkeit, unserer weiblichen Erfolgseigenschaften gefragt. Unsere Persönlichkeit ist unverzichtbar.
Was sagen die Männer zu dieser Entwicklung? Arbeiten sie gern mit Frauen zusammen? Schätzen sie die weiblichen Eigenschaften? Nehmen sie sie wahr und wissen sie um die Kraft, die Kreativität und die emotionale und soziale Energie, die in den weiblichen Fähigkeiten steckt?
Ich stellte vielen Männern diese Frage und der Tenor aller Antworten: Keiner möchte auf Frauen am Arbeitsplatz verzichten. Nicht immer werden die Frauen verstanden, aber keiner möchte uns missen. Viele der weiblichen Eigenschaften werden von den Männern als unverzichtbar betrachtet. Die einhellige Meinung: Frauen sind aus der Berufswelt nicht mehr wegzudenken und die weiblichen Erfolgseigenschaften werden daher in Zukunft bewusster für die Führung von Unternehmen eingesetzt werden.

Zwölf (gute) Gründe, warum Männer so gerne mit Frauen zusammenarbeiten

Die meisten der von mir interviewten Männer reagierten überrascht, als ich sie fragte, ob es nicht besser wäre, den Frauen doch das Arbeiten zu

verbieten. Sie hielten das für gar keine gute Idee und fänden es mehr als bedauerlich, wenn Frauen „heim an den Herd" geschickt würden. Meine zweite Frage: Warum arbeiten sie denn so gerne mit Frauen zusammen?
Überrascht, kam bei einigen ganz spontan die Antwort: „Sie kochen einfach den besseren Kaffee!" – jedoch wurde sie mit einem zwinkernden Auge vorgebracht. Interessant ist es dennoch, denn es ist doch Ausdruck dessen, was mit dem Kaffeekochen und dem Kaffeetrinken unbewusst emotional verbunden ist: umsorgt zu werden, sich „an der Herdstelle" zu treffen, dort, wo es menschelt, sich eine Auszeit zu nehmen, eine Pause zu gönnen, miteinander auf einer persönlicheren Ebene zu kommunizieren. Diese Antwort ist also nicht so banal, wie sie auf den ersten Blick scheinen mag. Es lohnt sich, einen Blick auf diese Rituale rund um das Kaffeetrinken zu werfen, wer welche Tassen benützt, wer die Kaffeekasse verwaltet, wer dafür sorgt, dass Kaffee und Sahne und Zucker nicht ausgehen ... aber ich schweife vom Thema ab!
Die Männer wussten natürlich auch von den „wirklichen" Qualitäten zu berichten und die wichtigsten zwölf Gründe, warum Männer gern mit Frauen zusammenarbeiten, stelle ich Ihnen nun vor:

1. Frauen können einfach Dinge, die ich nicht kann.

Die meisten Männer sagten prompt, Frauen könnten Dinge, die sie selbst einfach nicht so gut könnten, und empfanden dies als angenehmen und sehr nützlichen Ausgleich und Ergänzung. Einige sagten, Frauen kompensierten ihre Schwächen und gingen ganz anders an Probleme heran.
Es wurden Fähigkeiten aufgezählt wie „gut zuhören", „mehrere Dinge gleichzeitig erledigen", „vorausdenken", „andere einbeziehen", „auf andere Rücksicht nehmen", aber auch das tiefe fachliche Wissen, das Know-how und die Fähigkeit, rasch Neues zu lernen, wurden erwähnt. Und oft hatte ich den Eindruck, mein Gegenüber, dieser Vertreter der Spezies „moderner Mann", sei gehörig verunsichert durch die Vielzahl von Qualitäten, die er sich da im Gespräch mit mir sich selbst erst so recht bewusst machte.

Das, was für die Frauen am Arbeitsplatz galt, rechneten sie auch ihren Partnerinnen hoch an. Gerade sehr erfolgreiche Männer betonten, dass sie ohne die Stärke ihrer Partnerin niemals so weit gekommen wären. Die Art und Weise, wie Frauen im Hintergrund agieren, managen, den Haushalt in Schuss halten, die Kinder erziehen, dem Mann den Rücken frei halten, wird von vielen Männern wahrgenommen und bewundert.

2. Frauen sind einfach unglaublich gut im Umgang mit Menschen.
Es hat mich einigermaßen überrascht, dass viele Männer fast neidisch betonten, wie viel besser wir Frauen im Umgang mit anderen Menschen seien. Angefangen mit der Leichtigkeit, mit der wir auf andere zugehen, bis hin zu geschicktem Small talk. Egal, ob mit dem Briefträger oder dem Vorstandsvorsitzenden, wir scheinen mit den unterschiedlichsten Menschen gut auszukommen. Aber auch unsere große Menschenkenntnis und unser Fingerspitzengefühl für kritische Situationen bringen uns die Achtung der Männer ein.
Einige Männer sprachen darüber, dass sie sich in Teams, in denen auch Frauen mitarbeiten, wohler fühlten als in reinen Männerteams. Es treten weniger Spannungen auf, die Frauen wirken ausgleichend und fordern dazu heraus, Entscheidungen im Team genauer zu überdenken und mögliche Konsequenzen zu berücksichtigen. Und es geht in gemischten Teams offenbar herzlicher und humorvoller zu, das die einhellige Meinung.
Und Frauen können eindeutig auch negative Botschaften besser vermitteln. Einer meiner Gesprächspartner stand vor dem Problem, einen Kundenauftrag ablehnen zu müssen, in seiner rationalen Denkweise dafür allerdings keine Worte zu finden: „Sie (seine Mitarbeiterin) vermittelte dem Kunden die Absage so einfühlsam, dass er Verständnis für unsere Lage zeigte und wir ihn für die Zukunft als Kunden behalten konnten."

Ohne die Frauen würde der Mann roh, grob, einsam sein und die Anmut nicht kennen.
Chateaubriand

3. Frauen sind einfach fleißiger und wahre Multitalente.

Ein Manager sagte ganz direkt, dass all die Frauen, mit denen er je gearbeitet hätte, unglaublich fleißig waren – nicht nur das: Sie schienen wahre Multitalente zu sein und alles zu können.

Viele Männer verliehen ihrer Bewunderung Ausdruck, wie wir es schaffen, Kind und Karriere unter einen Hut zu bringen. Sie selbst fühlten sich bereits mit dem Job allein voll ausgelastet und ließen sich viele Dinge des Alltags gerne abnehmen.

Die Männer sehen auch, dass die Rollenvielfalt zu leben Frauen viel leichter fällt, denn sie haben mehr Werte, mehr Lebensbereiche, die ihnen – neben der Arbeit – wichtig sind. Die Fähigkeit der Frauen, nicht nur sehr hart zu arbeiten, sondern dabei auch noch an mehreren Projekten gleichzeitig mitzuwirken und nebenbei vielleicht noch in Elternbeirat und Tennisverein aktiv zu sein, verschafft uns enormen Respekt. Zudem beeindruckt unsere scheinbar grenzenlose Energie.

Doch hörte ich auch von einigen Männern, sie hätten den Eindruck, dass viele Frauen gar nicht wüssten, wie klug und fähig sie seien und dass Frauen sich oft viel zu schlecht präsentieren.

Wenn die Frauen endlich begreifen würden, wie gut, wie klug sie sind, dann würde sich die Welt schlagartig verändern!

4. Frauen sehen die Welt einfach ganz anders.

Alle von mir befragten Männer waren sich einig, dass sie uns Frauen wohl niemals ganz verstehen würden. Dennoch schätzten sie die Sicht der Frauen sehr, wenn es darum ginge, wichtige Entscheidungen zu treffen.

„Frauen sehen die Dinge einfach viel klarer, sie sehen Dinge, die ich nicht sehe, sie erforschen Probleme, während wir nur nach einer schnellen Lösung suchen. Während sie auch nach dem ‚Warum' fragt, bin ich schon beim ‚Wie'. Ich bin dann einfach zu schnell, deshalb ist es so wichtig, dass sie mich wieder auf den Teppich holt", so ein Statement.

Ein anderer betonte, dass Frauen Grautöne sähen, wo er nur Schwarz und Weiß wahrnehmen könne. Die Fähigkeit, selbst feinste Nuancen zu unterscheiden und eine Sache von allen Seiten zu sehen, scheint den meisten Männern als eine sehr wichtige Eigenschaft, die Männern einfach abgeht. „Auch wenn es mich zunächst oft fürchterlich ärgert, wenn das berühmte ‚ja, aber' von meiner Kollegin kommt, so lohnt es sich doch meistens, ihr gut zuzuhören und ihren Einwand zu berücksichtigen."

Auch unser gutes Gedächtnis für Fakten wurde gelobt. Ein Mann sagte ganz klar: „Wenn mir meine Mitarbeiterin aus dem Kopf heraus sagt, wie viel Bestand wir noch haben und was wir für die nächsten Monate noch brauchen werden, dann kann ich mich blind darauf verlassen, denn sie hat ein großartiges Gedächtnis und sagt auch ganz klar, wenn sie etwas nicht weiß oder erst nachschauen muss."

Ein Mann bemerkte sichtlich erleichtert, wie froh er sei, dass sie endlich mehr Frauen im Team hätten: „Vorher haben wir viele Hindernisse einfach übersehen oder nicht sehen wollen und sind dadurch nicht nur einmal in die falsche Richtung gelaufen!". Und Sie wissen ja: Männer haben noch nie gerne nach dem Weg gefragt!

> **Frauen sind unüberwindlich, wenn sie verständig sind, dass man nicht widerstehen kann; liebevoll, dass man sich gern hingibt; gefühlvoll, dass man ihnen nicht weh tun mag, und ahnungsvoll, dass man erschrickt.**
>
> **Johann Wolfgang von Goethe**

5. Frauen wissen einfach, wie man Stimmung macht

Einig waren sich alle, dass Frauen die Stimmung verbessern und die Atmosphäre freundlicher, offener und fröhlicher geworden ist, je mehr Frauen im Umfeld waren. Einige Männer sagten ganz deutlich, das Frauen ganz schnell ein vertrauensvolles Verhältnis zu Kunden, Kollegen und Mitarbeiter aufbauten und so nicht nur dem Unternehmen mehr Aufträge sicherten, sondern auch langfristige Aufträge, denn Frauen wüssten intuitiv, wie man Freunde gewinnt.

Gerade Männer, die für eine Frau arbeiten, schätzen es offenbar, dass diese weniger Wert auf hierarchische Strukturen legen und den Kontakt zu allen Mitarbeitern pflegen. Und nicht nur das: Es wurde beschrieben, dass Frauen zu allen gleich nett oder gleich „unnett" seien, dies jedoch ein großer Vorteil sei, denn „mann" wüsste wenigstens, woran man sei.

Ein Arbeitsumfeld ohne Frauen wurde auch deshalb so vehement abgelehnt, weil hier angefangen von der Büroeinrichtung bis zu Meetings und Betriebsfeiern alles viel steriler, viel unpersönlicher sei – von kreativitätsförderndem Betriebsklima keine Spur. „Nur eine Frau versteht es, mit einfachsten Mittel so eine schöne Stimmung herzustellen." – Frauen sorgen dafür, dass alle sich wohl fühlen, mit Geschmack und Human Touch.

„Sehen Sie, die typischen Witze und Gespräche, wenn Männer unter sich sind, die sind nach einer Weile einfach langweilig. Wenn Frauen mit im Team sind, dann geht es auch noch um andere Themen als Fußball, Autos und Politik."

„Frauen sehen den Mensch als Ganzes und weil sie sich wirklich für den Einzelnen interessieren, entsteht eine ganz andere Atmosphäre."

„In einem Betrieb, wo es so gut wie keine Frauen gibt, da ist meistens auch eine ganz miese Stimmung. Weil ich das weiß, würde ich niemals dort arbeiten wollen."

6. Frauen denken und handeln einfach partnerschaftlicher

Mit Frauen zu arbeiten, das war für viele Männer zunächst sehr ungewohnt. Doch schnell stellten sie fest, dass sie viel fairer, ehrlicher, viel partnerschaftlicher als Kollegen, als Kunden und Mitarbeiter waren: „Sie stellen die Aufgabe und das Team in den Mittelpunkt“ und „Bei ihnen weiß ich, dass ich wirklich alle nötigen Informationen bekomme und sie mir nicht hinter meinem Rucken am Stuhl sägt“. Viele Männer äußerten sich nicht sehr positiv über das eigene Geschlecht und gingen immer davon aus, dass der andere seinen eigenen Plan habe und primär damit beschäftigt sei, sich selbst heldenhaft darzustellen. Die Amerikaner nennen dies „eine ‚hidden agenda' haben“, was soviel bedeutet wie nach außen hin ein Team, ein Ziel scheinbar mit zu verfolgen, während man im Untergrund so seine eigenen Pläne wie ein „eingeschleuster Maulwurf“ verfolgt. Da bleibt nichts dem Zufall überlassen und selbst jedes kleine Schwätzchen auf dem Flur dient dem eigenen Ziel. So betonten sie auch immer wieder, dass Männer gerne Fehler verschleiern und sie nur allzu oft über ihr eigenes Ego, ihre Eitelkeit stolpern würden. Die Selbstüberschätzung und das primäre Interesse am eigenen Weiterkommen mache so aus jedem männlichen Kollegen einen Konkurrenten, dem es zu beweisen gilt, dass man besser ist. In ihrer Arbeit mit Frauen erlebten sie dies nicht, sie waren sogar darüber überrascht, wie wenig politisch Frauen ihr Handeln ausrichteten. „Ich habe noch nie gesehen, dass eine Frau über Leichen geht“, so ein Personalberater, „denn bei Frauen ist nicht die Eitelkeit die treibende Kraft.“

Frauen gelten unter den Männern als gute und zuverlässige Teampartner, wenn auch nicht immer als ganz unkompliziert. Doch auch den weiblichen Vorgesetzten wurde Fairness und Loyalität zugeschrieben. „Während wir immer den Platzhirsch machen und uns genau überlegen, mit wem wir Essen gehen und wer uns Nutzen bringen kann, scheinen sich Frauen für solche Methoden der Machtgewinnung gar nicht zu interessieren. Ich kann das zwar nicht verstehen, doch wurde mir das auch von den Frauen selbst bestätigt.“ Und: „Frauen entschärfen die Situation, wo Frauen mitarbeiten, da herrscht einfach weniger Druck.“

„Früher, als ich nur mit männliche Mitarbeiter hatte, musste ich oft merken, dass jeder seine Idee durchsetzen wollte. Heute – mit unzähligen Frauen im Team – weiß ich, dass eine gute Idee schneller umgesetzt wird, weil die Männer ihre egoistische Ader beiseite legen, wenn eine Idee brillant ist. Für Frauen ist es nicht so wichtig, Recht zu haben, sondern für sie zählt mehr, das Problem zur Zufriedenheit aller zu lösen."

> **Männer, die sich vom Umgang mit Frauen fernhalten, hören auf liebenswürdig zu sein.**
> **Joseph von Ligne**

7. Frauen sind einfach besser als Coach

Überrascht war ich darüber, wie beliebt weibliche Vorgesetzte bei den befragten Männern waren. Bis auf wenige waren sie von ihrer „Chefin" begeistert:

„Es ist kaum zu glauben, doch von meiner Vorgesetzen habe ich in den letzen sechs Monaten mehr Lob bekommen als von meinem ehemaligen Chef in zehn Jahren."

„Sie hat mich befördert und alleine, dass sie gesagt hat, ich wäre genau der Richtige für diese Position, hat mich unglaublich motiviert."

„Wenn wirklich mal etwas schief läuft, dann sucht sie nicht nach einem Schuldigen, sondern gibt mir sehr klares Feedback und hilft mir das Problem zu lösen."

„Sie ist schon kritisch, doch gleichzeitig so, dass es mich nicht entmutigt, sondern mir Wege aufzeigt, besser zu werden."

„Manchmal habe ich das Gefühl, dass wir ihre Kinder sind und sie sich wünscht, dass wir alle noch besser werden. Und wenn dann eines ihrer Kinder befördert wird, dann freut sie sich mit uns und ist die Erste, die den Sekt aus dem Kühlschrank holt."

„Ich glaube, sie will nicht als große Heldin dastehen, sondern sie sieht den Menschen und versucht, dass wir alle zusammen erfolgreich sind."

„Wenn mal etwas schief geht, dann ist sie so ehrlich, zu sagen, dass es ihr auch mal so gegangen ist, und sie hilft dir, weiterzumachen. Sie hat einfach den Mut, auch über eigene Misserfolge zu sprechen, und versteht dich."

„Als ich versuchte, meinen Mitarbeitern etwas beizubringen, merkte ich, wie ungeduldig und ungehalten ich wurde, wenn einer nicht sofort begriff, was er tun sollte. Meine Assistentin nahm sich dann gerne dieser Aufgabe an und ich war erstaunt, mit wie viel Geduld sie das nötige Wissen vermittelte und in kürzester Zeit beste Ergebnisse erzielte. Ich habe mir oft die Frage gestellt, ob sie nicht die bessere Führungskraft sei. Im Stillen habe ich von ihr gelernt – und meine Mitarbeiter haben es mir gedankt."

„Sie will, dass die ganze Abteilung gut dasteht und nicht nur sie selbst, das imponiert mir persönlich am meisten."

Überraschen Sie all diese positiven Aussagen? Vielleicht spüren Sie erst jetzt, dass mann uns oft viel positiver sieht als wir uns selbst sehen.

Kein Mann hat irgendeinen wirklichen Erfolg auf dieser Welt, wenn er nicht Frauen hat, die ihn fördern, und Frauen beherrschen die Gesellschaft. Haben Sie keine Frau auf Ihrer Seite, ist es mit Ihnen aus und vorbei.

Oscar Wilde

8. Frauen bieten einfach mehr Sicherheit

„Wenn ich wirklich einmal Probleme habe, dann spreche ich lieber mit einer Frau, denn da habe ich nicht die Angst, mein Gesicht zu verlieren."

„Hier kann ich mich offen zeigen, ohne dass hinterher die Männerunde über mich lacht."

„Hier fühle ich mich sicherer, denn sie versucht nicht, an meinem Stuhl zu sägen."

Diese Aussagen zeigen sehr gut, wie wichtig die Rolle der Frauen in den Unternehmen ist. Es gibt weniger Stress, dafür mehr Vertrauen. Es geht um die gemeinsame Sache. Und wenn die Menschen ein Problem haben, dann stehen Frauen *dem ganzen Menschen* als Zuhörerin und Ratgeberin zur Seite:
„Wenn ich wirklich einmal Kummer habe, auch mit meiner Frau, dann weiß ich, dass meine Arbeitskollegin immer ein offenes Ohr hat. Mit ihr kann ich auch über Dinge reden, wie Probleme mit den Kindern, über die ich mit den Jungs, den Kollegen niemals reden könnte. Vor denen würde ich ja mein Gesicht verlieren, während sie mich versteht und ich mich auf ihre Verschwiegenheit verlassen kann."
„Als Junge hat man das Gefühl, dass man seiner Mutter eher etwas anvertrauen kann als dem Vater. Das geht mir auch im Beruf so, mit meinen Kolleginnen kann ich auch meine Probleme ansprechen, ohne an Ansehen zu verlieren oder mich lächerlich zu machen. Sie machen es mir leicht, mich zu öffnen, und diese Gespräche haben mir in der Vergangenheit sehr geholfen, meine Probleme zu analysieren, Situationen aus anderer Sicht zu sehen und Lösungen zu finden."
Viele sagten, dass sie sich bei Geschäften mit einem Mann niemals sicher seien, ob dieser sie nicht betrügen würde: „Wenn ich es mit einer Frau zu tun habe, dann bin ich mir sicherer, dass ich nicht über den Tisch gezogen werde."
„Ich lasse mich auch in finanziellen Angelegenheiten lieber von einer Frau beraten, denn da weiß ich, dass ich mich auf ihre Empfehlungen verlassen kann."

Jeder Mann von wohltemperierter Feinfühligkeit hat schon einmal angesichts einer Frau den Eindruck gehabt, etwas Fremdem und unbedingt Überlegenem gegenüberzustehen.

José Ortega y Gasset

9. Frauen sind einfach netter anzuschauen

„In einem Unternehmen mit nur Männern denkt jeder an sich, hier gibt es unglaublich viel Frust und viele neigen dazu, sich gehen lassen. Es ist unglaublich, welche Wirkung schon eine einzige Frau hat. Plötzlich geht die Sonne auf."

Wo Frauen sind, da ist es schön.

Und seien Sie mal ehrlich: Gefallen Ihnen die Einheitsanzüge Marke „Uniform"? Wie sehr lieben wir doch die Abwechslung ...

Wenn Sie schon mal an einem Montagmorgen in einem Flugzeug von Frankfurt nach, sagen wir, Wien, saßen, werden Sie wissen, was ich meine: der gleiche Anzug, der gleiche Rollenkoffer, das gleiche Handy, der gleiche Blick.

Frauen sind einfach netter anzuschauen.

Nie würden sie sich freiwillig in Einheitsblaugrau kleiden und auf ihre (unzähligen) modischen Accessoires verzichten. Wozu nur fünf Paar Schuhe besitzen, wenn wir doch diesen neuen Schuhschrank haben, in den 40 Paare passen.

Und im Büro?

Da legen Frauen Wert auf Pflanzen, auf Bilder an der Wand, auf eine persönliche Note auf ihrem Schreibtisch. Sympathisch und persönlich soll alles sein und wir Frauen schöpfen da wirklich aus dem Vollen.

Und die Männer empfinden das als durchaus angenehm:

„Ohne Frauen ist der Arbeitsplatz wie eine Wüste, ohne Blume, ohne schöne Dinge. Auf der Arbeitsstelle ist es mit Frauen wie in einem schönen botanischen Garten, wo es viele interessante und farbenfrohe Farben gibt, die mich inspirieren, denn sie beflügeln die Fantasie."

„Wissen Sie, ich schaue eine Frau einfach lieber an als einen Mann. Warum das so ist, kann ich Ihnen auch nicht sagen."

„Wenn ich morgens ins Büro komme und die Kolleginnen nett lächeln, dann fühle ich mich gleich wohl."

„Wenn es um Verhandlungen geht, dann komme ich mit Frauen viel besser klar, denn hier entsteht so etwas ähnliches wie ein Flirt, ein Spiel, das beide mit einem Lächeln gewinnen, und kein Machtkampf."

„Meine Zahnärztin sieht nicht nur toll aus, sie ist auch viel besser als jeder Zahnarzt, bei dem ich jemals zuvor in Behandlung war. Was könnte ich mir Schöneres wünschen." – Wenn man sich nun überlegt, dass Männer nur sehr ungern zum Zahnarzt gehen, doch eine sehr interessante Sicht, nicht wahr?

> **Leichter ist's oft, zehn Männer besiegen,**
> **Als einem Weib – nicht unterliegen.**
> **Peter Sirius**

10. Frauen haben eine positive Wirkung auf Männer

Mit ihrer Erscheinung, mit dem, was sie tun, und damit, wie sie es tun, haben Frauen eine sehr positive Wirkung auf die Männer – und die Männer wissen, wie man Frauen dafür Anerkennung zollt: Indem „mann" noch besser wird.

„Wir wollen gefallen, uns und den Frauen, mit denen wir zu tun haben. Und da wir es genießen, bewundert zu werden, geben wir uns noch mehr Mühe, wenn Frauen ‚im Publikum' sitzen."

„Wenn Sie einer Frau eine gute Lösung vorschlagen oder ihr helfen, ein Problem zu lösen, dann bekommt sie leuchtende Augen. Und ihr Dank, der motiviert, das Beste aus sich rauszuholen."

„Frauen bereichern das Arbeitsleben, weil sie Anstrengungen und Leistungen honorieren."

„Sobald wir Frauen im Team haben, benehmen sich alle besser und manierlicher."

Dieses gegenseitige Anfeuern ist ein Spiel, das viele Männer inzwischen bewusst spielen, weil sie darin die Chance für sich selbst erkennen: Besser zu werden, als sie sich selbst je zugetraut hätten. Eine ganz wesentliche Wirkung, die das Erfolgspaar gleich noch viel erfolgreicher macht.

Wenn wir uns der Unterschiede zwischen den Geschlechtern bewusst werden und diese aktiv nützen, entsteht eine Wechselwirkung, der sich Mann und Frau nicht entziehen können. An uns Frauen liegt es, diesen

Prozess zu fördern, wir haben die einzigartige Gabe in uns, die Männer aus der Reserve zu locken: „Meine Frau hat mich erst zu dem Mann gemacht, der ich heute bin.“

> **Männer brauchen Frauen um sich, sonst verfallen sie unaufhaltsam der Barbarei.**
>
> **Orson Welles**

11. Frauen bringen einfach mehr Visionen ins Geschäft

„Bei Frauen weiß ich, dass sie nicht zuerst an ihre Brieftasche denken.“
„Wenn eine Frau von einer Sache begeistert ist, dann ist sie kaum zu stoppen.“
„Frauen schleimen sich nicht bei jedem ein, nur um schneller aufzusteigen.“
„Ich habe immer das Gefühl, dass Frauen die Welt verbessern möchten, und sich ständig damit beschäftigen, ob auch alle zufrieden sind.“
Frauen sind gute Verkäuferinnen, denn sie verkaufen keine Produkte, sondern Lösungen.
Und wenn es sein muss, dann krempeln sie alles um und schaffen etwas völlig Neues:
„Die Frauen, mit denen ich zusammen gearbeitet habe, die waren sich niemals zu fein für eine Sache, die haben mit angepackt, wenn es notwendig war.“
Dabei zählt immer das Glück des Kunden an erster Stelle. Und die Zufriedenheit der Mitarbeiter natürlich, wobei Frauen auch hier die Wechselwirkung bewusst herbeiführen: „Frauen sind einfach andere Sachen wichtig und ihre Anwesenheit erinnert mit immer wieder daran, dass Geld und Macht nicht alles ist.“
„Frauen sind den Menschen, was den Pflanzen die Sonne.“
„Nehmen Sie die Frauen aus unserer Abteilung alle weg, dann wäre dies ein ziemlich trostloser Ort.“
„Ohne Frauen wäre es langweilig.“

„Ihr Idealismus, ihr Wunsch die Welt besser zu machen, ist beeindruckend."

> **Eine Frau verliert in der Liebe zu einem ausgezeichneten Manne das Bewusstsein ihres eigenen Wertes, der Mann kommt erst recht zum Bewusstsein des seinen durch die Liebe einer edlen Frau.**
>
> **Marie von Ebner-Eschenbach**

12. Frauen haben einfach so viel mehr gute Eigenschaften

„Wenn ich ganz ehrlich bin, dann glaube ich, dass Frauen eigentlich viel stärker und zuverlässiger sind."

„Wenn ich Ihnen all die guten Eigenschaften der Frauen aufzählen sollte, dann würde das sehr lange dauern."

„Wenn ich darüber nachdenke, welche Eigenschaften ich an einem Menschen schätze, denn sind dies eigentlich alles typisch weibliche Eigenschaften. Ist das nicht merkwürdig ?"

Frauen haben unglaublich viele gute Eigenschaften, und das wird auch von den Männern sehr klar erkannt. Die Vielfalt an Charakterzügen, die Frauen aufweisen, die Fülle an Verhaltensweisen und die ausgeprägte emotionale Intelligenz werden in Verbindung mit den unzähligen weiblichen Erfolgseigenschaften von allen Männern, mit denen ich sprach, als wichtig, wertvoll und für ihr Leben unverzichtbar betrachtet.

Ich habe Ihnen sehr viele dieser weiblichen Eigenschaften in diesem Buch präsentiert und ich hoffe, Sie haben gespürt, dass Sie unglaublich viele dieser Eigenschaften in sich tragen. Und wenn Sie sich dessen nicht bewusst sind, so holen Sie sie hervor, machen Sie sie zu Erfolgseigenschaften!

Auf die Frage, ob die oberen Etagen in Deutschland mehr Frauen bräuchten, antwortete mir der Personalberater Dieter Hofmann, der über viele Jahre Top-Manager vermittelte, ganz spontan: „Ja, auf jeden Fall! Denn Frauen sind unglaublich belebend. Ich würde es sehr begrüßen, wenn wir in Zukunft mehr Frauen im Management sähen. Wenn jedoch solche Top-Positionen zu besetzen sind, dann brauchen wir auch Frauen, die klar und deutlich sagen, da will ich hin, da will ich rein."

Gerne würde er mehr Frauen in diese Positionen vermitteln, doch es seien einfach noch zu wenige da. „Es reicht schon eine gute Frau – und sofort verändert sich die gesamte Stimmung. Plötzlich wird viel konzentrierter gearbeitet und die Ergebnisse sprechen für sich."

Sie erinnern sich, was die Personalberaterin Heidi Schlembach auf diese Frage antwortete: „Top-Management braucht engagierte Managerinnen, um erfolgreich zu bestehen. Denn sie sorgen nicht nur für ein gutes Klima, sondern auch dafür, dass die Mitarbeiter motiviert bleiben und dass Arbeit Spaß macht – wer das in Zukunft nicht bieten kann, wird irgendwann alleine dastehen, denn gute und motivierte Mitarbeiter sind das wichtigste Kapital eines Unternehmens."

Gut zu wissen, dass wir und unsere weiblichen Stärken so sehr gefragt sind. Wir sind einfach das Salz in der Suppe.

Und gerade weil es noch ein paar Männer gibt, die uns unterschätzen und belächeln, sich uns im Stillen (noch) überlegen fühlen: Wir sind ganz groß im Kommen. Die vielen Statements der Männer, die ich interviewte, beweisen es. Keiner der befragten Männer wollte Frauen als Führungskräfte und Mitarbeiterinnen missen. Und sie alle sind sich dessen bewusst, was ihre Partnerinnen leisten.

Man muss das Selbstbewusstsein der Männer stärken, denn selbstbewusste Männer haben keine Angst vor starken Frauen.

Julia Dingwort-Nussek

7. Weibliche Eigenschaften sind die Erfolgsfaktoren der Zukunft

Alles ist im Fluss und nichts scheint zu bleiben wie es ist. Was gestern gültig war, scheint heute schon überholt. Mit jedem Tag kommen neue Herausforderungen auf uns zu, in rasantem Tempo und immer weniger vorhersehbar. Frauen und Männer sind davon gleichermaßen betroffen, die Beschleunigung des Lebens wirkt sich auf das Privatleben genauso aus wie auf den Beruf. Wir müssen wissen, was in Zukunft auf uns zukommt, denn nur so können wir uns vorbereiten. Überleben und gewinnen heißt in dieser Zeit, mobil und flexibel zu sein, lernbereit und lernfähig, ständig bereit, unser Leben zu verändern, uns anzupassen und gleichzeitig eine starke eigene Persönlichkeit zu entwickeln.

Trendforscher sagen eine „Feminisierung" der Zukunft voraus, und sie betonen, dass Frauen das Rüstzeug für die Zukunft bereits in sich tragen. So können wir gelassen der Zukunft entgegensehen. Es warten auf uns eine Menge Abenteuer und Herausforderungen – jedoch nur dann, wenn wir auf den Zug in die Zukunft aufspringen und uns nicht ängstlich unterm Sofa verstecken!

Wer hat in dieser neuen Welt Erfolg? Nein, halt: Was IST in dieser Welt überhaupt Erfolg? Lässt sich Erfolg überhaupt definieren? – In den vergangenen Jahren habe ich immer wieder die Gelegenheit genutzt, mit Frauen zu sprechen, und sie dabei natürlich auch gefragt, was für sie Erfolg bedeutet.

Marita, 40, Zweigstellenleiterin in einer Bank in Düsseldorf, erzählte mir ihre sehr persönliche Sicht des Themas: „Was bedeutet Erfolg für mich? Erst kürzlich habe ich darüber mit meinem Mann gesprochen, sehr ausführlich. Der Anlass war der Tod eines Kollegen hier im Hause, der sich mit einigem Einsatz eine schöne Karriere geschaffen hatte und nun im Alter von 42 bei einem Autounfall ums Leben kam. Er hinterlässt eine Frau und zwei Kinder, ein halb abbezahltes Einfamilienhaus und einen offenen Kredit, jetzt mal etwas zynisch formuliert. Und seine

Stelle wird nicht nachbesetzt, kam der Unternehmensführung offenbar auch noch recht, dieser Ausfall, denn es wird ja massiv eingespart beim Personal ... Da kommt man schon ins Grübeln. Und ich habe Erfolg für mich auch wirklich neu definiert. Erfolg ist für mich, wenn ich das Gefühl habe, im Beruf und in meinem Privatleben erfolgreich zu sein, also beides in Einklang bringen kann und auf beiden Seiten nicht das Gefühl von Defizit, sondern von Ergänzung habe. Die beiden Seiten gehören zu mir und dazwischen muss auch noch Platz sein für mich und meine Bedürfnisse, für ein paar Stunden, die nur mir gehören. Wo ich mal einfach so ein Buch lese oder durch die Stadt bummle. Erfolg ist für mich, mein Leben, meine Familie, das Private und das Berufliche, mit meinen persönlichen Bedürfnissen in Einklang zu bringen."
Mein Vater, Nikolaus B. Enkelmann, formulierte es einmal so: „Im Mittelpunkt des Erfolges steht immer der Mensch." Der Mensch, nicht Maschinen, nicht Zahlen und Bilanzen, nicht Organisationen und Unternehmen als anonyme Apparate, sondern: der Mensch. Mit seinen Bedürfnissen, Wünschen, Träumen, aber auch mit seinem gewaltigen Potenzial, mit seinem Wissen und seinem Können. Das wissen wir Frauen schon lange, genauso wie die Tatsache, dass diese Lebensbereiche sich gegenseitig beeinflussen. Doch manchmal überschätzen wir einen Bereich und werden erst durch einen Schicksalsschlag auf den Boden der Tatsachen zurückgeholt. Genau das passiert nur allzu oft den Männern. Nämlich dann, wenn sie durch Kündigungen, Krankheit oder Trennung gezwungen werden, einen Schritt zurücktreten und sich ihre Rolle aus der Distanz heraus betrachten, um zu erkennen: Ich habe das falsche Maß angesetzt, wir haben den Erfolg an Dingen gemessen, die menschlich betrachtet nicht alles bedeuten, vielleicht sogar zerstörerisch sind.
Marita wurde durch den Tod eines Kollegen, der sich seine Karriere hart erkämpft hatte, wach gerüttelt und stellte sich die Frage, was für sie denn nun eigentlich Erfolg bedeutete. Und ihr wurde klar: Erfolg ist, wenn sie Frau bleiben kann. Wenn sie auf der einen Seite ihre Arbeit zu ihrer eigenen Zufriedenheit erfüllt, wenn sie andererseits aber auch für ihre Familie da sein und für sich selbst Freiräume schaffen kann.

„Balance" ist der Begriff, der nicht zufällig heute eine immer wesentlichere Rolle in der Lebensgestaltung spielt. Und die Wortschöpfung „Work-Life-Balance" ist die Fortsetzung davon. Der Ausgleich zwischen Arbeit und Leben, beide in ein ausgewogenes Verhältnis zu bringen. Ein Trend, der immer mehr an Bedeutung gewinnt, denn die jungen Manager von heute möchten zwar beruflich erfolgreich sein, doch genauso möchten sie miterleben, wie ihre Kinder groß werden. Der Hochleistungsmanager, der 16 Stunden am Schreibtisch, in Meetings und Meilen sammelnd in der Business Class verbringt, ist immer weniger das Maß dessen, was Erfolg ausmacht. Und oft stellt er sich die Frage, warum er eigentlich nicht mehr delegiert und sich helfen lässt. Ein überquellender Terminkalender, Erreichbarkeit rund um die Uhr und Selbstausbeutung bis zum Herzinfarkt sind heute bei weitem nicht mehr so prestigeträchtig, wie sie das noch vor einigen Jahren waren. Warum? Weil man erkennt, dass eine berufstätige Mutter in acht Stunden meist viel mehr schafft als ein Mann mit einem 14-Stunden-Tag. Sie teilt sich ihre Zeit viel besser ein, denn sie weiß genau, dass sie um eine bestimmte Zeit erwartet wird. Viele Arbeitsstunden sind also kein Beweis für Erfolg!
Wer lange arbeitet, der arbeitet noch lange nicht effizient. Nein, mehr und mehr zählt heute das Prinzip: „Vereinfache dein Leben". Schalte mal das Handy aus, sei mal nicht erreichbar, und versuche deine Arbeit in einem festen Zeitrahmen zu machen, konzentriere dich auf deine Prioritäten. Vielleicht können Sie folgendes Beispiel nachvollziehen: Wenn ich mir mal vorgenommen habe, meine Wohnung aufzuräumen, dann dauert es oft Stunden – und am Ende erliege ich sogar manchmal dem Gefühl, gar nicht so viel geschafft zu haben. Kündigt sich unerwarteter Besuch an (zum Beispiel die eigene Mutter ☺), dann ist es unglaublich, was ich in nur einer Stunde schaffe!
Wir alle haben 24-Stunden-Tage, doch jeder nutzt die Tage und Stunden ganz unterschiedlich. Und Frauen sind in der Optimierung des Zeit-Haushalts ganz einfach besser, denn sie leben Vielfalt und Komplexität ganz bewusst mit begrenztem Zeitbudget aus. Und wer nach diesem Prinzip lebt, erringt heute mehr und mehr die Bewunderung seiner Umwelt.

Erfolgsfaktor 1: Balance

Die gesunde Balance zwischen Leben und Arbeit zu gestalten, die Fähigkeit, Wesentliches von Unwesentlichem zu unterscheiden und zu erkennen, welche Energiemengen man in welche Dinge investieren soll – das ist ein Erfolgsfaktor für die Zukunft, den Frauen seit jeher in sich tragen.

Frauen sind Meisterinnen der Balance, des natürlichen Rhythmus. Der sich nicht an einer linearen Vorgabe, sondern an einem Kreislauf orientiert. Die Natur der Frau ist zyklisch ausgerichtet und in diesem Zyklus spiegelt sich der Kreislauf der Natur: Frühling, Sommer, Herbst und Winter. Tag und Nacht, hell und dunkel. Wach sein und Ruhen. Work-Life-Balance ist nichts anderes als die Erkenntnis, dass wir ein Gleichgewicht der uns wichtigen Lebensbereiche brauchen und diese untrennbar miteinander verbunden sind. Das geht nicht ohne großes Organisationstalent, einer Fähigkeit, die nur Frauen besitzen und die es uns erst möglich macht, Familie und Karriere miteinander zu verbinden. Es geht aber auch um die Ausgewogenheit zwischen Phasen der Anspannung, der Verausgabung und Phasen der Entspannung, des Sammelns. Output braucht Input, Input führt wiederum zu Output ... ein ewiger Kreislauf, der sich nun mal nicht nach Stechuhren richtet und nach Vorgaben, die Maschinen in ihrer kühlen Art eben so tätigen. Nein, der Rhythmus der Frauen ist ein menschlicher Rhythmus und immer mehr Unternehmen und Organisationen erkennen, dass es besser ist, sich danach zu orientieren, anstatt Zwang auszuüben. Gleitende Arbeitszeit, Arbeitszeitmodelle, die nach Jahresarbeitszeit gerechnet werden, Selbstständigkeit oder Teleworking-Modelle – das sind nur einige Beispiele, die zeigen, dass auch streng linear ausgerichtete Organisationen immer mehr versuchen, den Menschen und ihren Bedürfnissen gerecht zu werden.

Doch schauen wir weiter, welch wichtigen Erfolgsfaktor ich in meinen Gesprächen noch entdeckte:

Barbara, 38, Senior Consultant bei einer internationalen Unternehmensberatung in München, auf die Frage, welche Bedeutung Erfolg in ihrem Leben habe: „Erfolg, ja, der ist schon wichtig. Jeder in meiner Firma will, nein: muss Erfolg haben, ohne Erfolg kann die Company nicht überleben und ohne Erfolg sind wir alle überflüssig. Kunden zu halten, Umsätze zu generieren, Projekte so abzuwickeln, dass die Kunden nicht nur zufrieden sind, sondern uns wieder engagieren ... das alles ist wichtig. Und im Unternehmen direkt? Da ist erfolgreich, wer seine Arbeit gut macht, wer Projekte erfolgreich abschließt, neue Akquisitionen für sich gewinnt und dies vor der Geschäftsführung vorweisen kann. Wer es schafft, zu bestehen. Ja, der gilt dann als erfolgreich. Was für mich ganz persönlich Erfolg bedeutet? Wenn Kunden ausdrücklich darauf bestehen, mit mir zusammenzuarbeiten, das gibt mir schon ein Gefühl des Erfolges. Wenn ich merke, meine Person ist gefragt. Meine Persönlichkeit. Und im Verhältnis zu den Kollegen? Da ist Erfolg für mich, wenn ich in Projekte hineingeholt werde, weil meine Art und mein Fachwissen gebraucht werden. Ich bin Expertin für Logistik, habe das von der Pike auf bei einer internationalen Spedition gelernt und nebenher studiert – und wenn ich da beigezogen werde, dann ist das natürlich eine großartige Bestätigung."

Die Arbeitswelt ist natürlich für viele Frauen – und zum Glück werden es immer mehr! – ein Ort der Bestätigung, der Erfüllung und des Über-sich-Hinauswachsens. Frauen haben zunehmend das höhere Bildungsniveau, Frauen sind talentierte Seiteneinsteigerinnen und Frauen bringen sehr viel soziale Kompetenz mit. In der Arbeitwelt gilt es nun, die Fähigkeiten intern – in Richtung Kollegen, Mitarbeiter und natürlich Vorgesetzte – als auch extern – in Richtung Kunden und Geschäftspartner – entsprechend zu verkaufen. „Verkaufen" im wahrsten Sinne des Wortes. Denn es geht heute in jeder Branche und jeder Position darum, sich, seine Persönlichkeit, aber natürlich auch die Produkte und die Dienstleistungen, die man vertritt, zu verkaufen. Da spielt es wenig Rolle, ob es sich um hoch bezahlte Consulting-Unternehmen handelt oder um den Frisiersalon um die Ecke: In Zeiten, in denen Waren und

Dienstleistungen immer austauschbarer sind, gilt es, sich aus der Masse herauszuheben, eine Nische zu besetzen, die Aufmerksamkeit auf sich zu ziehen.
Barbara schilderte mir die Komplexität dieser Anforderungen sehr anschaulich: Egal, ob man Kunden oder Kollegen was verkauft, die Kriterien sind nicht unähnlich. Immer geht es darum, Erfolge vorzuweisen, Aufmerksamkeit zu erzielen, zu überzeugen. Und sie beschreibt auch sehr schön, was ihr die meiste Freude bereitet: Wenn ob ihrer reichhaltigen Fachkenntnisse jemand auf sie zukommt, um sie in sein Team zu holen oder sich beraten zu lassen. Und in unserer schnelllebigen Welt, in der Erlerntes und Wissen eine ständig sinkende Halbwertszeit haben, ist es umso wichtiger, sich ständig weiterzubilden. Und das nicht nur fachlich, sondern auch in Sachen Persönlichkeitsentwicklung. Denn: der beste Inhalt nützt wenig, wenn er nicht gut „hinübergebracht", kommuniziert wird. Und das kann man, das muss man lernen!

Erfolgsfaktor 2: Spezialistin sein

In einer Zeit, in der Produkte und Dienstleistungen derart austauschbar geworden sind, wie es heute in unserer westlichen Industrie- und Informationsgesellschaft der Fall ist, ist einer der wichtigsten Erfolgsfaktoren, sich zu spezialisieren. Eine Sache besonders gut zu können, auf einem Gebiet Spitze zu sein, ist eine Strategie, die Sie aus der Mittelmäßigkeit heraushebt, die Ihnen ein Profil verleiht und Sie zum Profi macht. Frauen tragen diesen Erfolgsfaktor der Zukunft bereits in sich, denn sie besitzen unglaublich viele Talente. Doch gerade da liegt auch die Gefahr, denn es geht nicht darum alle Talente zu entfalten, sondern sich zu konzentrieren.

Kürzlich erzählte mir eine sehr erfolgreiche Friseurmeisterin ihre Geschichte. Schon immer wollte sie Friseurin werden und sie erfüllte sich ihren Traum von einem eigenen Salon. Natürlich wusste sie, dass es in der Nachbarschaft sehr viel eingesessene Konkurrenz gab, und die ersten Jahre hatte sie oft nachts wachgelegen, denn sie wusste nicht, wie sie die nächste Kreditrate begleichen sollte. Manch „guter" Freund empfahl ihr, das Geschäft zu schließen. Eines Tages jedoch hörte sie einen Vortrag meines Vaters, der darüber sprach, wie wichtig es ist, sich zu spezialisieren, sich zu positionieren und sich einen Namen zu machen – sie begann nachzudenken. Was kann ich am besten und was macht mir am meisten Spaß? Sehr schnell erkannte sie, dass sie am liebsten mit Kundinnen arbeitete, die sehr langes Haar hatten. Mutig traf sie den Entschluss, sich auf diese Zielgruppe zu spezialisieren. In den kommenden Monaten ging sie daran, noch viel mehr über ihr „neues" Spezialgebiet zu lernen und an ihre Mitarbeiterinnen weiterzugeben. Aus ihrem Friseurgeschäft für Damen und Herren wurde bald ein exklusiver Langhaar-Salon. Und heute nehmen viele zufriedene Kundinnen selbst längere Anfahrten in Kauf. Über die schlaflosen Nächte kann sie heute nur noch lachen und die finanziellen Sorgen sind schon lange Vergangenheit. Warum? Weil sie den Mut hatte, sich zu spezialisieren, und unerschütterlich an ihre Idee glaubte!

Erfolgsfaktor 3: Interesse & Engagement

Echtes Interesse und Engagement sind unverzichtbar. Dazu gehört auch die selbstverständliche Bereitschaft, seine Aufgabe so gut wie möglich zu machen, und niemals aufzuhören, besser zu werden.

Von jeher bringen wir großes Engagement mit, wenn es um die Dinge geht, die uns wirklich interessieren und begeistern. Denken Sie nur an unsere unermüdliche Energie, wenn es darum geht, unser Zuhause zu verschönern oder unser Aussehen zu verbessern. Dann sind wir ganz in unserem Element. Diese Energie können wir auch im Beruf nutzen, um in der Zukunft zu den Gewinnern zu gehören. Wie? Indem wir uns fortbilden und nie damit aufhören, besser zu werden. Und nicht darauf warten, dass andere uns Fortbildungsangebote machen, sondern selbst

danach suchen, denn nur so können wir uns gegen die Konkurrenz behaupten.
Dabei gilt es natürlich, die eigene Persönlichkeit in den Vordergrund zu stellen, denn sie ist ein wichtiger Faktor, den Herausforderungen der Zukunft sowohl im Beruf als auch im Privatleben gerecht zu werden. Die Entwicklung und Entfaltung unserer einzigartigen Persönlichkeit sollte uns Antrieb und Motivation sein!

Erfolgsfaktor 3: Kundenorientierung – Beziehungen managen

Das ganze Leben ist von Beziehungen geprägt: in der Familie und am Arbeitsplatz. „Customer Relationship Management", das Management der Beziehung mit Kunden, hat als eigens definierter Geschäftsbereich strategische Bedeutung in Unternehmen. Und das „Relationship Management" gehört auch im Alltag zu den gefragten Fähigkeiten. Frauen sind die geborenen Beziehungsmanagerinnen, sie „schaukeln das Kind" (und den Mann!) seit urgeschichtlichen Zeiten und die Fähigkeiten, die sie dadurch ausbildeten, sind auf dem Arbeitsmarkt überaus gefragt. Wir besitzen die Fähigkeit, uns in andere hineinzuversetzen, die Fähigkeit zur Empathie – und das ist heute ein entscheidender Wettbewerbsvorteil.

Ohne die Kunden zu verstehen, ihre Bedürfnisse zu beachten, ist in Zukunft kein Geschäft mehr zu machen und genau das wissen Frauen. Sie stellen sich die Frage, was der Kunde eigentlich will und wie sie ihm am besten helfen können. Wenn sie es schaffen, die Probleme des Kunden zu lösen und seinen Bedürfnissen gerecht zu werden, dann kann sie nichts mehr aufhalten.

Die Frau und die Baumaschinen

Pamela Friese verkauft Baumaschinen. Sie arbeitet für Orenstein & Koppel, einen Hersteller von Baggern und Radladern für die Bauindustrie – und sie arbeitet ausgesprochen erfolgreich: Mit 30 bis 40 Baumaschinen pro Jahr holt Frau Friese fast doppelt so viel Geschäft wie der Durchschnittsverkäufer bei O&K. Und das im Umland von Berlin. Und das trotz der Dauerkrise der Baubranche in den neuen Bundesländern. Das Manager Magazin (2/02) über die gebürtige Westberlinerin:

„Sie besucht die Kunden nicht nur, sie lebt mit ihnen. Sie lädt die Bauunternehmer zum Geburtstag ein, tauscht mit deren Frauen Kochrezepte aus und besucht täglich bis zu 15 Kunden – auch wenn gar kein Auftrag ansteht, nur mal so zum Fachsimpeln. Friese kennt ihre Baumaschinen bis zur letzten Schraube. Das verschafft ihr Respekt. Um mit ihren Kunden in Kontakt zu bleiben, bittet sie zum Beispiel einen Bauunternehmer, ein neues O&K-Modell auf einer seiner Baustellen zu testen und anschließend Verbesserungsvorschläge zu machen. ‚Meine Kunden müssen das Gefühl haben, dass ich nicht nur für sie da bin, wenn ich einen Auftrag will', sagt Friese."

Bei Fahrten über Land zwischen den Kundenterminen sind für Pamela Friese Gelegenheiten zur Recherche: „Werden da auf der Straßenbaustelle womöglich ältere Radlader eingesetzt, die bald zum Austausch anstehen könnten? Verbirgt sich am Ende dieses Feldweges womöglich eine neu eröffnete Kiesgrube mit akutem Baggerbedarf? Wenn ja, dann will Pamela Friese die Erste sein, die dort ihre Karte abgibt."

Erfolgsfaktor 4: Motivation

Motivation ist mehr als ein Modewort. Es geht um die Kunst Menschen zu ermutigen und aufzubauen. Motivation bewärt sich besonders dann, wenn es schwierig wird oder wir dabei sind den Mut zu verlieren.

Ohne die Hilfe von motivierten Menschen sind große Erfolge niemals möglich. Doch Frauen sind, ohne dass Sie es wissen, Meisterinnen in der Kunst der Motivation.

Denken Sie einmal an die unzähligen Situationen, in denen Sie Menschen wieder Mut gemacht haben. Einem Kind, das heulend nach Hause kommt, weil es eine Klassenarbeit verhauen hat. Einer Freundin, die Ihnen erzählt, sie sei zu dick oder zu hässlich. Ihrem Partner, der deprimiert nach Hause kommt, weil er einen großen Auftrag verloren hat. In all diesen Situationen stehen Sie bereit, zeigen Mitgefühl und versichern dem anderen, dass alles nicht so schlimm ist, dass er/sie doch so klug, so schön, so fähig ist, und Sie zählen jede Menge Beweise dafür auf. Unermüdlich und, wenn es sein muss, stundenlang. Doch nicht nur das, Sie haben immer ein gutes Wort für die anderen übrig und geizen nicht mit Lob und Komplimenten: „Wie hübsch du bist", „Das hast du toll gemacht", „Keiner macht so gute Spaghetti wie du" ... Wir beachten die Stärken der anderen und erinnern sie daran, wenn sie es selbst einmal vergessen haben. Das ist Motivation!
Wir Menschen sind süchtig nach positiver Anerkennung und bis heute habe ich keinen Menschen getroffen, der je das Gefühl hatte, zu viel gelobt worden zu sein. Diese Fähigkeit sollten wir bewusst kultivieren und unsere Begeisterung so deutlich wie möglich zeigen. Wir sind für die Menschen in guten und in schlechten Zeiten da, wir zeigen Interesse und haben den Mut, an sie zu glauben. Nicht nur, dass wir das können, nein, wir tun es auch tagtäglich und sind damit bestens ausgestattet für die Zukunft.

Erfolgsfaktor 5: Teilen von Kenntnissen und Fähigkeiten

Die Vermittlung von Kenntnissen an andere ist in einer Zeit, in der es notwendig ist, ständig zu lernen, und gleichzeitig die Flut an Informationen ständig steigt, ein wesentlicher Erfolgsfaktor. Frauen sind wie geschaffen für diese Vermittlungstätigkeiten, denn sie teilen ihr Wissen gerne mit anderen, sie geben Informationen weiter und spielen andere mit ihrem Wissensvorsprung nicht aus.

Wie viel Reibungsverlust in Unternehmen entsteht, weil Informationen bewusst und unbewusst nicht weitergegeben werden, ist unglaublich. Doch wir Frauen halten mit Informationen nicht hinter dem Berg. Denken Sie nur einmal an all unsere Gespräche mit Freunden, in denen wir unser Wissen, ja sogar unsere Geheimrezepte weitergeben und dies mit größter Begeisterung. Wir teilen gerne und das so, dass jeder uns versteht. Wir lassen den anderen nicht „blöd" dastehen, sondern nehmen ihn mit nach oben.
Wir versuchen nicht, den anderen zu beeindrucken, sondern erklären mit viel Geduld so, dass der andere uns auch ganz sicher versteht. Wir wollen also nicht Macht demonstrieren, sondern andere fähiger machen. Denken Sie nur einmal an all die Dinge, die wir unseren Kindern beibringen, und wie viele gute Tipps wir anderen großzügig weitergeben. Geben und die Bereitschaft, anzunehmen, sind wichtig und genau das machen wir Frauen ganz intuitiv. Diese Fähigkeit wird immer wichtiger, denn mehr und mehr wird in Teams gearbeitet – und diese können nur dann effektiv sein, wenn Informationen offen miteinander geteilt werden, wenn nicht der Einzelne ständig nur an seinen eigenen Vorteil denkt. Frauen sind die idealen Teammitglieder, denn sie legen Wert auf Integration durch verständliche Aufbereitung von Informationen im Interesse aller.

Erfolgsfaktor 6: Netzwerke aufbauen

Vernetzen ist dank der ausgeprägten Kontaktfähigkeit von Frauen ein ganz besonderes weibliches Talent, denn Frauen haben schon immer Informationen und Ressourcen offen miteinander ausgetauscht, haben sich schon immer beigestanden und andere ganz bewusst in ihr Tun einbezogen oder sich gegenseitig empfohlen.

Gute Beziehungen sind unverzichtbar. Sich ein Umfeld zu schaffen, in dem Aufträge, Informationen und Ressourcen untereinander weitergegeben werden können, ist in Zukunft essentiell. In einem Arbeitsmarkt, der mehr und mehr von Einzelunternehmern und neuen Arbeitsformen geprägt ist, ist es ganz wesentlich, sich in Netzwerken zu organisieren, um, wenn nötig, verlässliche Partner oder Hilfe sofort zur Hand zu haben, jederzeit zu Teams von Experten zusammenzuwachsen oder sich Informationen weiterzugeben.
Letzte Woche rief mich eine Frau an und sagte, sie habe „Die Venus-Strategie" gelesen und würde mich gerne für eine große Jahrestagung buchen, bei der ich über die Möglichkeiten der Telefonakquisition berichten sollte. Da dies jedoch nicht mein Spezialthema ist, lehnte ich dankend ab, doch nicht ohne zu sagen, dass ich genau die richtige Person für dieses Thema kenne und gerne einen Kontakt herstelle. Genau das habe ich dann auch getan und die von mir geschätzte Kollegin bekam den Auftrag. So konnte ich beiden helfen.
Und ich weiß auch, dass mich diese Kollegin bei jeder Gelegenheit gerne weiterempfehlen wird, wenn es um einen Auftrag geht, für den ich die richtige Frau bin. So können wir uns gegenseitig unterstützen und uns gegenseitig auf Aufträge, Jobs und Möglichkeiten aufmerksam machen.
Wie oft haben wir anderen schon eine gute Ärztin, einen guten Schneider oder eine Friseurin weiterempfohlen? Unzählige Male und mit größter Begeisterung. Aber auch wir brauchen Weiterempfehlungen und das wird dann funktionieren, wenn wir uns mit einem gut funktionierenden Netzwerk umgeben.

Erfolgsfaktor 7: Verantwortung & Flexibilität

Verantwortung zu übernehmen ist ein wesentlicher Faktor, um in Zukunft erfolgreich zu sein. Und zwar: wirkliche Verantwortung für Handlungen und Ergebnisse, nicht irgendwelche Pseudoverantwortungen, wie sie mit manchen beruflichen Positionen verbunden sind.

Frauen tragen diesen Erfolgsfaktor in sich, denn sie tragen von jeher Verantwortung: für das Wohl der Kinder, der Familien, für eine Vielzahl von Entscheidungen, die sie täglich treffen. Doch genauso sind wir in der Lage, spontan auf das Unerwartete zu reagieren und dann gezielt die Initiative zu ergreifen.

Dies beweist sich meist dann, wenn irgend etwas schief geht und unser Improvisationstalent gefragt ist. Ein angebranntes Essen, verschobene Business-Termine ebenso wie die plötzliche Erkrankung unseres jüngsten Sprösslings. Wir wissen, dass nicht immer alles nach Plan läuft, doch anstatt die Augen davor zu verschließen, packen wir an und sind in der Lage, ganz flexibel die Pläne den aktuellen Bedürfnissen anzupassen. Wir denken einfach mit und treffen dann blitzschnell die wichtigen Entscheidungen. Gerade in Krisensituationen sind wir unschlagbar, gerade dann beweisen wir, was in uns steckt, und sind in dieser Situation Feuerwehr, Mutter Teresa und souveräner Feldherr in einem. Denken wir an Marion Luna Brem, denken wir an Gertrud Engel: Sie standen vor dem Nichts, vor einer einschneidenden Veränderung ihrer Lage und sie schafften es, sich innerhalb kurzer Zeit eine neue Existenz aufzubauen bzw. die bestehende Existenz für sich und andere – Familienmitglieder und Mitarbeiter – zu erhalten und zu sichern. Was haben diese beiden Frauen mit so vielen anderen in ähnlichen Situationen gemeinsam? Sie hatten den Mut zu lernen. Sie stürzten sich in völlig neue Aufgaben, sie trauten sich was, ganz nach dem Motto „Erfolg ist die Kunst, Probleme zu lösen und Hindernisse zu überwinden." Auch das eine Erkenntnis, die mir mein Vater mitgegeben hat. Und er meinte ergänzend: „Erfolg ist die Fähigkeit, trotz innerer und äußerer Widerstände, unter Einsatz von Zeit und Kraft, seine Ziele zu erreichen."

Barbara fühlt sich bestätigt, wenn sie aufgrund ihres guten Rufes zu Rate gezogen wird, in Projekte eingeladen wird. Es bedeutet für sie eine Bestätigung, dass sie das Richtige tut, dass sie die richtige Entscheidung getroffen hat, es zeigt ihr, dass sie „ankommt". Und für sie ist es wichtig, dass dies bei Kunden und Mitarbeitern gleichermaßen gut läuft. –

Erinnern wir uns an dieser Stelle an die 80/20-Regel, die Daniel Goleman erwähnt, der Experte für emotionale Intelligenz. Er schreibt, dass der Mensch 80 Prozent seiner Erfolge im Beruf und im Leben seiner emotionalen Intelligenz verdankt und nur 20 Prozent auf Vernunft und „rationaler" Intelligenz beruhen. Verändern wir diese Regel ein klein wenig und wenden wir sie auf Situationen wie jene von Barbara an, so könnte sie lauten: Um diese hohe Akzeptanz ihrer Mitmenschen in fachlicher Hinsicht zu erreichen, wird wahrscheinlich der entscheidende Prozentsatz dieser Anerkennung weniger auf ihrem fachlichen Wissen, sondern vielmehr auf ihrer Art, ihrem Engagement sowie ihrem guten Ruf und natürlich der Fähigkeit, dieses anderen zu vermitteln, beruhen.

Erfolgsfaktor 8: Weitblick zeigen und Komplexität managen

Konzentration hat ihre Berechtigung, wenn es um die Erfüllung von Aufgaben geht. Doch was wir Frauen nie aus den Augen verlieren, das ist die Komplexität des Ganzen und die Folgen unserer Entscheidungen. Die Umfeldbedingungen, die Ursachen und die möglichen Folgen von Handlungen und Entscheidungen aus den Augen zu verlieren, das kann in einer komplexen Welt zu unendlich großen Katastrophen ebenso wie zu erschütternden menschlichen Einzelschicksalen führen. Wie oft wurde und wird dies von ehrgeizigen Männern ignoriert. Unsere ganzheitliche Sicht hilft dabei, Folgen abzusehen und Entscheidungen zu optimieren, ein Erfolgsfaktor der Zukunft, den Frauen in sich tragen. Immer mehr Unternehmen erkennen das und geben diesem weiblichen Erfolgsfaktor das nötige Gewicht.

Es ist für mich immer wieder amüsant, wenn ich mit meinem Partner zusammen einkaufen gehe. Da stehen wir nun im Supermarkt und er packt fröhlich alles in den Einkaufswagen, worauf er heute Lust hat und was er heute braucht. Ich hingegen habe schon die nächste Woche im

Kopf und frage mich: Haben wir auch für nächste Woche noch genug Mineralwasser, Kaffee und Toilettenpapier? Während er stolz seine Beute in Richtung Kasse schiebt und diesen Konsumtempel so schnell wie möglich verlassen möchte, komme ich mit meinen Fragen und so gut gemeinten Anregungen: Hast du noch Rasierklingen? Haben wir noch genügend Waschmittel? Ist nicht nächste Woche Tinas Geburtstag und brauchen wir nicht noch Hundefutter? Ich denke mit, denke an alles und plane die Tage voraus, an denen ich auf Reisen bin, damit es allen gut geht. Vorsichtshalber noch ein paar Packungen Miracoli und ein paar Hühnchen-Schenkel sowie eine Flasche Sekt, damit auch unerwarteter Besuch bei uns nicht verhungert. Wir Frauen sehen alles – und auch, wenn wir manchmal vielleicht ein wenig übertreiben, so haben wir doch an alle und alle mögliche Zwischenfälle gedacht. (Ohne unsere Weitsicht würde es allerdings den Tankstellen-Shops und Kiosken noch viel besser gehen!)

Erfolgsfaktor 9: Gefühle niemals unterschätzen

Alle Menschen haben Gefühle und Bedürfnisse. Genau das ist es, was den Menschen motiviert und seine Entscheidungen unbewusst steuert. Weibliche Gefühle *zuzulassen und zum Wohl der Menschen aktiv einzusetzen ist ein Erfolgsfaktor der Zukunft, den Frauen und Männer gleichermaßen in sich tragen.*

Während die Menschen so cool und nüchtern tun, setzt die Werbung auf den menschlichen Faktor. Der eiskalte Managertyp hat ausgedient. Es hat ihn vielleicht in der Form ohnehin nie gegeben, es waren Masken, die die Männer aufsetzen mussten, um auf ihrem Weg nach oben unverletzbar zu erscheinen. Heute wird mehr und mehr klar: Gefragt ist der Manager mit Herz. Emotionen fördern das Business und lassen Unternehmen menschlicher werden. Und zwar jene als „weiblich" definierten Emotionen. Und davon haben Frauen nun mal eben jede Menge! Endlich müssen sie sie auf dem Weg nach oben nicht mehr

verleugnen, ausschalten und sich innerlich (und äußerlich) in maskuline Nadelstreifen (ver)kleiden.
Auf die innere Stimme hören, das Bauchgefühl zulassen, der eigenen Eingebung vertrauen ist ein Aspekt, der uns in vielen Lebenssituationen den Weg weisen kann. Die Wahrnehmung dieser Gefühle erscheint vielen wie Magie, und Magie hat wenig Platz in der Welt des Business. *Hatte* wenig Platz. Denn die Zeiten ändern sich und die Intuition wird mehr und mehr zu einem anerkannten Erfolgsfaktor. Frauen tragen auch diesen Erfolgsfaktor schon immer in sich, der Umgang mit Gefühlen, Ahnungen, Wünschen und Magie ist fest mit der weiblichen Existenz verbunden.

Erfolgsfaktor 10: Eine positive Persönlichkeit sein

Die Geschichte wurde schon immer von Persönlichkeiten geprägt, von Menschen die Großes bewegt haben und dafür gekämpft haben – im Guten wie im Schlechten. In Zukunft haben Persönlichkeiten mehr Einfluss denn je. Frauen tragen den Erfolgsfaktor in sich, für viele Menschen als Vorbilder im positiven Sinne zu dienen.

In unserer globalen Gesellschaft verbreiten sich Nachrichten über die Medien und das Internet rasend schnell. Um in dieser Flut von Botschaften nicht zu ertrinken, brauchen wir positive Persönlichkeiten, Menschen die ihren Einfluss nützen, um uns durch die Komplexität zu begleiten und uns als Vorbilder zu dienen. Und genau das ist es, was wir Frauen wollen: die Welt um uns herum besser machen. Je positiver und stärker unsere Persönlichkeit ist, umso mehr können wir bewegen. Für die eigenen Ideale zu kämpfen und die Umstände auch gegen äußere Widerstände zu verbessern, das ist ein Erfolgsfaktor, den Frauen in sich tragen, und der in Zukunft eine noch stärkere Rolle als bisher tragen wird.

Im Blickpunkt der Mensch – Mutter Teresa

Agnes Gonxha Bojaxhiu wurde am 27. August 1910 im albanischen Skopje geboren. Ihr Vater war ein wohlhabender Bauunternehmer, ein Leben, das die junge Frau allerdings nicht reizte. Im Alter von 18 Jahren trat sie in den irischen Orden der „Schwestern von Loreto“ ein. Bald ging sie nach als Lehrerin nach Indien, Ende der Dreißiger Jahre legte sie ihr Gelübde ab. 1950 gründete sie den Orden der „Missionarinnen der Nächstenliebe“ und lebte mitten unter den Menschen, mit ihnen. Für ihre unermüdliche Arbeit in der Versorgung und Pflege der Ärmsten unter den Armen rund um den Erdball erhielt sie 1979 den Friedensnobelpreis. Als sie am 5. September 1997 in Kalkutta starb, wo sie bis zuletzt im Dienste der Menschlichkeit tätig war, trauerte um diese große Frau die ganze Welt.

Warum fasziniert uns diese Frau so sehr und was trug dazu bei, dass sie zum Ideal und zum Vorbild für so viele Menschen wurde?

- Für Mutter Teresa zählte der Mensch, und nicht seine Zugehörigkeit zu einem Rang, einer Kaste. In Indien, wo sie ihre Mission begann, hatte sie dafür gegen viele Widerstände zu kämpfen, was nicht zuletzt dazu beitrug, Informationen über das indische System und die damit verbundenen Probleme in die Welt hinauszutragen.
- Sie sorgte mit dem Talent der Frauen dafür, knappste Ressourcen sinnvoll einzusetzen.
- Sie suchte den Kontakt zu den Menschen, sprach mit ihnen, sammelte Sterbende von den Straßen auf und ermöglichte ihnen einen würdevollen Tod. Für Mutter Teresa waren alle Menschen gleich bis in den Tod – eine Ansicht, die gerade in Indien, in Asien eine enorme politische Sprengkraft hatte. Die ganzheitliche Betrachtung der menschlichen Existenz über die Standesgrenzen hinweg war ihr ein wichtiges Anliegen.
- Ihre Bestimmtheit im Auftreten, wenn es um das „Trommeln für ihre Sache“ ging, bei gleichzeitiger extremer persönlicher Bescheidenheit ließ sie zu einer überaus charismatischen Persönlichkeit werden.

Ihre Auftritte in der Öffentlichkeit waren nicht selten Staatsbesuchen gleichzusetzen, sie nützte geschickt die Mechanismen des Medienzeitalters, um ihre Mission zu verbreiten. Aber sie kehrte immer wieder zu den Kranken, den Sterbenden, den Leprakranken und Aidsinfizierten zurück, jenen Menschen, denen sie ihren Einsatz bis zuletzt widmete.

- Am Ende ihres Lebens hinterließ sie ein weltweites „Unternehmen" der Nächstenliebe: In mehr als 150 Ländern betreibt der Orden über 550 Krankenhäuser, Schulen, Waisenhäuser, die von mehr als 5000 Mitgliedern – auch ein Männerorden wurde eingerichtet – geführt und betreut werden.

Neben ihrem unerschütterlichen Glauben an Gott und an die Menschen, der ihr Motivation und Antrieb war, konnte ein solches „Werk" nur durch den Einsatz vieler – weiblicher – Fähigkeiten gelingen: Einfühlungsvermögen, der Blick für das Ganze, das „Management" von Komplexität und Krisen, das Talent, aus geringsten Mitteln das Maximum herauszuholen. Und: wann immer es nötig war und es die Gelegenheit dazu gab, für die Sache zu sprechen, Politiker und Prominente dort zu packen, wo die Spendengelder locker saßen ... All das gehörte unweigerlich zusammen, um dieses Unternehmen zum Erfolg zu führen, dessen Höhepunkt die Verleihung des Friedensnobelpreises darstellte.

Ich habe mit vielen Frauen über ihre Definition von Erfolg gesprochen, doch wann immer sich die Gelegenheit ergab, fragte ich natürlich auch Männer nach ihrer Sicht der Dinge. Lassen Sie das auf sich wirken: Jürgen, 35, Vorstand eines Software-Unternehmens in Berlin, erzählte mir:

„Was für mich Erfolg bedeutet? Hätten Sie mich vor zwei Jahren gefragt, hätte ich gesagt: der Porsche vor der Tür und eine dickes Paket Aktien. Aber Sie fragen mich ja heute, und da sieht das etwas anders aus. Der geleaste Porsche, den hat es für ein paar Monate schon gegeben, die

Aktien sind zwar vorhanden, aber im Moment sage ich dazu lieber nichts. Erfolg sehe ich heute, nach einer gewissen Zeit der Reife, die wir in unserer Branche ja gerade alle durchmachen, etwas anders. Genug Aufträge zu haben, um die Mitarbeiter zu halten, das ist zum Beispiel für mich Erfolg. Aufträge nicht an die Konkurrenz zu verlieren, ohne extreme Zugeständnisse machen zu müssen. Durch das wirtschaftliche Tief durchzutauchen, denn das hat auch unser Unternehmen zu bestehen, das einen gewissen Qualitätsanspruch hat und diesen auch nie aufgegeben hat. Das ist zur Zeit mein Begriff von Erfolg. Heute weiß ich, dass Wachstum nicht über Nacht geschieht und man einen langen Atem braucht. Privat und persönlich wäre Erfolg für mich, eine Partnerin zu finden, die meine Begeisterung für den Beruf versteht und unterstützt – oder besser: eine, die mir hilft, nicht zu vergessen, dass das Leben auch andere Seiten hat. Das hat bis jetzt nie so recht geklappt, ich war und bin viel zu sehr mit der Firma beschäftigt. Das ist der Preis, den ich im Moment zahle. Aber ich denke darüber nach, wie ich das ändern kann. Und fliege jetzt mal für zwei Wochen in Urlaub. Das erste Mal seit zweieinhalb Jahren übrigens."

Wir sehen, Erfolg definiert jede und jeder für sich anders. Doch wir sehen bei Marita, Barbara und Jürgen auch gewisse Gemeinsamkeiten. Erfolg ist nicht nur eine Sache, die sich darüber definiert, wie wir nach außen wirken, sondern alle drei bringen ihr Innenleben ins Spiel. Karriere ist eine Sache, Erfolg ist die andere. Karriere allein ist offenbar nicht genug, um sich erfolgreich zu fühlen. Es gehört mehr dazu. Beruflicher und privater Erfolg ist das Ziel und wir Frauen wissen das genau. Immer mehr Frauen entscheiden sich dafür, Erfolg zu haben. Doch was dieser Erfolg ist, das definieren sie höchst individuell. Für die eine ist es Erfolg, in den Vorstand aufzusteigen, für die andere ist es Erfolg, als selbstständige Unternehmerin zwar auch eine 60-Stunden-Woche zu haben, aber diese Stunden frei einteilen zu können, die Nächste fühlt sich dann erfolgreich, wenn sie mehr Zeit der Familie, der Weiterbildung, dem Reisen oder ganz anderen Dingen widmen kann. Erfolg ist für Frauen weniger ein festgelegtes Ziel, sondern oftmals der Weg, eine

Reise – reich an Erfahrungen, an Pausen und an Zeiten des Nachdenkens und der Erfüllung des Sinns. Denn echte Selbstverwirklichung ist Sinn-Verwirklichung, wie Prof. Viktor E. Frankl schon vor langer Zeit erkannte.

Was bedeuten die Erfolgsfaktoren für Ihr Leben?

Wir haben nun also 10 Erfolgsfaktoren definiert, die in der Zukunft wichtig sind – diese Merkmale sehen Psychologen, Soziologen, Experten für Management und Führung, Experten für Personalentwicklung und Trendforscher als entscheidende Faktoren dafür an, in unserer ständig komplexer werdenden Gesellschaft mit all ihren Anforderungen ein sinnvolles und erfülltes Miteinander zu leben, und: Frauen tragen diese Erfolgsfaktoren in sich, einerseits aufgrund biologischer Voraussetzungen, andererseits durch das Leben und Erleben von Frauen durch die Jahrtausende geprägt. Jede von uns trägt diese Erfolgsfaktoren in sich, auch wenn uns manches gar nicht so sehr bewusst ist. Und je mehr Sie über die Erfolgsfaktoren in sich wissen, umso besser können Sie sie für sich nutzen!
Doch wir haben gesehen, Erfolg ist nicht für jeden Menschen dasselbe. Denken Sie an Marita, Barbara und Jürgen – drei Menschen, drei Sichtweisen. Und so ist es auch mit Ihnen und mit mir: Was ich als Erfolg sehe, kann für Sie das genaue Gegenteil dessen bedeuten. Und umgekehrt ist es natürlich genauso.
Das ist auch der Grund, warum ich Ihnen hier kein allgemein gültiges und einfach nachzukochendes Rezept anbieten kann, so nach dem Motto: man nehme 100 Gramm Faktor 1 und 200 Gramm Faktor 2, eine Prise Faktor 3 und ein Löffelchen Faktor 4 und mixe daraus einen Erfolg, den man mit Erfolgsfaktor 5 bestreue und an einer Mousse aus Faktor 6, 7 und 8 serviere und damit es auch nett aussieht, mit ein paar Blättchen Faktor 9 und 10 garniere. Nein, leider, so geht das nicht! Sie müssen schon selbst ran und Ihr Erfolgselixier brauen. Wobei ich Sie

jedoch unterstützen kann, ist, herauszufinden, was für Sie „Erfolg" überhaupt bedeutet, welche Erfolgsfaktoren bei Ihnen schon sehr gut wirken und welchen man etwas auf die Sprünge helfen könnte.

Übung: Meine ganz persönliche Erfolgsgeschichte

Stöbern Sie in Ihrer Vergangenheit nach Ihren großen und kleinen Erfolgen und notieren Sie diese in wenigen Stichworten. Wahrscheinlich geht es Ihnen dabei wie den meisten Frauen und es fällt ihnen zunächst nicht viel ein. Lassen Sie sich einige Tage Zeit, darüber nachzudenken und vergessen Sie nicht: „Erfolge sind gelöste Probleme". Schreiben Sie diese alle auf – egal, wie groß oder klein sie in Ihren Augen auch sein mögen.
Wählen Sie eine der Geschichten aus und schreiben Sie wieder eine „Mini-Studie", in der Sie folgende Fragen beantworten:

- Was war die Ausgangslage, die Aufgabe, die Herausforderung?
- Wie sind Sie an die Sache herangegangen?
- Was war das Ergebnis?
- Warum war es ein Erfolg?
- Wie haben Sie sich hinterher gefühlt?
- Was könnten andere Frauen daraus lernen?

Wie ich die Menschen in meinen Seminaren nach ihrer Definition von Erfolg gefragt habe, so frage ich nun auch Sie! **Was bedeutet für Sie Erfolg?** Lesen Sie Ihre Geschichte nun noch mal durch und achten Sie beim Wiederlesen auf folgende Punkte:

- Wann spielt die Geschichte? In der Kindheit, während Ihrer Jugend, im Erwachsenenalter ...?
- In welchem Umfeld spielt die Geschichte? In der Familie, in der Schule, während der Ausbildung, am Arbeitsplatz ...?

Betrachten Sie nun noch mal das Ergebnis Ihres Erfolgserlebnisses: Was daran vermittelte Ihnen das Gefühl des Erfolgs?

- Sie haben gewonnen.
- Sie haben Ihre Fähigkeiten unter Beweis gestellt.

- Sie haben jemanden von sich und Ihren Fähigkeiten überzeugt.
- Sie haben sich durchgesetzt.
- Sie haben zwischen Konfliktpartnern vermittelt, einen Streit geschlichtet.
- Sie haben einen besonders guten Abschluss getätigt.
- Anderes ...

Notieren Sie alles, was Ihnen zu Ihrem Erfolg in den Sinn kommt. Es muss nicht DIE eine Antwort geben, es können, ja es werden ganz sicher mehrere Antworten sein, die Ihren Erfolg definieren.

Was ist der Zweck dieser Übung? Zu erkennen, dass Erfolg sich aus mehreren Elementen zusammensetzt, dass er viele Facetten hat.

Und weil wir nun schon so schön am Arbeiten sind, machen wir gleich weiter und sehen uns an, welche Rolle die 10 Erfolgsfaktoren der Zukunft in Ihrer Problemlösung gespielt haben! Kreuzen Sie an, welcher Erfolgsfaktor Ihnen dabei half, die Herausforderung zu bestehen!

Erfolgsfaktoren	**Beteiligt?**
Erfolgsfaktor 1 Balance	☐
Erfolgsfaktor 2 Spezialistin sein	☐
Erfolgsfaktor 3 Kundenorientierung – Beziehungen managen	☐
Erfolgsfaktor 4 Motivation	☐
Erfolgsfaktor 5 Teilen von Kenntnissen und Fähigkeiten	☐
Erfolgsfaktor 6 Netzwerke aufbauen	☐
Erfolgsfaktor 7 Verantwortung & Flexibilität	☐
Erfolgsfaktor 8 Weitblick zeigen und Komplexität managen	☐
Erfolgsfaktor 9 Gefühle niemals unterschätzen	☐
Erfolgsfaktor 10 Eine positive Persönlichkeit sein	☐

Sie haben mehrere der Erfolgsfaktoren angekreuzt? Dann freuen Sie sich, denn Sie haben hiermit den Beweis angetreten, dass Sie die

Erfolgsfaktoren der Zukunft in sich tragen! Auch wenn Sie sich bis jetzt dessen gar nicht bewusst sind, ich kann Ihnen versichern, Sie sind dafür bestimmt, erfolgreich zu sein, denn:

Erfolg ist nur ein anderes Wort für Leben!

Fazit:

Frauen wissen mehr über Erfolg, als ihnen bewusst ist.
Frauen definieren Erfolg individuell und lassen sich immer weniger von einseitig geprägten Erfolgsmustern leiten.
Frauen tragen die Erfolgsfaktoren der Zukunft in sich.

IV. Frauen schaffen es: Warten wir nicht länger!

Die weiblichen Erfolgseigenschaften haben uns dahin gebracht, wo wir uns heute befinden, und sie sind es, die uns eine glänzende Zukunft ermöglichen werden. Vielleicht ist es mir gelungen, Ihnen diese Erfolgseigenschaften mit diesem Buch bewusst zu machen und ich hoffe, dass Sie erkannt haben, was und wie viel mehr wirklich in Ihnen steckt, welch ungeahnte Talente Sie in sich tragen, was Sie können, wissen und wie viele Stärken Sie haben.

In unzähligen Begegnungen, in vielen Gesprächen, die ich während der Arbeit an diesem und anderen Büchern und Artikeln führte, habe ich diese ureigensten weiblichen Fähigkeiten immer wieder gefunden, nicht nur bei Frauen, auch bei Männern, und ich habe immer wieder festgestellt, wie wichtig es ist, das, was uns Frauen ausmacht, das, was wir **sind**, hervorzuholen, zu entfalten, zu trainieren, zu präsentieren, es auf die Bühne des Lebens zu bringen, um die Welt reicher, schöner und lebenswerter zu machen, als sie vielfach bis heute ist.

Es stimmt mich sehr zuversichtlich, dass immer mehr Menschen die Notwendigkeit und die Bedeutung des Umdenkens, der Neuorientierung in den Unternehmen, der Einbeziehung weiblicher und männlicher Verhaltensmuster in die Führungsarbeit erkennen. Und vor allem: des Verständnisses für die Verschiedenheit der Geschlechter und die absolute Notwendigkeit, beide Pole zusammenzubringen. In zahlreichen Studien von Psychologen, Soziologen, Trendforschern und renommierten Unternehmensberatungen wird belegt, dass die Berücksichtigung der weiblichen Qualitäten und Eigenschaften unerlässlich ist, um den derzeit stattfindenden Wandel in Wirtschaft und Gesellschaft zu bewältigen. Viele Studien befassen sich mit dem Unterschied von Mann und Frau, sowohl was die Kommunikation als auch das Führungsverhalten betrifft. Die bekannte Trendforscherin Faith Popcorn beschreibt in „EVAlution“ die Rolle eines an Frauen orientierten Marketings und einer weiblichen Orientierung der Wirtschaft. Gertrud Höhler widmet sich immer wieder dem Thema „Mann/Frau/Wirtschaft“. Daniel Goleman beschäftigt sich mit der Frage der Emotionalen Intelligenz und ihrer Rolle für das menschliche Miteinander, für die Familie und die Unternehmen. Matthias Horx wiederum erforscht Trends und stellt Zukunftsprognosen auf, und auch bei ihm spielt das Spannungsfeld Frau-Mann eine wesentliche Rolle. (Sie finden die erwähnten Autorinnen und Autoren auch in der Literaturliste am Ende des Buches wieder.)

Dass Frauen ungeahnte Führungsqualitäten haben, wird auch in US-Studien immer wieder belegt: So wurde 1996 in einer Untersuchung der „Foundation of Future Leadership“, Washington, DC, festgestellt, dass Frauen in Unternehmen ihre männlichen Kollegen in 28 von 31 Kategorien übertreffen. Die Forscher, die 6.400 Fragebögen als Basis heranziehen konnten, fanden heraus, dass Frauen produktiver arbeiten, Konflikte besser lösen, Termine und Deadlines zuverlässiger einhalten, Trends und Entwicklungen besser einschätzen können, viele Ideen haben, sich selbst effektiver weiterentwickeln und besser kommunizieren. Die Experten, die über mehr als zwanzig Jahre Erfahrung im Management verfügen, konnten zeigen, dass Frauen die effektiveren Manager sind. Sie beherrschen nicht nur die „soft skills“ besser, das Zwischenmenschliche, sondern sie haben auch die besseren Management-Qualitäten. Unter den Befragten befanden sich auch 915 Führungskräfte, davon 645 Männer. Untersucht wurden: die Problemlösungs- und Planungskompetenz, die Fähigkeit des Selbstmanagements, Führungsqualitäten und kommunikative Fähigkeiten. Die wesentliche Erkenntnis der Befragung: Frauen sind sowohl in den interpersonellen Fähigkeiten als in den „hard skills“ hervorragend, Männer wurden nur in zwei der abgefragten Punkte höher eingeschätzt, nämlich in Sachen Frustrationstoleranz und dem Umgang mit Druck. In vielen anderen Punkten schnitten die Frauen besser ab.

Andere US-Studien weisen durchaus ähnliche Ergebnisse auf:

- Mehr als 2.400 Manager in 19 Bundesstaaten stuften Frauen in 17 von 20 Fähigkeiten besser ein, wie z. B. Teamwork, Coachingfähigkeiten, Entscheidungsfreude und Planung (Studie von Lawrence A. Pfaff and Associates, Kalamazoo, MI).
- Frauen sind in 42 von 52 „skills" besser als Männer – befragt wurden 425 Führungskräfte (Hagbert Consulting Group, Foster City, CA).
- In einer Studie unter 58.000 Managern erhielten Frauen in 20 von 23 Punkten bessere Bewertungen (Personnel Decisions International, Minneapolis, MN).
- In einer weiteren Studie wurden männliche und weibliche Manager derselben Firmen mit gleichen Jobs und auf derselben Karrierestufe mit derselben Erfahrung als Supervisoren unter die Lupe genommen: Die Frauen übertrafen die Männer in mehr als der Hälfte der 22 abgefragten Fähigkeiten (The Management Research Group Study, Portland, ME).

Unzählige Studien belegen alle das Gleiche: Frauen sind kompetent und viel besser als sie es selbst wissen. Wichtig an all diesen Ergebnissen ist neben der Tatsache, dass Frauen in den ihnen traditionell zugeschriebenen Eigenschaften „natürlich" hervorragend abschneiden. Spannender ist die Erkenntnis, dass sie auch in den typischerweise Männern zugerechneten Fähigkeiten durch die Bank besser sind: Frauen denken analytischer, planen besser, messen und kontrollieren besser und sind tatsächlich die besseren Führungskräfte und Manager. (Und das nicht zuletzt aus Sicht der Männer).

Ihnen genau diese Stärke zu zeigen und die Gewissheit zu vertiefen (denn geahnt haben wir es ja schon immer), sah ich als Ziel dieses Buches. Und dazu gehört auch, Ihnen Mut zu machen, sich etwas zu trauen, sich selbst viel mehr zuzutrauen. Ihnen zu zeigen: Entwickeln Sie Ihre Persönlichkeit und Ihre Stärken, stellen Sie sich auf die Bühne, trommeln Sie und lassen Sie Ihren Erfolg zu!

Mir ist bewusst, dass das einfacher gesagt als getan ist, aber mit den eingestreuten Übungen und Nachdenk-Aufgaben haben ich Ihnen vielleicht schon einen Teil des Weges gewiesen. Wäre alles so einfach, dann hätten Sie schließlich hinterher keinen Grund stolz zu sein. Der Weg an die Spitze ist gepflastert mit Hindernissen – und der Mut zu kämpfen gehört dazu. Ein Weg voller Überraschungen, der nicht geradlinig ist, der sich Ihnen mit Kurven präsentiert und Ihnen auch Rückschläge nicht ersparen wird. Doch nach Regen folgt auch immer Sonnenschein.

Die letzten fünf Prozent

Über die Jahrhunderte hinweg haben Frauen durch ihr Denken und ihr Handeln den Weg bereitet für die nachfolgenden Generationen. Sie standen dabei nur selten im Rampenlicht, ihre Leistungen haben sie stillschweigend genossen, teils als selbstverständlich angesehen, manchmal auch keines weiteren Kommentars für würdig befunden. Als Mütter, Töchter, Ehefrauen, Musen ... haben Frauen im Hintergrund Unvorstellbares geleistet. – Nun gilt es herauszutreten auf die Bühne, die Erfolge zu feiern und aus dem Schattendasein auf die Sonnenseite des Lebens zu treten!

Doch wer kennt es nicht, das Kehrtmachen kurz vor dem Ziel, das Abwenden auf den letzten Metern? Mit fadenscheinigen Begründungen, mit Ausreden verharren wir auf einer Stufe der Unzufriedenheit, machen wir wen auch immer dafür verantwortlich, dass wir es nicht geschafft haben. 95 Prozent des Weges sind zurückgelegt, doch wenn es darum geht, die Verantwortung zu übernehmen, für sich einzustehen, sich zu präsentieren, endlich einmal laut auszusprechen, was frau will ... dann drehen wir um, ziehen uns zurück, überlassen das Terrain anderen.

„Bei so vielem, was wir im Leben tun – von Projekten im Job über die tägliche Hausarbeit bis hin dazu, einen Berg zu besteigen – finden wir Gründe, die letzten fünf Prozent nicht zu tun. Für eine Himalaya-Expedition verbringst du Jahre damit, Sponsorengelder aufzutreiben, du legst den ganzen Weg nach Nepal zurück, schaffst sechs Wochen lang

Gepäck von einem Camp zum nächsten. Und dann, endlich, kommt der Tag des Gipfelsturms, du bist nur noch wenige Stunden von der Spitze entfernt – und dann ist es zu kalt, zu steil oder du bist zu müde."

Arlene Blum, Bezwingerin der höchsten Berge der Welt, führte vor mehr als zwanzig Jahren die erste Frauenexpedition auf den Annapurna. Seither hat sie in zahlreichen Führungsseminaren für Unternehmen wie Hewlett-Packard Erfahrungen und Erkenntnisse aus ihren zahlreichen Aufstiegen für Managerinnen und Manager übersetzt. Im Interview mit der US-amerikanischen Zeitschrift Fast Company beschreibt sie ihr Erfolgsmodell:
„Ich war deswegen bei meinen Aufstiegen so erfolgreich, weil ich mich während der letzten, wirklich anstrengenden fünf Prozent nicht umwendete. An die Spitze zu kommen, bedeutet nicht, einen finalen Sprint hinzulegen. Es bedeutet, deinen Rhythmus aufrecht zu erhalten – und wenn dieser Rhythmus heißt, für jeden Schritt fünf Atemzüge zu machen. Diese Art, konzentriert an die Sache heranzugehen, bedeutet, dass du mehr Energie für unerwartete Herausforderungen hast – und es verringert die Wahrscheinlichkeit, dass du den Blick darauf verlierst, warum du allen voran auf diesen Berg steigst."

Hier haben wir sie wieder, die Ruhe aus der Konzentration, die Balance, die Energie. Die ersten 95 Prozent des Weges zurückzulegen erfordert schon ausreichend davon. Aber diesen ersten Teil des Wegs können wir meistens auch dann hinter uns bringen, wenn wir uns ablenken lassen, wenn wir gestresst sind oder das Ziel nicht so deutlich vor Augen haben. Doch auf den letzten Metern müssen wir uns sammeln und uns auf den Weg konzentrieren, auf das „Warum" und damit letztendlich das Ziel, an das wir gelangen möchten.

Wir sind nicht nur für unser Tun verantwortlich, sondern auch für das, was wir nicht tun.

Molière

Die letzten fünf Prozent sind nicht für jede Frau dasselbe. Was die eine schon auf den ersten Metern erledigt, ist für die andere eine unüberwindliche Hürde. Was für die eine unlösbare Probleme aufwirft, ist für die andere nach den wenigen Schritten abgehakt. Und vieles taucht überhaupt erst auf den letzten fünf Prozent auf! Plötzlich werden wir von Selbstzweifeln überfallen: Möchte ich wirklich Abteilungsleiterin werden? Will ich wirklich diesen Laden eröffnen? Will ich wirklich ganz allein ins Flugzeug steigen und diese Indien-Reise machen? Bin ich nicht zu schwach, klein, dick, dünn, hässlich, doof, zu unbedeutend für ...?
Die Zweifel an den eigenen Fähigkeiten halten Frauen davon ab, das zu tun, was sie gerne tun möchten. Lieber bescheiden im Hintergrund bleiben, denn es gibt sicher jemanden, der mehr kann, der es besser kann. Doch diese Strategie (ja, der Rückzug ist eine Strategie!), die Opferhaltung bringt uns nicht weiter, wir werden nicht glücklich damit, und tief in unserem Inneren wir wissen das auch. Viel wichtiger ist die Frage: „Was würde ich tun, wenn ich mir sicher wäre, nicht scheitern zu können? Wenn ich sicher wäre, dass es mir gelingen würde?"
Die Alternative heißt:

- Zu sich selbst zu stehen!
- Verantwortung zu übernehmen!
- Erfolg zuzulassen und ihn zu genießen!

Sie haben nun einiges über sich herausgefunden und wissen, wohin Ihr Weg Sie führen könnte, welche Möglichkeiten Ihnen offen stehen, welches Potenzial in Ihnen liegt. Nun erhalten Sie noch den richtigen Reiseproviant für die letzten Meter, der Ihnen Flügel verleiht und Sie gleichzeitig auf dem Boden der Realität hält. Meine ganz speziellen Erfolgsgeheimnisse, die ich von meinem Vater und aus meiner persönlichen Erfahrung entwickelt habe. Nicht zuletzt fand ich sie immer wieder im Leben und im Austausch mit anderen erfolgreichen Frauen bestätigt. Vielleicht haben Sie gespürt, es ist die kostbare Essenz meiner Arbeit.

Seien Sie sicher!

Alle großen Persönlichkeiten wurden am Anfang belächelt und ich selbst kann mich sehr gut daran erinnern, wie Klassenkameraden mir mit auf den Weg gaben: „Du hast nicht das Zeug, eine Rednerin zu werden, so gut wie dein Vater wirst du nie ...". Solche Gedanken hat jede von uns auf dem Wege eingepflanzt bekommen und sie vergiften unser Selbstvertrauen. Und so wie jeder Computer ein Anti-Viren-Programm haben sollte, so brauchen auch wir ein solches Programm, das uns vor kritischen Gedanken-Viren schützt. Warum sollten wir nicht viel mehr erreichen, als andere uns zutrauen? Glauben Sie nicht alles, was andere Ihnen sagen. Natürlich werden Sie immer wieder Fehler machen und auf Hindernisse stoßen, doch ohne diese würden wir aufhören zu wachsen.

Keine von uns kommt als Genie auf die Welt! Aber jede von uns hat die Möglichkeit, auf einem Gebiet genial zu werden. Achtung, die Betonung liegt hier auf *einem* Gebiet! Das Anforderungsprofil für das „Unternehmen", das **Sie** sind, haben wir ausreichend definiert:

- Ich habe Spaß daran dazu zu lernen.
- Ich suche, nutze und erweitere ständig mein Potenzial.
- Ich möchte mich einbringen und etwas bewegen.
- Ich suche mir Beziehungen, die meine persönliche Weiterentwicklung unterstützen und fördern.
- Ich bin selbst dafür verantwortlich wie mein Leben aussieht und nutze die Chance diese bewusst zu gestalten.
- Ich bin in der Lage mehrere Dinge gleichzeitig zu tun und das Ziel nicht aus den Augen zu verlieren.
- Ich denke vernetzt und richte mein Handeln ganzheitlich am Nutzen aller aus.
- Ich knüpfe gern neue Kontakte und weiß dass Menschen mir helfen noch erfolgreicher zu werden.
- Ich haben den Mut auf andere zuzugehen und ihr Vertrauen zu gewinnen.

- Ich habe die Fähigkeit meine Stärken und Erfolge zu beachten.
- Ich habe eine optimistische Einstellung und einen realistischen Blick auf die Dinge.
- Ich bin flexibel. Ich passe mich blitzschnell den jeweiligen Bedürfnissen und Gegebenheiten an um meine Werte und Ziele zu verwirklichen.
- Ich entwickle meinen eigenen Stil, meinen Lebensstil.
- Ich bin in der Lage, das Wesentliche vom Unwesentlichen immer besser zu unterscheiden.
- Ich werde immer besser darin meinen Perfektionismus im Zaum zu halten.
- Ich fühle mich für mein eigenes Leben, mein eigenes Lebenswerk verantwortlich.

Die ersten 95 Prozent sind mit unserem Idealismus und unserem Engagement zu schaffen. Um vom Rohdiamanten zum Brillanten zu werden, bedarf es des überlegten Einsatzes von Energie, des Ihnen eigenen Rhythmus, der Sie auf den Gipfel bringt. Des letzten Schliffs, der Sie erkennen lässt, dass wir Frauen so viel besser sind ... als wir es selbst wissen!

Erklimmen Sie die letzten 5 Prozent:

- Verlassen Sie das Basislager und riskieren Sie etwas.
- Trauen Sie sich.
- Finden Sie Ihren eigenen Rhythmus.
- Verbünden Sie sich mit anderen.
- Erkennen und nutzen Sie Ihre Eigenschaften.
- Ziehen Sie gemeinsam an einem Strick. Arbeiten Sie mit Männern, nicht gegen sie. Seien Sie für etwas und nicht gegen etwas.
- Vertrauen Sie Ihrer Intuition.
- Lernen Sie aus Misserfolgen und Fehlern, aber lassen Sie sich davon niemals entmutigen. Lernen Sie jedoch noch viel mehr aus ihren Erfolgen.
- Freuen Sie sich über Ihre Erfolge! Über die großen und die kleinen,

über die privaten und beruflichen, über jeden einzelnen, denn es sind großzügige Geschenke, die Sie sich selbst gemacht haben.

Sie werden die letzten fünf Prozent auch noch schaffen

Mein Vater hat mir immer wieder eine Geschichte erzählt, die ich auch Ihnen mit auf den Weg geben möchte: Edmund Hillary hatte einen Traum: Er wollte den Mount Everest bezwingen, er wollte der erste sein, der diesen Riesen besteigt und erobert. Doch sein erster Versuch war ein großer Misserfolg und seine finanziellen Mittel waren erschöpft. So war er gezwungen Vorträge über seinen Traum zu halten um neue Sponsoren zu finden. Eines Abends bei einem dieser Vorträge in London zeigte er wie immer als Abschluss-Dia ein Foto, auf dem der gewaltige Mount Everest zu sehen war. Mitten in seinem Vortrag hielt er plötzlich inne, blickte auf den Mount Everest und sagte voller Stolz und Zuversicht: „Du, du kannst nicht mehr wachsen – aber ich!"

Neun Erfolgsstrategien für eine erfolgreiche Zukunft in eigener Regie!

Jetzt ist es soweit: Nachdem wir nun wissen, das alles in uns ist, ist es an der Zeit endlich Gas zu geben und auf stolz auf die Bühne des Lebens zu treten. In den vergangenen Jahren habe ich viele Frauen auf dem Weg nach oben begleitet und die folgenden Strategien werden auch Ihnen helfen das Beste aus Ihrer Zukunft zu machen.

1. Entscheiden Sie sich!

Sie sollten selbst entscheiden, was Sie wollen: Wollen Sie einen Job oder wollen Sie Karriere machen? Entscheidend ist einzig die Frage: „Was will ich?" Sie sollten sich entscheiden, ob sie ‚nur' arbeiten wollen, oder ob Sie tatsächlich Einfluss haben wollen. Sie *müssen* übrigens nicht erfolgreich sein, keiner zwingt uns! Überdenken Sie diese Frage bitte sehr genau, denn die meisten Menschen wollen die Karriereleiter gar nicht besteigen. Alles beginnt mit einer Entscheidung, mit Ihrer Entscheidung. Wenn Sie viel weiter kommen wollen als andere und wahrscheinlich Sie sich selbst je zugetraut haben, dann sollten Sie auf jeden Fall die zweite Strategie nutzen!
Wollen Sie Kinder, Karriere oder beides? Sie müssen, sie dürfen auch dies selber entscheiden. Lassen Sie nicht länger andere für uns entscheiden. Wahrscheinlich gehören auch Sie zu den Frauen die sagen, „Ich will beides: Kind & Karriere". Die gute Nachricht ist, dass Sie beides haben

können. Es funktioniert, allerdings nur, wenn Sie sich sehr gut organisieren. Aus diesem Grunde sagen so viele erfolgreiche Frauen: „Du musst Dir deinen Partner sehr genau aussuchen." Wichtig ist, das sie es sich sowohl beruflich, wie auch finanziell leisten können für ein Kind eine Auszeit zu nehmen oder Kinderbetreuung zu ermöglichen. Natürlich wird es nicht immer leicht und so manches Mal wird Ihnen das Chaos über den Kopf wachsen, doch wenn dies einer schafft, dann wir Frauen. Organisationstalente sind wir ja, deshalb kann uns dieser Balance-Akt auch gelingen. Das dies nicht immer leicht ist, das steht außer Frage.

2. Seien Sie spitze!

Sinn ist nicht nur das motivierende, sondern das lebenserhaltende Element überhaupt.
Viktor E. Frankl

Erfolgreiches Handeln bedeutet Hingabe an eine Aufgabe.
Walter Böckmann

Jetzt denken Sie daran, dass Sie unglaublich fleißig sein sollen – doch weit gefehlt, denn bei dieser Erfolgsstrategie geht es darum, dass Sie nur auf *einem* Gebiet spitze sein sollen. Sie haben unglaublich viele Talente, doch das Leben ist einfach zu kurz, um auf vielen Gebieten sehr gut zu sein, eine Könnerin zu sein. Erinnern Sie sich, dass wir gesagt haben, dass alle großen Persönlichkeiten bekannt sind für nur eine ‚Tätigkeit'? Denken Sie an Frauen wie Tina Turner, Margret Thatcher, Mutter Theresa, Jil Sander, Beate Uhse, Venus Williams, ...
Sie alle haben einen Großteil ihrer Energie auf eine Aufgabe, auf ein Gebiet konzentriert und sind auf diesem Gebiet immer besser geworden. Haben Sie sich denn niemals die Frage gestellt, warum mancher

Fußballer oder Michael Schumacher so viel verdienen? Weil sie auf *einem* Gebiete spitze sind und *eine* Sache besser können als alle anderen. Genau das sollten auch wir Frauen tun (allerdings sollten wir bitte nicht den Ehrgeiz entwickeln, besser als alle andere putzen zu können ...). Wichtig ist, dass dieses Gebiet unseren größten Talenten entsprechen sollte und etwas ist, das gebraucht wird bzw. Nutzen bringt. Je größer der Nutzen für andere ist und umso mehr Menschen das brauchen, was Sie zu bieten haben, umso größer sind Ihre Chancen. Denken Sie nur noch einmal an Beate Uhse ...

Vielleicht sind Sie ja schon auf dem Weg eine gefragte Spezialistin zu werden. Möglicherweise sind Sie auch noch auf der Suche, dann können Ihnen die folgenden Fragen behilflich sein:

- Was können Sie besonders gut?

- Welche Tätigkeiten fallen Ihnen besonders leicht?

- Wo konnten Sie Ihre größten Erfolge erzielen?

- Über welche Ihrer Erfolge freuen Sie sich am meisten?

- Wo können Sie den größten Nutzen bringen?

- Welche Aufgabe ist so wichtig, dass es sich lohnt Ihre Lebenszeit dafür zu nutzen?
- Wessen Job hätten Sie gerne?
  Warum?
  Was müssten Sie tun oder lernen um in diesem Job zu glänzen, erfolgreich zu sein?

Und hier eine ganz wichtig Frage, über die Sie einige Tage und vor allem Nächte nachdenken sollen:
Nehmen wir einmal an, Sie wachen morgen früh auf und alles ist per-

fekt, einfach perfekt (es gibt also nichts mehr zu meckern), wie würde Ihr Leben dann aussehen und vor allem was würden Sie arbeiten? Erschrecken Sie nicht, wenn Sie in Ihrer Fantasie zunächst einen langen Urlaub machen (es sei Ihnen vergönnt) – doch entscheidend ist: was tun Sie danach? Psychologen wissen schon lange, wie wichtig es für jeden Menschen ist eine Aufgabe zu haben, denn nur so können wir unserem Leben Wert und Sinn geben. Nur so haben wir die Möglichkeit zu spüren: „Mein Leben hat einen Sinn." Dies ist ein Garant für ein langes und erfülltes Leben und ein wirksamer Schutz gegen Verzweiflung und schlechte Gewohnheiten.
Dies ist vielleicht eine der schwierigsten Entscheidungen in ihrem Leben und genau deshalb sollten Sie diese gut überdenken und selbst entscheiden, was Sie mit dem Rest ihres Lebens anfangen wollen.
Es gibt eine Frage um darauf eine Antwort zu finden, die vielen Menschen geholfen hat: „Für welche Aufgabe, für welchen Job hat mich der liebe Gott auf diese Erde geschickt?"

Am einfachsten haben Sie es, wenn Sie ihre Erfolge verlängern, wenn Sie das, was Sie bis heute schon am besten können, noch weiter zur Meisterschaft ausbauen. Doch denken Sie daran, keiner wird über Nacht zu einem Könner, zu einer einflussreichen Persönlichkeit. Spezialisten, Profis und Könner werden immer gebraucht und finden immer Verbündete. Wenn Sie jedoch lieber alle paar Jahre die Branche und den Beruf wechseln, dann dürfen Sie sich nicht wundern, wenn Sie nicht aufsteigen und auch Ihr Gehalt immer auf gleichem Niveau bleibt. Vielleicht finden Sie diese Worte zu hart, doch ich möchte Sie damit provozieren und motivieren zu überprüfen ob dies stimmt.
Doch auch für die Spezialistinnen-Strategie ist die Entscheidung unverzichtbar! Legen Sie sich fest und zwar nur auf *einen* Beruf, auf *ein* Gebiet, auf *eine* Aufgabe und werden Sie hier Tag für Tag, Jahr für Jahr immer besser. Natürlich müssen Sie dies nicht tun, doch ich garantiere Ihnen, dass dies der leichtere Weg zum Erfolg ist.
Es ist ein unglaublich befreiendes Gefühl, endlich zu wissen was man will!

3. Lernen Sie von Vorbildern

Vielleicht gehören auch Sie zu den Frauen, die Ihre Aufgabe bereits gefunden haben und die letzte Strategie hat Sie darin bestätigt, dass Sie auf dem richtigen Weg sind. Vielleicht gehören Sie jedoch zu jenen, die jetzt bereit sind, Ihrem Leben eine Richtung zu geben und Sie sind bereit auf einem Gebiete spitze zu werden. Helfen kann und wird Ihnen dabei das Vorbild, das andere für uns sein können, die bereits mehr erreicht haben als wir selbst. Sie sollten unbedingt so viel wie möglich über diese Menschen, diese Frauen herausfinden, die auf Ihrem Gebiete bereits Spitze sind. Sollten Sie also eine große Pianistin werden wollen, dann rate ich Ihnen herauszufinden, welche großen Pianistinnen es bereits gab und wer aktuell die bekanntesten sind. Finden Sie soviel wie möglich über diese Menschen heraus, denn bereits das wird Ihnen helfen Ihr Verhalten in die richtige Richtung zu lenken und mit Sicherheit auch dafür sorgen, dass Sie sich so manche Sackgasse ersparen.

Lernen gehört zum Leben dazu und wer aufgehört hat zu lernen, hat aufgehört zu wachsen. Finden und orientieren Sie sich an starken Frauen, lesen Sie Biographien und verstärken Sie so ganz automatisch Ihren Erfolgscharakter. Es fällt Ihnen schwer Frauen zu finden, die Sie für ihre Leistung bewundern können? Wenn das so ist, dann sollten auch Sie nicht erwarten oder erhoffen, dass andere Ihnen jemals Achtung und Respekt entgegen bringen, denn alles beginnt in uns und wir erzeugen das Echo. Sie werden entdecken, dass es unglaublich viele erfolgreiche Frauen gab, gibt und geben wird. Lassen Sie sich von diesen Vorbildern inspirieren und motivieren. Sie werden entdecken, dass alle klein angefangen haben und das auch diese Frauen nicht perfekt sind. Also können auch wir mit unseren Ecken und Kanten genauso groß, vielleicht noch größer werden.

Sie sollten jedoch auch aus den eigenen Erfolgen lernen, denn jeder Erfolg zeigt Ihnen, dass Sie etwas richtig gemacht haben, sonst wäre es ja kein Erfolg.

4. Sammeln Sie Erfolge

Um aus unseren Erfolgen noch besser lernen zu können, ist es zunächst einmal notwendig diese auch zu sehen. Obgleich wir eine unglaublich große Wahrnehmungsfähigkeit besitzen, scheinen wir blind, wenn es darum geht, unsere eigenen Erfolge zu erkennen. Deswegen hier eine unverzichtbare Strategie: Sammeln Sie Ihre kleinen und großen Erfolgserlebnisse.

Sie erinnern sich, wie wir Erfolge definiert haben: **Erfolge sind gelöste Probleme.**

Ihre Aufgabe ist es, jeden Tag genau hinzuschauen, welche Probleme Sie heute gelöst haben, was Ihnen heute gut (nicht perfekt!) gelungen ist. Jeden Tag, am besten am Abend oder kurz vor Büroschluss, sollten Sie sich also drei Dinge aufschreiben, die Ihnen gut gelungen sind. Das gilt sowohl für berufliche wie auch für private Erfolge, denn aus beiden können wir lernen.
Diese Übung hat sehr viele Vorteile, lassen Sie mich nur fünf nennen:
Sie sehen schwarz auf weiß, dass Sie viel mehr leisten als Sie sich jemals bewusst waren.
Sie werden ganz automatisch immer besser darin Probleme zu lösen.
Sie loben sich selbst und werden weniger abhängig vom Applaus der anderen.
Sie haben so auch die passendsten Argumente für die nächste Gehaltserhöhung zur Hand.
Sie stärken damit Ihr Selbstvertrauen, denn mit jedem Erfolg wächst der Glaube, das Vertrauen in die eigenen Fähigkeiten.
Übrigens wird diese Übung Ihnen helfen Ihre Erfolgseigenschaften zu erkennen und zu verstärken, denn alles lebt aus der Beachtung.

Beachtung bringt Verstärkung

Nikolaus B. Enkelmann

5. Lassen Sie sich helfen !

Versuchen Sie immer noch alles allein unter den Hut zu bekommen? Vergessen Sie das, denn je weiter Sie aufsteigen wollen, umso mehr müssen Sie sich helfen lassen, müssen Sie lernen zu delegieren. Noch viel wichtiger ist es, dass Sie immer öfter andere um Hilfe, um Unterstützung bitten müssen. Sie haben gar nicht genug Zeit um alles alleine zu schaffen. Deswegen sollten Sie sich folgende Fragen stellen:

- Gibt es etwas, das ich nicht mehr (selbst) machen will?
- Wer kann mir dabei helfen?
- Was kann ich alles delegieren?
- Wen will ich in Zukunft öfters um Hilfe bitten?

Warten Sie nicht darauf, dass andere Ihnen von alleine Hilfe anbieten und gerade, wenn Sie es mit männlichen Wesen zu tun haben, müssen Sie ganz genau sagen welche Hilfe sie brauchen, denn sonst passiert nichts, gar nichts!

Menschen helfen im Allgemeinen sehr gerne. Gerade, wenn es Ihnen sehr schwer fällt andere um Hilfe zu bitten oder Sie Angst haben anderen zur Last zu fallen, so sollten Sie diese Fähigkeit erst recht trainieren und zwar jeden Tag. Machen Sie sich doch jeden Tag einfach eine kleine Liste, auf der Sie sich aufschreiben, wer Ihnen heute womit helfen kann und setzen Sie diese in die Tat um.

6. Arbeiten Sie mit Männern – nicht gegen sie!

Männer treiben uns so manches Mal in den Wahnsinn, doch sie können auch unglaublich nützlich sein und unser Leben bereichern. Nicht nur das – sie können und werden uns auch helfen Karriere zu machen, wenn wir es ihnen erlauben. Sie wissen, dass Männer anders denken, handeln und fühlen. Darum gilt es so mit Ihnen umzugehen, dass sie auch wissen, was wir von Ihnen erwarten. Dabei gilt es nicht gegen sie zu kämpfen oder zu hoffen, dass sie sich irgendwann ändern werden, sondern sie so zu nehmen wie sie sind. Das gilt für den Kollegen genauso wie für den Kunden, den Chef oder eigenen Lebenspartner. Hier ein paar Tipps, die vielleicht zu simpel klingen, dennoch unglaublich wirksam im Umgang mit männlichen Wesen sind:

- Beachten Sie immer wieder seine guten Seiten (Beachtung bringt Verstärkung)!
- Loben Sie den anderen lieber einmal zu viel als einmal zu wenig (Motivation ist alles)!
- Sprechen Sie nicht über Probleme, sondern über Lösungen oder wie Sie es gerne hätten (Seien Sie für etwas, nicht gegen etwas)!
- Wenn Sie möchten, das er etwas für Sie tut, dann benutzen Sie einen möglichst kurzen Satz. Erwarten Sie keine sofortige Begeisterung, sondern vertrauen Sie darauf, dass der andere nach einer Bedenkzeit versuchen wird zu helfen (Bringen Sie es auf den Punkt)!
- Wenn Sie Hilfe brauchen, dann sagen Sie dies lieber früher als später und erwarten Sie auf gar keinen Fall, dass der andere sieht was Sie brauchen (H-i-l-f-e)!
- Lassen Sie Taten sprechen, denn Männer verstehen Handlungen besser als Worte.

Ganz besonders wichtig ist, dass Ihr Partner Ihre Pläne kennt und Sie so genau wie möglich sagen, besser noch aufschreiben, welche Unterstützung Sie benötigen. Er kann Ihnen nur auf dem Weg nach oben zu Seite stehen, wenn er weiß, was Sie von ihm erwarten. Lassen Sie ihn wissen, dass Sie ihn brauchen, dass seine Hilfe unverzichtbar ist und Sie nur so Ihre großen Ziele verwirklichen können. Zwei Motive treiben auch heute den modernen Mann noch an: das Gefühl gebraucht zu werden und das Gefühl, dass er es schaffen kann Sie glücklich zu machen.

Wichtig ist hier auch die Erkenntnis, dass die meisten Frauen von Männern gefördert werden. Daher ist es wichtig, dass Sie diese Förderer auch als solche erkennen, die ihnen dabei behilflich sind ihre Ziele zu erreichen. Wenn er spürt, dass Sie ihn unterstützen, dann wird er Sie gerne mit auf den Weg nach oben nehmen.

Was wären die Frauen
ohne die Eitelkeit der Männer

7. Sein Sie anders als die anderen ...

... entwickeln Sie sich in eine dankbare Persönlichkeit. Vielleicht überrascht Sie dieser Punkt, doch er kann ihnen ungeahnte Chancen eröffnen. Dankbarkeit ist nicht nur eine Eigenschaft zufriedener Menschen, denn Sie haben den Mut sich auch über kleine Dinge zu freuen und nicht nur das Haar in der Suppe zu suchen. Es geht auch darum Anerkennung zu zeigen und dies ist eine der Hauptantriebskräfte im Leben von uns Menschen. Seien Sie anders, sagen Sie danke, wenn Ihnen etwas Gutes wiederfährt, wenn Ihnen jemand hilft, wenn jemand Ihnen eine Chance bietet. Sie tun damit nicht nur dem anderen etwas Gutes, sondern vor allem sich selbst.

Das Glück wohnt niemals
bei den Undankbaren.

Doch Dankbarkeit hat noch viel mehr positive ‚Nebenwirkungen', denn sie macht uns unvergesslich und unsere Mitmenschen zu Wiederholungstätern. Denken Sie nur einmal an ein nettes Kompliment, ein Lob oder Geschenk, das Sie bekommen haben und über welches Sie sich aufrichtig gefreut haben. Werden Sie dies so schnell vergessen? Werden Sie den Menschen so schnell vergessen? Und werden Sie nicht bei nächster Gelegenheit dem anderen gerne etwas Gutes tun? Sehen Sie, und genau so ein Mensch sollten wir sein, eben anders als die Masse und damit Sonne in unser Leben bringen.

8. Machen Sie sich bekannt!

Sie sind fleißig, kompetent und machen Ihre Arbeit richtig gut? Das ist schön für Sie und sicherlich eine solide Grundlage für Ihren Erfolg.

Allerdings reicht dies nicht um Karriere zu machen, um reich und berühmt zu werden. Wenn Sie leichter erfolgreich werden wollen, dann müssen Sie ihre Erfolge publik machen, dann müssen Sie dafür sorgen, dass die Menschen Sie kennen, dass die Menschen Ihren Namen kennen. Es reicht nicht gut zu sein, wenn dies niemand weiß und niemand Sie kennt und weiterempfiehlt. Image-Pflege ist unverzichtbar und sich selbst einen Namen zu machen entscheidet darüber wie schnell Sie aufsteigen werden. Zu viele führen als No-Name ein Schattendasein, doch Sie sollten sich selbst in eine Marke verwandeln. Es liegt an Ihnen den eigenen Bekanntheitsgrad zu erhöhen und sich auf Ihrem Gebiet einen Namen zu machen. Die Welt vertraut dem Namen und Sie selbst haben schon oft erlebt, dass Sie lieber ein Markenprodukt gekauft haben, mit dem Vertrauen, so Qualität erworben zu haben. Als Spezialistin auf einem Gebiet sollten Sie jede Möglichkeit nutzen Ihren Namen in den Mittelpunkt zu stellen. Vielleicht gefällt Ihnen folgendes Zitat nicht, doch es ist die Wahrheit:

„Sie werden nicht nach Ihrer fachlichen Qualifikation bezahlt, sondern nach dem guten Namen, den Sie sich gemacht haben."

Es ist also Ihr Image, das Ihren Wert, Ihren persönlichen Marktwert ausmacht und Ihnen die Möglichkeit bietet spannende Angebote zu bekommen. Inzwischen spricht man auch von der bewussten ‚Positionierung', also die eigene Spezialität, die eigene Marktnische zu entdecken und sich hier einen guten Namen zu machen. Es hat mich in den Gesprächen mit den Personalberatern immer wieder überrascht, dass diese gerne Frauen vermittelt hätten, jedoch betonten, dass sie keine finden. Ich glaube, dass es viel mehr qualifizierte Frauen gibt als wir ahnen, diese jedoch im Schatten darauf warten entdeckt zu werden und täglich bemüht sind ihre Arbeit gut, ja sehr gut zu machen. Wenn wir jedoch mitspielen wollen, dann gilt es dafür zu sorgen, dass wir gesehen werden, dass wir bekannt sind und die wichtigen Menschen uns wahrnehmen müssen. Es gibt verschiedene Möglichkeiten dies zu tun, zum einen wenn sie eine geschickte Networkerin, eine geschickte

Smalltalkerin werden. Zum anderen, wenn Sie gezielt Öffentlichkeitsarbeit betreiben. Angefangen davon, dass Sie die Besten auf Ihrem Gebiete kennen sollten, hin zu kleinen Fachartikeln und Vorträgen. Gerade, wenn Sie sich einer wichtigen Aufgabe verschrieben haben, brauchen Sie die Hilfe von Menschen und die werden Ihnen umso mehr vertrauen, Sie umso mehr unterstützen je bekannter Sie sind, je bekannter Ihr Name ist. Die nächste Strategie verrät Ihnen übrigens eine der besten Möglichkeiten sich einen Namen zu machen. So werden Sie garantiert unvergesslich und nie mehr übersehen!
Wenn Sie mehr dazu wissen wollen, schauen Sie nach in *Von den Besten profitieren* Band II, dort gibt es ein ganzes Kapitel von mir zum Thema „Machen Sie sich einen Namen"!

10. Nutzen Sie die Magie der Präsentation

Sie lieben Geschenke? Was würden Sie davon halten, wenn Ihnen Ihr Chef eine schicke Aktentasche von Louis Vuitton schenken würde, diese allerdings in Zeitungspapier verpackt wäre? Wahrscheinlich würden Sie sich fragen, ob es sich um eine billige Kopie aus Fernost handelt? Selbst wenn sie Ihnen gefallen würde, so wäre doch die richtige Verpackung ganz entscheidend, um den Wert des Geschenkes ins rechte Licht zu setzen. Ganz ähnlich verhält es sich mit unseren Qualitäten, mit unserem Können, das wir einfach nicht wirkungsvoll präsentieren und uns dann wundern, wenn andere uns nicht den Respekt und die Wertschätzung entgegenbringen, den wir zu Recht verdienen. Die Kunst sich selbst ins rechte Licht zu setzen beginnt mit der Fähigkeit sich selbst wirkungsvoll zu präsentieren.
Zu Recht lautet die entscheidende Erfolgsstrategie: „Das erfolgreiche Leben beginnt mit der Fähigkeit erfolgreich zu sprechen." Auch wenn viele Frauen das Wort ‚verkaufen' nicht mögen, so ist es doch entscheidend, dass wir uns, unser Können, unsere Erfolge und Ziele wirkungsvoll verkaufen, wirkungsvoll präsentieren können. Nur durch die Macht der Sprache werden wir Menschen für uns gewinnen und sehr viel

leichter die nächsten Karrierestufen erklimmen. Wirkungsvoll zu kommunizieren ist eine Grundvoraussetzung, so wie der Führerschein, wenn Sie Auto fahren wollen. Im Vier-Augen-Gespräch genauso wie in Team-Besprechungen und vor Gruppen gewinnt die Person, gewinnt die Frau, die wirkungsvoll sprechen kann. Das ganze Leben ist ein Prozess gegenseitiger Beeinflussung. Ob Sie es wollen oder nicht, Sie beeinflussen bewusst und unbewusst jeden Menschen, dem Sie begegnen. Nutzen Sie diese Geheimwaffe um Menschen positiv zu überzeugen und für sich zu gewinnen, das ist bereits die halbe Miete vom Haus des Erfolges. Wenn dies noch in Kombination mit Kompetenz und Können auftritt, dann sind Sie unschlagbar.
Einfluss ist ohne die Unterstützung von anderen Menschen nicht möglich, doch die bekommen wir nur, wenn wir sicher auftreten und sprechen können. Gerade wenn Sie an der Verwirklichung einer wertvollen Aufgabe arbeiten, dürfen wir dieses Erfolgsgesetz nicht ignorieren – es sei denn Sie wollen den Schwätzern den Siegeszug überlassen. Eine ganz außergewöhnliche Frau ist für mich der beste Beweis für die Richtigkeit dieser Strategie: Mutter Teresa. Bis heute ist ihr Name ein Begriff, denn sie hat sich auf ihrem Gebiet einen Namen gemacht. Doch nicht nur das, sie hat es verstanden sich in den Medien so wirkungsvoll zu präsentieren, das Millionen von Menschen ihr vertrauten und Geld spendeten um ihre Aufgabe, ihr Werk zu unterstützen.

Wer sprechen kann, wird vorgeschickt und wird eines Tages an der Quertafel des Lebens sitzen

Nikolaus B. Enkelmann

Sie haben in den vergangenen Kapiteln gespürt, dass wir viel besser sind, als wir glauben. Doch jetzt gilt es auch deutlich nach außen zu zeigen, wie gut wir sind. Wenn wir gebeten werden, eine kleine Rede, eine Präsentation zu halten, dann verstecken wir uns oft. Dabei ist dies der Schlüssel zu Einfluss und Macht und schnellste Weg an die Spitze.

Übrigens ist die größte Angst unserer Führungskräfte, vor Gruppen zu sprechen. Das ist unsere Möglichkeit die Bühne für uns zu gewinnen! Haben Sie auch Angst davor, vor Menschen zu sprechen? Geht Ihnen das auch so? Dann habe ich eine gute Nachricht für Sie: Sie können lernen Ihre Angst zu verlieren. Sie können lernen eine brillante Rednerin zu werden. Wenn Sie jedoch Auto fahren wollen ohne einen Führerschein zu machen, ohne Fahrstunden zu nehmen, dann wissen Sie, dass dies nicht gut gehen kann. Genauso verhält es sich mit der Kunst der Rede. Seit Jahren trainiere ich mit Frauen aus allen Branchen in meinen Seminaren sich optimal zu präsentieren und es ist erstaunlich, wie gut die Frauen in nur zwei Tagen darin werden die Macht der Sprache, der Worte und des Körpers, einfach die Magie der Präsentation umzusetzen. Wir können alles lernen, es kommt jedoch darauf an, dass wir genau das lernen, was wir wirklich brauchen, um auf dieser Welt, in der Geschäftswelt einen Unterschied zu machen. Ich verspreche Ihnen, dass wir die Welt verändern können, wenn wir diesen Wettbewerbsvorteil endlich nutzen. Wenn Sie zu den Frauen gehören wollen, die etwas bewegen, die nicht länger im Schatten leben wollen, die die letzten 5 Prozent spielerisch schaffen wollen, dann üben Sie sich darin, eine brillante Rednerin werden.

Dank

Bedanken möchte ich mich bei jedem Menschen, der mir auf meinem Weg, mein drittes Buch zu verwirklichen, geholfen hat.

Mein Dank gilt Dr. Oskar Mennel, der mich mit seiner einmaligen und inspirierenden Art verführt hat, dieses Buch zu schreiben.

Bedanken möchte ich mich beim gesamten Team vom Ueberreuter Wirtschaftsverlag, der diesem Werk erst die rechte Gestalt gegeben hat. Dankbar bin ich Ursula Artmann, die als perfekte Lektorin und einem großen Maß an Diplomatie dem Buch den letzten Schliff gab. Bedanken möchte ich mich besonders bei Karina Matejcek, die mir sehr engagiert half Studien und Erfahrungen auszuwerten, meine Gedanken zu sammeln, zu ordnen und schließlich in die rechte Form zu bringen. Vielen Dank!

Bedanken möchte ich mich aber vor allem bei meinen großen Lehrern, meinem Vater Nikolaus B. Enkelmann, Dr. Elisabeth Lukas, Dr. Robert Schuller und seine Frau Arvella, Michael Anthony und all den wunderbaren Menschen, die den Mut hatten an mich zu glauben. Danke! diesen Menschen, die bereit waren, ihr unschätzbares Wissen an mich weiterzugeben.

Bedanken möchte ich mich bei meinem unverzichtbaren Schatz Alexander, der mich so selbstverständlich und unermüdlich unterstützt hat. Danke, dass Du während der heißen Phase des Schreibens so viele Abende ohne zu murren auf mich verzichtet hast.

Bedanken möchte ich mich bei all den vielen Männern und Frauen, die in Interviews und langen Gesprächen ihre Erfahrungen so großzügig mit mir geteilt haben.

Mein ganz besonderer Dank gilt dem erfolgreichen Personalberater Dieter Hofmann, der über zwanzig Jahre Top-Manager vermittelt und Vorstände internationaler Konzerne beraten hat.

Auch Heidi Schlembach gilt mein Dank, die als Coach und Personalberaterin (www.headline-personalberatung.de) durch ihr großes Engagement unzähligen Frauen zu außergewöhnlichen Karrieren verholfen hat. Natürlich möchte ich mich vor allem bei meinen Erfolgsfrauen bedanken, bei meinen Seminarteilnehmerinnen, die seit Jahren bestätigen, das unser Erfolgssystem anwendbar ist und den gewünschten Erfolg garantiert. Vielen Dank

Literatur

Argyle, Michael: Körpersprache und Kommunikation. Das Handbuch zur nonverbalen Kommunikation, Junfermann, 2002

Asgodom, Sabine: Erfolg ist sexy! Piper, 2001

Asgodom, Sabine: Leben macht die Arbeit süß, Econ, 2002

Assig, Dorothea: Frauen in Führungspositionen, dtv 2001

Brem, Marion Luna: The 7 Greatest Truths About Successful Women, G. P. Putnam's Sons, 2000

Brooks, Donna; Brooks, Lynn: Die 7 Geheimnisse erfolgreicher Frauen, mi, 2000

Busch, Burkhard G.: Erfolg durch neue Ideen, Cornelsen, 1999

Csikszentmihalyi, Mihaly: Flow, Klett-Cotta, 2001

Csikszentmihalyi, Mihaly: Kreativität, Klett-Cotta, 1997

Csikszentmihalyi, Mihaly: Lebe gut. Wie Sie das Beste aus Ihrem Leben machen, dtv, 2001

Dobner, Elke: Wie Frauen führen, Sauer 1997

Eibl-Eibesfeldt, Irenäus: Die Biologie des menschlichen Verhaltens, Seehamer Verlag, o.J.

Enkelmann, Claudia E.: Die Venus-Strategie, Wirtschaftsverlag Carl Ueberreuter 2001

Enkelmann, Claudia E.: Mit Liebe, Lust und Leidenschaft zum Erfolg, Fit for Business, 2002

Enkelmann, Nikolaus B.: Charisma, mvg, 1999

Enkelmann, Nikolaus B.: Die Macht der Motivation, Goldmann, 1995

Enkelmann, Nikolaus B.: Erfolgsprinzipien der Optimisten, Gabal, 1997

Enkelmann, Nikolaus B.: Führen muss man einfach können, Redline Wirtschaft, 2002

Enkelmann, Nikolaus B.: Mit Freude erfolgreich sein, mvg, 1996
Enkelmann, Nikolaus B.: Mit Freude leben, mvg, 1998
Enkelmann, Nikolaus B.: Power der Verkaufs-Rhetorik, Gabler, 1996
Evans, Gail: Business Games, Krüger 2001
Fengler, Jörg: Feedback geben, Beltz, 1998
Ferstl, Carola: Frauen sind die besseren Anleger, mvg, 2000
Fisher, Hellen: Das starke Geschlecht. Heyne 2000
Franck, Roland: Winning!, mi-Verlag, 1997
Frankl, Viktor E.: ... trotzdem Ja zum Leben sagen, dtv, 1977
Frankl, Viktor E.: Ärztliche Seelsorge, Deuticke 1966
Frankl, Viktor E.: Das Leiden am sinnlosen Leben, Herder, 1997
Frankl, Viktor E.: Der Mensch vor der Frage nach dem Sinn, Piper, 1985
Frankl, Viktor E.: Zeiten der Entscheidung, Herder, 1996
Gallagher, Carol: Going to the Top, Viking, 2000
Glass, Lillian: He says, She says, First Perigee Edition, 1992
Goleman, Daniel: Emotionale Führung, Econ, 2002
Goleman, Daniel: Emotionale Intelligenz, dtv, 1997
Gray, John: Männer sind anders. Frauen auch, Goldmann, 1998
Hill, Napoleon, u. a.: Denke nach und werde Reich. Die 13 Gesetze des Erfolgs. Ariston, 2000
Höhler, Gertrud: Wölfin unter Wölfen, Econ, 2000
Höhler, Gertrud: Der veruntreute Sündenfall, DVA, 1998
Holzer, Kerstin: Elisabeth Mann Borgese. Ein Lebensportrait, Kindler 2001
Horx, Matthias: Die acht Sphären der Zukunft. Ein Wegweiser in die Kultur des 21. Jahrhunderts, Signum, 2002
Köhler, Hans-Uwe L.: LoveSelling, Metropolitan-Verlag, 1998
Kolberg, Anja: Ab 40 reif für den Traumjob, Kösel, 2001
Lukas, Elisabeth: Rendevous mit dem Leben, Kösel, 2000
Lukas, Elisabeth: Lehrbuch der Logotherapie, Profil-Verlag, 1998
Macha, Hildegard: Erfolgreiche Frauen. Wie sie wurden, was sie sind, Campus Fachbuch, 2000
Malik, Fredmund: Führen, Leisten, Leben, DVA, 2000
Manning, Marilyn; Haddock, Patricia: Führungstechniken für Frauen, Ueberreuter, 1991

Märtin, Doris: Small talk, Heyne, 1998
Minarelli, Maria Luisa: Die andere Hälfte des Kapitals. Eichborn, 1997
Nitzsche, Isabel: Abenteuer Karriere. Ein Survival- Guide für Frauen, Rowohlt Taschenbuch-Verlag, 2000
Pinl, Claudia: Männer lassen arbeiten, Krüger, 2000
Plant, Sadie: nullen + einsen, Goldmann, 2000
Popcorn, Faith; Marigold, Lys: EVAlution, Heyne, 2001
Riedl, Sabine; Schweder, Barbara: Der kleine Unterschied, Deuticke, 1997
Ruhleder, Rolf H.: Rhetorik & Dialektik, VNR, Verlag für die Deutsche Wirtschaft, 2002
Ruhleder, Rolf H.: Verkaufen Klassik – Kunden begeistern und überzeugen. Gabal, 2001
Schäfer, Bodo: Endlich mehr verdienen, Hoffmann und Campe, 2002
Scherer, Hermann (Hrsg.) Von den Besten profitieren 2. Erfolgswissen von bekannten Management-Trainern, Gabal 2002
Seiwert, Lothar J.: Life leadership, Campus, 2001
Seiwert, Lothar J.: Der Kunde ist König, Gabal, 2000, 3. Aufl.
Tanenbaum, Joe: Mann und Frau oder Der große Unterschied, Diana, 1991
Tannen, Deborah: Das hab' ich nicht gesagt, Goldmann 1999
Tannen, Deborah: Du kannst mich einfach nicht verstehen, Goldmann, 1998
Tannen, Deborah: Job-Talk, Goldmann, 1997
Tracy, Brian: Personal Leadership, Tracy College AG, 1998
Tracy, Brian: Eat that frog, Gabal, 2002
Wachs-Brook, Esther: Der beste Mann für diesen Job ist eine Frau, Hugendubel, 2001
Wage, Jan L.: Die Macht der Körpersprache. Erkennen, verstehen, einsetzen, Ueberreuter Wirtschaft, 2001
Wage, Jan L.: Gewinnend kommunizieren in Beratung und Verkauf, Signum, 1999
Zugmann, Johanna; Lanthaler, Werner: Die ICH-Aktie, FAZ, 2000

Es geht um Ihr Leben.
„Ich weiß, Sie können es erfolgreich gestalten."
Nikolaus B. Enkelmann macht Sie fit für die Praxis: Profitieren Sie von der Erfahrung eines der bekanntesten Rhetorik-und Erfolgs-trainer der Welt!
„Machen Sie mehr aus Ihren Begabungen - mit meinem hunderttausendfach bewährten Erfolgssystem zur Entfaltung Ihrer Persönlichkeit.
Sie werden staunen, was Sie erreichen können!"
Ihr Nikolaus B. Enkelmann
Institut für Rhetorik, Management und Zukunftsgestaltung
Altkönigstr. 38c
61462 Königstein/Ts.
Telefon
(0 61 74) 39 80
(0 61 74) 93 03 83
Telefax
(0 61 74) 2 43 79
www.enkelmann.de
ENKELMANN KÖNIGSTEIN
Video + 3 Cassetten
Die Venus-Strategie
Das Power Buch für mehr Erfolg
Das Enkelmann Seminar: Power-Training
Die Sprache des Erfolgs
CHARISMA
Die Formel des Erfolgs
Rhetorik Klassik
Mit Liebe, Lust und Leidenschaft zum Erfolg
Erfolgsprinzipien der Optimisten
Mit Freude erfolgreich sein
Power für die Jugend
Direkt informieren + bestellen: www.enkelmann.de